古典文獻研究輯刊

二二編

潘美月・杜潔祥 主編

第4冊

《呂氏春秋》校補（下）

蕭 旭 著

國家圖書館出版品預行編目資料

《呂氏春秋》校補（下）／蕭旭 著 -- 初版 -- 新北市：花木
蘭文化出版社，2016〔民 105〕
目 2+248 面；19×26 公分
（古典文獻研究輯刊 二二編；第 4 冊）
ISBN 978-986-404-497-9（精裝）
1. 呂氏春秋 2. 校勘
011.08   105001912

ISBN-978-986-404-497-9

古典文獻研究輯刊
二二編 第 四 冊   ISBN：978-986-404-497-9

《呂氏春秋》校補（下）

作　者　蕭旭
主　編　潘美月　杜潔祥
總 編 輯　杜潔祥
副總編輯　楊嘉樂
編　輯　許郁翎
企劃出版　北京大學文化資源研究中心
出　版　花木蘭文化出版社
社　長　高小娟
聯絡地址　235 新北市中和區中安街七二號十三樓
　　　　　電話：02-2923-1455／傳真：02-2923-1452
網　址　http://www.huamulan.tw 信箱 hml810518@gmail.com
印　刷　普羅文化出版廣告事業
初　版　2016 年 3 月
全書字數　394559 字
定　價　二二編 15 冊（精裝）新台幣 28,000 元

《呂氏春秋》校補（下）

蕭　旭　著

目次

《愼大覽》卷第十五校補

《愼大》校補

（1）大臣同患，弗周而畔，紂愈自賢，矜過善非

> 高誘注：患，憂也。心懼盡見誅，故同憂也。不周於義，而將背畔也。其所行者非而反善也。

按：劉如瑛曰：「周，忠信，親近。」其說是也，《菫子‧王道》：「群臣畏恐，莫敢盡忠，紂愈自賢。」「莫敢盡忠」是其誼也。《管子‧小稱》：「務（矜）爲（僞）不久，蓋虛不長。」《韓子‧難一》：「矜僞不長，蓋虛不久。」「善」當校作「蓋」，掩飾之義。《商子‧禁使》：「棄惡蓋非。」是其例也。馮振曰：「周，合也。弗周謂離散也。」〔註1〕陳奇猷訓周爲合，又讀善爲繕，訓修治，謂與「飾」同義。王利器訓周爲終竟。皆非是。

（2）不恤其眾

按：清華簡（一）《尹至》簡 2 作「弗虩其又（有）眾」。整理者注：「虩讀爲虞，憂也。恤亦訓憂。」〔註2〕沈建華曰：「虩讀爲恤。」〔註3〕原注是。

〔註1〕 馮振《呂氏春秋高注訂補（續）》，《學術世界》第 1 卷第 9 期，1935 年版，第 16 頁。

〔註2〕 《清華大學藏戰國竹簡（壹）》，中西書局 2010 年版，第 129 頁。

〔註3〕 沈建華《清華楚簡〈尹至〉釋文試解》，《中國史研究》2011 年第 1 期，第 69 頁。

（3）湯謂伊尹曰：「若告我曠夏盡如詩。」

高誘注：詩，志也。

按：俞樾曰：「有韻之詞，即所謂詩也。高訓詩爲志，於義轉迂。」陳奇猷曰：「高說固誤，俞說亦未得。詩者蓋即四方之歌謠。」清華簡（一）《尹至》簡 4：「女（汝）告我夏𪔹率若寺。」整理者注：「𪔹，讀爲同音之隱，痛也。寺讀爲時，訓爲是。《呂氏》自高誘注以下均未能通解，對照簡文，知『詩』應讀爲『時』字。」〔註 4〕廖名春曰：「隱指隱情。『夏隱』有夏的隱情。」〔註 5〕沈建華曰：「𪔹，從李文釋隱。《爾雅》：『隱，占也。』郭璞注：『隱度。』《爾雅》：『率，循也。』又『若，順也。』寺，讀時，訓此。『若時』即順此。」〔註 6〕黃人二、趙思木曰：「此字當是從見得義，從㙯得聲，蓋即『俔』字，《說文》：『俔，一曰閒見。』字亦見《爾雅》，郭璞注：『《左傳》謂之諜。』『夏俔』者，謂伊尹在夏『閒見』所得。」〔註 7〕黃懷信曰：「隱字原訓痛，亦可通，但不如從《說文》訓『蔽也』合理。夏隱，謂夏人幽隱蔽藏之情，即上伊尹所告諸事。」〔註 8〕讀「詩（寺）」爲時（是），訓此，得之。「若寺」、「如詩」猶言如此，代指上文伊尹告湯的話。率，皆也，盡也。「夏𪔹」當是「𪔹夏」倒文，本書作「曠夏」，待考。

（4）故令師從東方出於國，西以進

按：令，《路史》卷 23 羅苹注引誤作「合」。清華簡（一）《尹至》簡 5 作「自西戠西邑，夸亓（其）又（有）夏」。整理者注：「戠即『捷』字古文『𢧢』，克也。夸，讀爲戡，即《說文》『𢦏』字古文，勝也。」〔註 9〕復旦大學出土文獻與古文字研究中心研究生讀書會曰：「我們認爲『戠』即甲骨、金文屢見的『𢦏』字，當從陳劍先生說釋讀爲『翦』。」〔註 10〕沈建華、黃懷信並曰：「戠即𢦏字。《說文》：『傷也，

〔註 4〕《清華大學藏戰國竹簡（壹）》，中西書局 2010 年版，第 130 頁。

〔註 5〕廖名春《清華簡與〈尚書〉研究》，《文史哲》2010 年第 6 期，第 123 頁。

〔註 6〕沈建華《清華楚簡〈尹至〉釋文試解》，《中國史研究》2011 年第 1 期，第 70 頁。

〔註 7〕黃人二、趙思木《清華簡〈尹至〉補釋》，http://www.bsm.org.cn/show_article.php?id=1383，2011 年 1 月 11 日。

〔註 8〕黃懷信《清華簡〈尹至〉補釋》，http://www.bsm.org.cn/show_article.php?id=1416，2011 年 3 月 17 日。

〔註 9〕《清華大學藏戰國竹簡（壹）》，中西書局 2010 年版，第 130 頁。

〔註 10〕復旦大學出土文獻與古文字研究中心研究生讀書會《清華簡〈尹至〉、〈尹誥〉

從戈才聲。』」〔註 11〕劉洪濤曰：「戠，應該釋『截』，讀爲殲。」〔註 12〕

（5）未接刃而桀走，逐之至大沙，身體離散，為天下戮

按：呂調陽曰：「大沙即南巢。」譚戒甫曰：「《墨子‧三辯篇》作『湯放桀于大水。』『水』疑『沙』之壞脫字。」陳奇猷曰：「『至』字當衍。放、逐同義。『逐之大沙』即《書‧仲虺之誥》所云『成湯放桀于南巢』。」王利器曰：「《山海經‧大荒西經》：『成湯伐夏桀于章山，克之。』郭注：『章山，山名。』《路史‧後紀》卷 14 引《山海經》此注云：『章山名大沙，或云沙丘。』《墨子‧三辯篇》：『湯放桀于大水。』『水』當爲『沙』字之壞文相涉而誤也。」《御覽》卷 82 引《帝王世紀》：「桀未戰而敗績，湯追至大涉，遂禽桀於焦，放之歷山，乃與妹喜及諸嬖妾同舟浮海，奔於南巢之山而死。」考清華簡（一）《尹至》簡 5 作「夏氐（播）民內（入）于水」。「大沙」、「大涉」皆「大水」之誤，指南巢。

（6）靖箕子之宮

高誘注：以箕子避亂，佯狂而犇，故清凈其宮以異之也。

按：《逸周書‧克殷解》、《御覽》卷 780 引《尚書大傳》、《荀子‧大略》、《禮記‧樂記》、《韓詩外傳》卷 3、《家語‧辯樂解》、《白虎通‧德論》作「釋箕子之囚」，《史記‧殷本紀》、《周本紀》、《樂書》、《魯周公世家》並同，《史記‧留侯世家》作「釋箕子之拘」，《集解》引徐廣曰：「釋，一作式。拘，一作囚。」《新序‧善謀》作「軾箕子之門」，《淮南子‧主術篇》、《泰族篇》作「解箕子之囚」，《淮南子‧道應篇》作「柴箕子之門」，《漢書‧留侯傳》作「式箕子門」。「釋箕子之囚（拘）」

研讀札記》，http://www.gwz.fudan.edu.cn/SrcShow.asp?Src_ID=1352，2011 年 1 月 5 日。所引陳劍說見《甲骨金文「戠」字補釋》，《甲骨金文考釋論集》，線裝書局 2007 年版，第 99～106 頁。

〔註 11〕 沈建華《清華楚簡〈尹至〉釋文試解》，《中國史研究》2011 年第 1 期，第 71 頁。黃懷信《清華簡〈尹至〉補釋》，http://www.bsm.org.cn/show_article.php?id=1416，2011 年 3 月 17 日。

〔註 12〕 復旦大學出土文獻與古文字研究中心研究生讀書會《清華簡〈尹至〉、〈尹誥〉研讀札記》一文下的評論，http://www.gwz.fudan.edu.cn/SrcShow.asp?Src_ID=1352，2011 年 1 月 5 日）2011 年 1 月 6 日。

與「解箕子之囚」義同。「釋」音誤作「式」、「軾」，後人因改「囚」作「門」，以與之相應。《淮南子》作「柴箕子之門」者，許慎注：「紂死，箕子亡之朝鮮，舊居空，故柴護之也。」此文作「靖」，當讀爲彭，《說文》：「彭，清飾也。」高注訓清淨，則是讀靖爲淨。武王既釋箕子之囚，因而爲之清飾打掃其宮室也。畢沅讀靖爲清，俞樾讀靖爲旌，王叔岷從俞說，馬敘倫讀柴、靖爲棧，皆未是。

（7）士過者趨，車過者下

高誘注：過商容之里者趨，車載者下也。

按：俞樾校「士」作「徒」，引《晏子春秋・內篇諫下》「載過者馳，步過者趨」爲證，陳奇猷、王利器從之，是也。《後漢書・五行志》劉昭注引《風俗通》：「車過者下，步過者趨。」

（8）庶士施政去賦

高誘注：施之於政事，去其繇賦也。

按：《禮記・樂記》：「庶民弛政。」王引之曰：「《呂氏》云云，施政與弛征同，謂免其征役，去其賦稅，所以優待庶士也。」〔註13〕孫鏘鳴、吳闓生說同，王利器從二氏說，皆本王氏。陳奇猷曰：「孫讀施爲弛，是，但讀政爲征則非。政，禁令。若讀政爲征，與繇賦義複。」陳說是，石光瑛亦謂「政」讀如字，指政事〔註14〕。「施政」即是「施刑」、「弛刑」，另詳《去私篇》校補。《管子・五輔》：「薄徵斂，輕征賦，弛刑罰，赦罪戾，宥小過，此謂寬其政。」是爲確證。也作「弛政」，《家語・辯樂解》：「庶民弛政。」《禮記・樂記》、《史記・樂書》作「弛」。「弛」是「弛」俗字。

（9）孔子之勁舉國門之關，而不肯以力聞

高誘注：勁，彊也。孔子以一手捉城門關顯而舉之，不肯以有力聞於天下。

按：注「顯」，畢沅疑是「翹」；陶方琦疑是「顈」，借爲「端」；許維遹疑

〔註13〕王引之《經義述聞》卷14，江蘇古籍出版社1985年版，第328頁。王念孫《呂氏春秋校本》亦曰：「施讀曰弛。」轉引自張錦少《王念孫〈呂氏春秋〉校本研究》，《漢學研究》第28卷第3期，2010年出版，第315頁。

〔註14〕石光瑛《新序校釋》，中華書局2001年版，第716頁。

是「顥」,與「端」並借爲「揣」;陳奇猷疑是「楗」。陳說近是,後世音轉作楗,敦煌寫卷 S.617《俗務要名林》:「楗,音輦。」《玉篇》:「楗,橫關木。」《營造法式》卷 2 引《義訓》:「門持關謂之楗(音連)。」《廣韻》:「楗,橫關柱。」《集韻》:「楗,門持關謂之楗。」

(10)墨子為守攻,公輸般服,而不肯以兵加

高誘注:不肯以善用兵見知於天下也。

按:加,諸家據注及《列子·說符》、《淮南子·道應篇》校作「知」,是也,《黃氏日抄》卷 56 引正作「知」,《御覽》卷 322 引《墨子》同。

(11)善持勝者,以術彊弱

高誘注:言能以術彊其弱也。

舊校:一本作「善持勝者,不以彊弱」。

按:《列子·說符》、《淮南子·道應篇》作「以強爲弱」,《御覽》卷 322 引《墨子》同。譚戒甫乙作「以弱術彊」,讀術爲遂,訓「成」。陳奇猷從譚氏乙文,讀術爲御。陳說通借不足信。徐仁甫曰:「當作『以彊術弱』。術,習也。謂以彊效法弱也。」徐氏乙作「以彊術弱」是也,但所釋則非。術讀爲率,循服也。

《權勳》校補

(1)故小利,大利之殘也;小忠,大忠之賊也

按:此古諺語。《韓子·十過》:「十過:一曰行小忠,則大忠之賊也;二曰顧小利,則大利之殘也。」《說苑·敬愼》、《說叢》並云:「小忠,大忠之賊也;小利,大利之殘也。」

(2)虞公濫於寶與馬而欲許之

高誘注:濫,貪。

按:濫,《韓子·十過》作「貪」,《淮南子·人間篇》作「惑」。馬敍倫、楊樹達謂「濫」借爲婪、惏,是也。字又作藍、嚂、憸、嬾、賺、嘬〔註15〕。王筠謂「濫」借爲「嬾」,訓過差也〔註16〕。陳奇猷謂「濫」

〔註15〕 參見蕭旭《〈荀子·大略〉「藍苴路作」解詁》,收入《群書校補(續)》,花木

訓貪得義於「鑑」之訓見。皆非是。

（3）夙繇之君將斬岸堙谿以迎鐘

按：將，《困學紀聞》卷 20 引同，《初學記》卷 24 引刪之，《冊府元龜》卷 743 作「特」。「特」乃形誤。俞樾曰：「『斬』當爲『鑿』，小鑿也。字亦作崭。」陳奇猷曰：「斬，裁也，截也。俞說非。」孫詒讓則謂「斬」是「塹」之省〔註17〕。俞說亦不誤，鑿是用於鑿的工具，語源是「斬」，用作動詞，自有鑿義。

（4）（赤章蔓枝）斷轂而行

高誘注：山中道狹，故斷車轂而行去。

按：《韓子・說林下》作「斷轂而驅」，《冊府元龜》卷 743 作「斬轂而行」。陳奇猷引《考工記》「行澤者欲短轂，行山者欲長轂。短轂則利，長轂則安」，謂赤章蔓枝必是行澤地。陳說非是，長轂則車行慢，故安；短轂則車行速，故利。赤章蔓枝斷轂而行者，欲其速也。王利器正解作「疾行」。

（5）不戰，必剗若類，掘若壟

高誘注：剗，滅也。若，汝也。壟，冢也。

按：王念孫曰：「『剗』與『殘』同，下文云『殘豎子之類』。」〔註18〕是也。陳奇猷謂剗借爲戩，非是。另詳《知士篇》校補。

《下賢》校補

（1）日以相驕，奚時相得？若儒墨之議與齊荊之服矣

按：徐仁甫曰：「時，猶由也。」王利器說同。儒墨之議固不同，齊荊之服亦多異（王利器有說），故取以爲譬。陳奇猷謂齊荊之服指淳于髡說服齊王救薛，荊服而薛安，非是。

蘭文化出版社 2014 年版，第 1967～1968 頁。

〔註16〕 王筠《說文解字句讀》，中華書局 1988 年版，第 502 頁。

〔註17〕 孫詒讓：《墨子閒詁》，中華書局 2001 年版，第 502 頁。

〔註18〕 王念孫《呂氏春秋校本》，轉引自張錦少《王念孫〈呂氏春秋〉校本研究》，《漢學研究》第 28 卷第 3 期，2010 年出版，第 315 頁。

（2）卑為布衣而不瘁攝

　　高誘注：瘁，病也。攝，猶屈也。

按：馬敘倫曰：「瘁借爲啐，攝借爲㒊。《說文》：『啐，驚也。㒊，服也。』」陳奇猷曰：「瘁當與《本生》『下爲匹夫而不惛』之惛同意。惛，悶也。」陳說是也，而未得其字。「惛」是憂義。此文「瘁攝」義同。《文選・歎逝賦》李善注引《蒼頡篇》：「瘁，憂也。」本字作悴，《說文》、《廣雅》並云：「悴，憂也。」《莊子・在宥》《釋文》引《廣雅》作「瘁」。高注訓病，義亦近。攝，朱駿聲讀爲㒊〔註19〕，是也。言憂恐、憂懼，字亦音轉作溼，俗字作濕。《方言》卷1：「溼，憂也，陳楚或曰溼，或曰濟；自關而西秦晉之閒或曰㥼，或曰溼；自關而西秦晉之閒凡志而不得、欲而不獲、高而有墜、得而中亡謂之溼，或謂之㥼。」即此文之誼〔註20〕。彭鐸讀攝爲懾，訓羸，非是。

（3）狠乎其誠自有也

按：狠，一本作「佷」，一本作「懇」。畢沅改作「狠」，謂即「懇」，蔣維喬、許維遹、王利器從畢說。馬敘倫謂借爲「慤」。陳奇猷謂畢改非，「狠」即「佷」，實「懇」本字。陳說是也，其初文是「圣（苦骨切，音窟）」。《方言》卷12：「墾，力也。」「懇」是用心力的後出專字。

（4）礐乎其不疑有以也

按：「礐乎」狀不疑。礐，讀爲塙。《說文》：「塙，堅不可拔也。」俗字亦作確、确、碻。下文「確乎其節之不庫也」，確亦讀爲塙也。字亦作㟁，《賈子・道德說》：「㟁乎堅哉謂之命。」字或作慤，《淮南子・時則篇》：「誠信以必，堅慤以固。」

（5）桀乎其必不渝移也

　　高誘注：桀，特也。渝，變也。移，易也。

按：陳奇猷、王利器從高注，「桀」訓特立，非是。桀乎，猶言桀桀乎，用力移動之貌，音轉亦作「傑傑」、「偈偈」、「揭揭」、「勘勘」〔註21〕。

〔註19〕　朱駿聲《說文通訓定聲》，武漢市古籍書店1983年版，第144頁。

〔註20〕　參見蕭旭《〈爾雅〉「蟄，靜也」疏證》。

〔註21〕　參見蕭旭《象聲詞「札札」考》，收入《群書校補（續）》，花木蘭文化出版社2014年版，第2206～2207頁。

（6）慁慁乎其心之堅固也

　　高誘注：慁慁，明貌。

　按：慁慁，一本作「忽忽」，俗字。《說文》：「慁，多遽慁慁也。」非此文之誼。高注訓明貌，《正字通》引《讀書通》指出讀爲聰，亦與此文狀堅固不合。俞樾知其誤，改「慁慁」作「勿勿」，訓勉勉，陳奇猷、王利器從之。余謂「慁慁」不誤，疑讀爲惷惷，固執無知之貌。今吳語猶有「夢惷惷」之語。或高注本作「不明貌」，今本脫「不」字。字亦作「忽忽」，《三國志·華佗傳》：「適值佗見收，忽忽不忍從求。」字又作「稯稯」，《莊子·則陽》：「是稯稯何爲者耶？」子路見有夫妻臣妾登屋棟者，故有此語。言其愚蠢無知也。《釋文》：「稯，音總，字亦作總，李云：『聚貌。』」成玄英本作「總總」，疏云：「總總，衆聚也。」林希逸曰：「稯稯，紛紛也。」馬敘倫讀爲「嬰嬰」〔註22〕。四說皆誤。

（7）〔豐乎其高而無極也〕，昏乎其深而不測〔也〕

　按：孫志祖、楊樹達、陳奇猷據《文選·雜詩》李善注引補「豐乎其高無極也」句。陳奇猷曰：「『豐』字無義，疑誤，未詳所當作。」風，讀爲豐，字亦作豊。《說文》：「豐，大屋也。《易》曰：『豐其屋。』」今《易·豐》作「豐」。《廣雅》：「豐，大也。」猶言高大。《方言》卷1：「豐、厖，大也。凡物之大貌曰豐厖，深之大也。」《列子·楊朱》：「豐屋美服。」

（8）就就乎其不肯自是

　　高誘注：就就，讀如「由與」之與（由）。

　按：方以智謂「就就」是「悠悠」、「遙遙」、「攸攸」、「絲絲」音轉〔註23〕，其說不切。畢沅曰：「注『由與』即『猶豫』。」畢說是也，郭店楚簡《成之聞之》：「及其專長而厚大也，則聖人不可由與獸之。」劉釗引高注讀「由與」爲「猶豫」〔註24〕。「就就」即「猶猶」，《淮南子·兵略篇》：

〔註22〕　馬敘倫《莊子義證》卷25，收入《民國叢書》第5編，（上海）商務印書館1930年版，本卷第7頁。

〔註23〕　方以智《通雅》卷9，收入《方以智全書》第1冊，上海古籍出版社1988年版，第348頁。

〔註24〕　劉釗《讀郭店楚簡字詞札記（三）》，《古文字研究》第22輯，中華書局2000

「擊其猶猶，陵其與與。」陳奇猷謂「就」取遷就義。王利器謂「就就」即「油油」，浩浩之貌。皆非是。

（9）鵠乎其羞用智慮也

高誘注：鵠讀如「浩浩昊天」之浩，大也。

按：陳奇猷引《離騷》「浩蕩」王注「浩猶浩浩，蕩猶蕩蕩，無思慮也」，謂高注義隔。「浩浩」亦大義，陳氏未會通。鵠，讀爲傲。言其倨傲，故羞用智慮也。《墨子·非儒下》：「夫儒，浩居而自順者也。」《史記·孔子世家》作「倨傲」。

（10）假乎其輕俗誹譽也

按：馬敍倫曰：「『假』疑當爲『嘏』。《說文》：『嘏，大遠也。』或爲『傲』字之譌。《莊子·天地篇》：『雖以天下譽之，得其所謂，警然不顧。』辭義正同，可爲例證。『傲』當作『警』。」許維遹曰：「假猶遐也。遐，遠也。」陳奇猷曰：「《廣韻》：『假，易也。』易，輕也。馬、許說非。」馬氏前說是，所引《莊子》亦是。《爾雅》：「假，大也。」亦「嘏」借字。音轉亦作「夏」，《方言》卷1：「夏，大也。自關而西，秦晉之閒凡物之壯大者而愛偉之謂之夏；周鄭之閒謂之暇（假）。」又「嘏，大也。秦晉之閒凡物壯大謂之嘏，或曰夏。」今吳語尚謂自矜大爲「假」，與「警（傲）」義近。

（11）其人無外，其小無內

高誘注：道在大，能大，故無復有外；在小，能小，故無復有內。

按：王利器引諸書互參，文繁不錄。《文子·自然》：「至大無外，故爲萬物蓋；至細無內，故爲萬物貴。」《文子·道原》：「深閎廣大，不可爲外析毫剖芒，不可爲內無環堵之宇而生有無之總名也。」《淮南子·俶眞篇》：「深閎廣大，不可爲外析毫剖芒，不可爲內無環堵之宇而生有無之根。」《楚辭·遠遊》：「其小無內兮，其大無垠。」此則王氏所不及者，亦足參證。高誘注是也，言道之變化，能大能小。《大戴禮記·王言》：「布諸天下而不窕，內諸尋常之室而不塞。」《淮南子·原道篇》：「處

年版，第 242 頁：其說又見劉釗《讀郭店楚簡字詞札記》，《郭店楚簡國際學術研討會論文集》，湖北人民出版社 2000 年版，第 92 頁。

小而不逼，處大而不窕。」又《兵略篇》：「是故入小而不偪，處大而不窕。」又《俶眞篇》：「處小隘而不塞，橫局天地之間而不窕。」又《氾論篇》：「是以舒之天下而不窕，內之尋常而不塞。」又《人間篇》：「內之尋常而不塞，布之天下而不窕。」又《要略》：「故置之尋常而不塞，布之天下而不窕。」〔註25〕高注：「窕，緩也。布之天下，雖大不窕也。」《荀子·賦篇》：「此夫大而不塞者與？充盈大宇而不窕，入郤穴而不偪者與？」銀雀山漢簡《尉繚子》：「〔開之〕，大而不㧅（窕）；關之，細而不欬（閡）。」皆足發明其義。陳奇猷以無窮大無窮小說之，而謂「高注未晰」，非是。

（12）士有若此者，五帝弗得而友，三王弗得而師，去其帝王之色，則
近可得之矣

　　高誘注：去，猶除也。除其尊寵盈滿之色，則近得師友矣。

　按：王利器引《孔叢子·陳士義》：「去其帝王之色，則幾乎得賢才矣。」近，猶言幾乎、庶幾。陳奇猷解爲「近前即可得如此之士，不必遠求」，非是。

（13）夫相萬乘之國而能遺之

　　高誘注：遺，猶全也。

　按：畢沅改注「全」作「舍」，夏味堂《拾雅》卷 2 同〔註26〕，至確。言子產相萬乘之國而能遺其相之尊貴也。陳奇猷曰：「『遺』有謙恭下人之意，謙恭下人者蓋委曲求全，故高訓爲全。」曲說耳。

《報更》校補

（1）堪士不可以驕恣屈也

　　高誘注：堪，樂也。

〔註25〕《淮南子·人間篇》、《淮南子·氾論篇》、《大戴禮記·王言》「置」作「內」，《氾論篇》「布」作「舒」，並義同。《家語·王言解》「內」作「納」，「內」爲「納入」義本字。

〔註26〕夏味堂《拾雅》卷 2，收入《續修四庫全書》第 192 冊，上海古籍出版社 2002年版，第 21 頁。

按：孫志祖疑「堪士」是「湛士」，畢沅從其說。朱駿聲申高注，謂「堪」借爲「媅」〔註27〕。俞樾謂堪之言克，克訓能。蔣禮鴻從俞說。孫詒讓曰：「堪，勝也，任也。堪材，謂材力強勝能任事者，與《呂覽》『堪士』義同。」〔註28〕陳漢章曰：「堪，勝也，任也。凡可任於國事者即堪士矣。」〔註29〕馮振曰：「堪，任也。」〔註30〕王利器說同馮氏，皆本於孫氏。劉師培謂「堪」即「沈伏」之沈〔註31〕。于省吾謂「堪士」即「堪事」。陳奇猷謂「堪士」即高士。堪訓克，不得轉訓能，俞說誤。余謂堪讀爲嵁，高峻貌，此指高峻的山，用作名詞。《莊子·在宥》：「故賢者伏處大山嵁巖之下，而萬乘之君憂慄乎廟堂之上。」本書《謹聽》：「故當今之世，求有道之士，則於四海之內、山谷之中，僻遠幽閒之所。」《觀世》略同。《類聚》卷57宋顏延之《七繹》：「其居也，依隱嵁陰，結架清深。」《水經注·灘水》：「山有涌泉，奔流衝激山嵁及溪中。」嵁士，巖穴之士，猶言隱士，指賢者。音轉作嶃（嶄）、巉。音轉又作嵌、厱，指山崖的洞穴。

（2）昔趙宣孟將上之絳，見骫桑之下，有餓人臥不能起者

按：畢沅曰：「骫，古委字。《淮南子·人間訓》作『委桑』，《左傳》作『翳桑』。」蔣維喬等曰：「委、翳雙聲。《左傳·宣二年》、《說苑·復恩篇》作『翳桑』，上文高注亦作『翳桑』。」王叔岷曰：「《書鈔》卷145、《初學記》卷26引亦並作『翳桑』。」《公羊傳·宣公六年》作「暴桑」，何休注：「暴桑，蒲蘇桑。」《方言》卷13：「毗，廢也。」錢繹曰：「《釋詁》：『毗劉，暴樂也。』郭注云：『謂樹木葉缺落蔭疏。』暴桑，當訓暴樂之暴，亦毗廢之意……委讀若萎，言桑之既萎者，與暴桑之義正合。何休注……亦失之。」〔註32〕朱起鳳曰：「委、翳雙聲字。蒲蘇

〔註27〕朱駿聲《說文通訓定聲》，武漢市古籍書店1983年版，第87頁。

〔註28〕孫詒讓《札迻》卷4，中華書局1989年版，第112頁。

〔註29〕陳漢章《〈周禮·地官〉孫疏校補》，《學術集林》卷2，上海遠東出版社1994年版，第59頁。

〔註30〕馮振《呂氏春秋高注訂補（續）》，《學術世界》第1卷第9期，1935年版，第17頁。

〔註31〕劉師培《呂氏春秋斠補自序》，《國粹學報》第5卷第11期，1909年版，第6頁；又見《國學叢刊》第2卷第4期，1925年版，第127頁。

〔註32〕錢繹《方言箋疏》，上海古籍出版社1984年版，第724頁。

即扶疏,與杜氏『多蔭翳』之說正合。」〔註33〕《御覽》卷 836、862、
《黃氏日抄》卷 56 引此文亦作「翳桑」,蓋皆據《左傳》改。陳奇猷
曰:「翳桑謂枯死之桑也。委、萎、骫皆翳之同音通假字。杜注《左
傳》謂『翳桑,桑之多蔭翳者』。以其字又作委、萎度之,則似訓枯
死為宜。」陳說「翳」為本字,是也,餘說皆誤,諸書無作「萎桑」
者,亦不取枯萎為義。「骫桑」同「委桑」,皆「翳桑」音變。《方言》
卷 13:「翳,掩也。」郭璞注:「謂掩覆也。」翳桑謂桑葉覆蓋之桑,
故杜注云「多蔭翳」。「蒲蘇」是「扶疏」音轉,又音轉作「婆娑(媻
娑、蒌莎)」,枝葉分散貌。暴,讀為勺。《說文》:「勺,覆也。」暴
桑謂桑葉覆蓋之桑,故何注云「蒲蘇桑」,言其枝葉之盛也。余舊說
從錢、陳二氏〔註34〕,誤矣,亟當訂正。

(3)宣孟止車,為之下食,蠲而餔之,再咽而後能視

按:《說苑・復恩》作「為之下飱,自含而餔之」。「食」是「飱」或「湌」
脫誤,「飱」同「餐」。《列子・說符》記載「爰旌目餓於道,狐父之
盜見而下壺餐以餔之,爰旌目三餔而後能視」,本書《介立》同,事
亦相類。《後漢書・張衡傳》李賢注、《御覽》卷 426、743 引《列子》
「餐」作「飱」,《御覽》卷 499 引作「湌」,亦同。陳奇猷曰:「『蠲』
字無義,疑是『續』之假字。《後漢書・趙壹傳》:『昔原大夫贖桑下
絕氣,傳稱其仁。』李賢注:『贖即續也。』李注並引《呂氏》此文。」
王利器曰:「蠲,除也。」蠲,疑以同音讀為銷、桐。《說文》:「銷,
小盆也。」《廣雅》:「桐,盂也。」《廣韻》:「桐,椀屬。」謂以盆或
碗餔之也。

(4)臣宦於絳,歸而糧絕

按:宦,《說苑・復恩》作「居」。向宗魯曰:「《左傳》、《史記》皆云『宦三
年』,疑作『宦』是。」〔註35〕《後漢書・崔駰傳》李賢注引作「官」,
亦形近易譌。

〔註33〕 朱起鳳《辭通》卷 9,上海古籍出版社 1982 年版,第 863 頁。
〔註34〕 蕭旭《淮南子校補》,花木蘭文化出版社 2014 年版,第 625 頁。
〔註35〕 向宗魯《說苑校證》,中華書局 1987 年版,第 127 頁。

（5）宣孟與脯一胸

按：《禮記・曲禮上》：「以脯脩置者，左胸右末。」鄭玄注：「屈中曰胸。」孔疏：「胸謂中屈也。屈脯胸胸然也。」《儀禮・士虞禮》鄭玄注：「胸，脯及乾肉之屈也。」《公羊傳・昭公二十五年》何休注：「屈曰胸，伸曰脡。」胸之言句，曲也。脡之言挺，直也。

（6）臣有老母，將以遺之

按：《說苑・復恩》作「將以貢之」。畢沅曰：「《御覽》卷 836『將』作『請持』二字，《初學記》卷 26、《後漢書・趙壹傳》注『將』亦作『持』。」蔣維喬等曰：「《類聚》卷 72、《御覽》卷 862 亦作『持』，《後漢書・崔駰傳》注引作『將』。按『將』、『持』形近義通。《荀子・成相篇》楊注：『將，持也。』」蔣說非是，「持」乃「將」形誤。彭鐸曰：「『將』字《說苑・復恩篇》同，《左傳・宣公二年》作『請』，將即請也，一聲之轉。」彭說是，「將」、「請」是助動詞。《冊府元龜》卷 769 引此文亦作「將」。《史記・晉世家》作「願遺母」，願亦請也。向宗魯曰：「《呂氏》作『遺』，《左》、《史》並同。案『貢』字亦可通，或『遺』損脫作『貴』，因誤改爲『貢』。」〔註36〕向氏後說是。

（7）宣孟曰：「斯食之，吾更與女。」

高誘注：斯，猶盡也。

按：斯，《說苑・復恩》同，《後漢書・崔駰傳》李賢注、《冊府元龜》卷 769 引刪之。梁玉繩解作「離析」；范耕研謂「語助無義」，又解作「此」，陳奇猷從范氏後說。高注不誤。《左傳・宣公二年》作「（靈輒）食之，舍其半……使盡之」，尤爲確證。斯食之，猶今言全吃掉。

（8）晉靈公欲殺宣孟，伏士於房中以待之，因發酒於宣孟

高誘注：發，猶致也。

按：《說苑・復恩》作「晉靈公欲殺宣孟，置伏士於房中，召宣孟而飲之酒」，《史記・晉世家》「晉靈公飲趙盾酒，伏甲將攻盾」。《史記・刺客傳》：「光伏甲士於窟室中而具酒請王僚。」《御覽》卷 55 引無「甲」

字，其事亦相類，「伏士」、「伏甲」即「伏甲士」。《說苑》「置」字是衍文。《晉世家》下文「伏士」凡四見，是名詞，與此不同。發，猶言徵召。發酒，謂徵召之而飲酒也。洪頤煊、梁履繩謂「發」是飲酒禮名，陳奇猷從之，王利器謂是發禮，皆非是。

（9）一人追疾，先及宣孟，之面曰

按：《說苑・復恩》作「一人追疾，先及宣孟，見宣孟之面曰」，此文「之面」上脫「見宣孟」三字。孫鏘鳴乙作「面之」，以「宣孟面之」爲句，解「面」作「不正視」；陳奇猷解「面之」作「背之」；王利器乙作「面之」，解作「正視」。俱誤。

（10）此《書》之所謂「德幾無小」者也，宣孟德一士，猶活其身，而況德萬人乎

按：《說苑・復恩》脫「幾」字。畢沅曰：「《墨子・明鬼篇》：『禽艾之道之曰：「得璣無小，滅宗無大。」』德幾無小，猶所謂惠不期多寡，期於當阨云耳。得與德古字通用。」許維遹曰：「僞古文《伊訓》改之曰：『爾惟德罔小，萬邦惟慶；爾惟不德罔大，墜厥宗。』」《墨子・明鬼下》引其語，復解之云：「此言鬼神之所賞，無小必賞之；鬼神之所罰，無大必罰之。」言鬼神之報應也。德，讀爲得。幾、璣並讀爲機，福祥，即指鬼神之所賞。僞古文《伊訓》亦不合《墨子》說。徐仁甫曰：「幾，猶其，語助詞。『得』同『德』，『璣』同『幾』。」非是。

（11）孟嘗君令人禮貌而親郊送之

按：畢沅曰：「《齊策》『禮貌』作『體貌』。」送，《戰國策・齊策三》、《冊府元龜》卷242作「迎」。

（12）荊甚固

高誘注：固，護，以侵兼人。

按：李寶洤曰：「固，彊固。」陳奇猷曰：「高注『護』下疑脫『悋』字。《管子・幼官》尹注云：『固謂護悋。』『護悋』爲侵凌貪得之意。」王利器曰：「『固』讀如今人言固執己見之固，亦含護短義。」高注「固，護」

是以聲爲訓。固，讀爲姻，字或作怙、恫、嫭，貪得吝嗇義〔註37〕，故引申爲以侵兼人。「護恌」是同義複詞，此不必補字。

（13）齊王知顏色

高誘注：知，猶發也。

按：《黃氏日抄》卷 56 解此文云：「愚謂此見於顏面之意，《左傳》『喜可知也』之證。」黃說得之。畢沅曰：「《齊策》作『和其顏色』。」王念孫曰：「作『知』者是也，高注訓知爲發，發謂發動也……或言『形』，或言『動』，或言『知』，皆發動之謂也……《管子·心術篇》曰：『見於形容，知於顏色。』《內業篇》作『和於形容，見於膚色』。『和』亦『知』之誤。」〔註38〕劉如瑛曰：「《自知》：『文侯不說，知於顏色。』高注：『知，猶見也。』發亦表現義。正文『知』下當有『於』字。」王利器說同劉氏。諸說皆是也。《管子·內業》劉績注亦據《心術》校作「知」。陳奇猷曰：「知即動也。《策》白作『和其顏色』，不必同也。」陳氏失考矣。《冊府元龜》卷 242、889 亦誤作「和」。《淮南子·齊俗篇》：「風雨之變，可以音律知也。」《御覽》卷 13 引作「和」，《劉子·心隱》同。《戰國策·趙策四》：「和於身。」馬王堆帛書作「知」。《荀子·不苟》：「君子易知而難狎。」《韓詩外傳》卷 2 作「和」。皆其相誤之例。馬王堆帛書《稱》：「內事不和，不得言外；細事不察，不得言〔大〕。」「和」亦「知」誤〔註39〕。

（14）疾舉兵救之

按：舉，《戰國策·齊策三》作「興」，《冊府元龜》卷 242 作「出」。

（15）顚蹶之請，坐拜之謁，雖薄（得）則薄矣

按：畢沅曰：「坐拜，《策》作『望拜』。得，舊訛作『薄』，今從《策》改正。」許維遹曰：「『坐』字義勝。坐亦跪也。」陳奇猷曰：「『坐』字

〔註37〕參見蕭旭《「不護細行」正詁》，收入《群書校補（續）》，花木蘭文化出版社 2014 年版，第 2037～2038 頁。

〔註38〕王念孫《戰國策雜志》，收入《讀書雜志》卷 1，中國書店 1985 年版，本卷第 78 頁。

〔註39〕參見蕭旭《馬王堆帛書〈經法〉四種古佚書校補》，收入《群書校補》，廣陵書社 2011 年版，第 28 頁。

是，但非跪義。此坐字乃共坐以相傾談之意。『顛躗』即『顛沛』，偃僕，狼狽也。」顛躗，本義是跌倒，引申爲匍匐義。《禮記‧奔喪》：「故匍匐而哭之。」鄭玄注：「匍匐，猶顛躗，或作扶服。」《玉篇》：「匍，匍匐，伏也，手行盡力也，顛蹶也。」又考《子華子‧北宮意問》：「故曰天道遠，人道邇，待蓍龜而襲吉福之末也，顛蹶望拜而謁焉，其待（得）則薄矣。」正本《齊策》，是其所據亦作「望拜」。「待」、「得」形聲俱近。

《順說》校補

（1）善說者若巧士，因人之力以自爲力，因其來而與來，因其往而與往

高誘注：與，猶助也。

按：陳奇猷申高說，非是。徐仁甫曰：「與，猶從也，隨也。」其說是也，下文「不設形象，與生與長」、「與盛與衰，以之所歸」，皆同。《淮南子‧墜形篇》：「蛤蟹珠龜，與月盛衰。」高誘注：「與，猶隨也。」《論衡‧書虛》：「濤之起也，隨月盛衰。」文例正同。《荀子‧非相》：「與時遷徙，與世偃仰。」《淮南子‧氾論篇》：「與之屈伸偃仰，無常儀表。」亦其例。

（2）而言之與響

按：陶鴻慶讀「而」爲「如」，于省吾從之，是也。言，猶聲也。《管子‧心術下》：「不言之言，聞於雷鼓。」又《內業》作「不言之聲，疾於雷鼓」，是其例。本書《功名》：「猶表之與影，若呼之與響。」「呼」指呼聲。楊昭儁曰：「與，如也。」于省吾改「言」作「音」，皆非是。陳奇猷補作「因而言之，與影與響」，尤爲無據。

（3）與盛與衰，以之所歸

高誘注：歸，終也。

按：言隨其盛衰，因之而終。孫鏘鳴曰：「以，用也。歸謂各得其所欲也。」〔註40〕徐仁甫曰：「以，猶如也。『以』下脫『水』。言如水之所歸也。」

〔註40〕孫鏘鳴《呂氏春秋高注補正》，《國故》第2期，1919年版，第6頁。

陳奇猷曰：「以，猶使也。歸，假為懷。謂使之念念不忘。」皆非是。

（4）力雖多，材雖勁，以制其命

高誘注：勁，彊也。

按：言受說者力雖多，材雖勁，而善說者因人之力以自為力，亦已制彼之命。陳奇猷改「以」作「不」，以「力雖多，材雖勁」屬說者，非是。

（5）順風而呼，聲不加疾也；際高而望，目不加明也，所因便也

按：際，《黃氏日抄》卷56引同。彭鐸曰：「際疑當作隮，《爾雅》：『隮，升也。』《說文》：『躋，登也。』隮、躋同字。」「際」是借字，不煩改作。王念孫謂「際」是「登」誤，王叔岷從王說；馬敍倫謂「際」是「隥」誤，「隥」讀為「登」，陳奇猷從馬說。皆未得。

（6）寡人之所說者勇有力，而無為仁義者

按：畢沅據《列子・黃帝》、《淮南子・道應》校作「寡人之所說者勇有力也，不說為仁義者」，許維遹引《治要》卷39引作「寡人之所悅者勇有力也，不悅為仁義者」以證其說，並是也。陳奇猷謂畢改非是，云：「『為』與『謂』通。謂，說也。」陳說大誤，《列子》、《淮南》之「說」，同「悅」，而非「謂說」。

（7）客之以說服寡人也

按：服，《列子・黃帝》同，《淮南子・道應篇》作「勝」。

（8）田贊衣補衣而見荊王

高誘注：補衣，弊衣也。

按：《御覽》卷356引脫上「衣」字。補衣，《新序・雜事五》作「儒衣」。石光瑛謂「儒」字不誤〔註41〕。

（9）其名又甚不榮

按：又，《新序・雜事五》作「尤」，音近相通。

（10）役人不倦，而取道甚速

〔註41〕石光瑛《新序校釋》，中華書局2001年版，第701頁。

按：速，《意林》卷2引同，《御覽》卷571、《事類賦注》卷11引作「遠」，
《冊府元龜》卷788亦作「遠」。「速」字是，與上文「欲速至齊」相
應。

《不廣》校補

（1）越聞之，古善戰者，莎隨賁服，却舍延尸

高誘注：莎隨，猶相守，不進不却。賁，置也。服，退也。軍行三十里
爲一舍。却舍以緩其尸，使齊人得收之，彼得尸而財費之。

按：《冊府元龜》卷735引注作「賁，置也，服則置之」，蓋臆改，《永樂大
典》卷11903引同今本。《駢雅》卷2：「莎隨，遲疑也。」蓋亦據高
注而引申之。（a）《儀禮・士虞禮》：「尸及階，祝延尸。」鄭玄注：「延，
進也。」却舍延尸謂退軍以便齊人進尸。陳奇猷曰：「却，讓也。延，
接納也。言善戰者使其敵退讓屋舍以納尸。」所說皆誤。（b）惠棟曰：
「『賁』、『奔』通。」孫鏘鳴曰：「莎隨賁服，注未明，再考。」〔註42〕
吳承仕曰：「高注『莎隨』近之，『賁服』宜與同意。服訓爲退，則賁
當訓爲進。賁服猶進卻也。」朱起鳳曰：「莎隨即沙隨也，莎隨賁服，
本甯越語，越以春秋時人，說春秋時事，義本直捷。自高氏曲爲之解，
而本恉湮矣。」〔註43〕朱起鳳之子吳文祺訂正其父之說，云：「高注
不可解。《辭通》舊以地名沙隨當之亦非。《大戴禮記・夏小正》：『緹
縞。縞也者，莎隨也。』是莎隨乃縞之別名。『莎隨賁服』云者，言不
用干戈而用玉帛也。」〔註44〕李寶洤曰：「莎隨賁服，四字義未詳，
俟再考。高注恐臆說，未可信。」〔註45〕譚戒甫曰：「『莎隨』疊韻連
字也。《爾雅翼》：『莎，莖葉都似三稜，根周匝多毛，謂之香附子。』
《博雅》：『地毛，莎蒢也。』蓋莎根周匝多毛，因謂地毛莎蒢；莎蒢
即狀其毛周匝之形，長言之曰莎蒢，短言之亦曰莎也。引申爲凡周匝
之稱。……則『莎蒢』即『果隋』無疑。此『莎隨』義爲周匝包裹，

〔註42〕孫鏘鳴《呂氏春秋高注補正》，《國故》第2期，1919年版，第6頁。
〔註43〕朱起鳳《辭通》卷2，上海古籍出版社1982年版，第143頁。
〔註44〕吳文祺主編《辭通續編》，上海古籍出版社1991年版，第23頁。
〔註45〕李寶洤《呂氏春秋高注補正》，民國12年鉛印本，第14頁。

蓋即兵家戰陳包圍之法，高謂相守不進不卻，正其義也。《禮・射義》注：『賁，讀爲僨，猶覆敗也。』服，即降伏之義。然則莎隨賁服者，殆猶今言包圍敵兵，繳械投降耳。」〔註46〕陳奇猷曰：「『莎隨』當即『委隨』，義爲不能屈伸。『賁服』當即『般伏』，皆即『匐伏』，亦即『匍匐』。謂古之善戰者，使敵人不能屈伸，即既不能退，又不能進，皆匍匐地上。」王利器曰：「春秋宋有沙隨，見《左・成十六年》。《大戴禮記・夏小正》：『緹縞。縞也者，莎隨也。』是以『莎隨』爲言，非止一端。高氏注意，似讀『委隨』。『賁』與『奔』通。賁服即奔服。《韓非子・初見秦篇》：『天下徧隨而服。』疑與此同意。」「委隨」無不能屈伸義〔註47〕，且「莎隨賁服」的主語是善戰者，而不是敵人，陳氏臆說。「莎隨」即「莎挼（捼）」，倒言則作「挼莎」、「捼莎（挱）」，音轉則作「摩沙」、「摩挲」，再轉則爲「槃娑」、「婆娑」、「盤姍」，故爲不進不却義，爲遲疑義。《禮記・曲禮上》鄭玄注：「澤，謂捼莎也。」《廣韻》：「捼，捼沙，一曰兩手相切摩也，俗作挼。」又「挱，手挼莎也。」《集韻》：「莎，挼莎，以手切摩也。」又「挱，挼莎，澤手也，或作莎。」又「挱，挼莎，手相切摩也，通作莎、沙。」兩手切摩謂之「挼莎」，兩足旋行謂之「莎隨」，其義一也。《大戴禮記・夏小正》：「正月緹縞。」《傳》：「縞也者，莎隨也。緹也者，其實也。」《爾雅》：「薃，侯莎。其實，媞。」郭璞注引《夏小正》作「薃也者，莎蔭。媞者，其實」。《廣雅》：「地毛，莎隋也。」《爾雅釋文》、《御覽》卷997引《廣雅》作「莎蔭」。草名「莎隨（蔭、隋）」者，言其摩挲於地耳。《左傳・成公十六年》：「公會晉侯、齊侯、衛侯、宋華元、邾人于沙隨。」杜預注：「沙隨，宋地，梁國寧陵縣北有沙隨亭。」〔註48〕《太平寰宇記》卷12引作「沙隋」。地名「沙隨（隋）」，或以其地多產莎隨草之故耳。(c)賁服，陳氏讀爲「般伏」，可從，但不是「匐伏」。「般伏」亦作「盤伏」。句言善戰者摩挲盤伏不進，又退軍以延尸。

〔註46〕譚戒甫《校呂遺誼》，國立武漢大學《文哲季刊》第3卷第2期，1933年版，第344頁。引者按：《爾雅翼》見卷8，譚氏節引之。今本《廣雅》作「莎隋」。
〔註47〕參見蕭旭《〈說文〉「委，委隨也」義疏》，收入《群書校補》，廣陵書社2011年版，第1413～1418頁。
〔註48〕《水經注・汳水》引誤作「沙陽亭」。

（2）文公聽之，遂與草中之戎、驪土之翟，定天子于成周

舊校：與，一作「興」。

按：王利器從一本作「興」。劉師培曰：「『草』爲『莫』之譌。」譚戒甫從劉說，又指出「莫與漠、幕二字並通。此莫中當指西方流沙而言」〔註49〕。宋慈襄謂此文「係傳聞之訛，蓋是時戎、翟出王，晉文納王，大刺謬也」〔註50〕。陳奇猷從地理上駁劉說，並指出「『興』字乃『與』字形近之譌」。「草」字不誤，王利器引《國語·晉語四》「公說，乃行賂於草中之戎與驪土之翟以求東道」，韋昭注：「二邑戎翟間，在晉東。」《御覽》卷799引《國語》作「驪土之狄」，又「求」作「啓」。此文謂文公向戎、翟借道，語未明晰，或有脫文。劉、宋二氏皆失考《晉語》矣。

《貴因》校補

（1）三代所寶莫如因，因則無敵

按：《淮南子·泰族篇》：「故能因，則無敵於天下矣。」《文子·自然》同。

（2）禹通三江五湖，決伊闕，溝迴陸，注之東海，因水之力也

高誘注：迴，通也。

按：《玉海》卷23、《永樂大典》卷2260、11903引同今本。王念孫曰：「『溝迴陸』當作『迴溝陸』。迴，通達也。陸，道也。迴溝陸者，通溝道也。《本經篇》『平通溝陸』正與此義同。」陳奇猷曰：「王說非是。『迴陸』顯係地名。『迴陸』當即『圍陸』，雙聲通假。『圍陸』即『大陸』。高注『迴』字當係『溝』字。『力』當爲『勢』之殘闕字。」王念孫乙作「迴溝陸」至確，王利器從之；但釋「陸」則誤。陳氏妄改，又亂說音轉。上博楚簡（二）《容成氏》簡26：「禹乃迴三江五湖，東注之海。」本書《古樂》：「禹通大川，決壅塞，鑿龍門，降通漻水，以導河，疏三江五湖，注之東海，以利黔首。」《孟子·滕文公下》：「洚水者，洪

〔註49〕 譚戒甫《校呂遺誼》，國立武漢大學《文哲季刊》第3卷第2期，1933年版，第344～345頁。

〔註50〕 宋慈襄《呂氏春秋補正》，《華國月刊》第3期第4冊，1926年版，第9頁。

水也。使禹治之，禹掘地而注之海。」《淮南子・泰族篇》：「禹鑿龍門，闢伊闕，決江濬河，東注之海，因水之流也。」又《本經篇》：「舜乃使禹疏三江五湖，闢伊闕，導瀍澗，平通溝陸，流注東海。」《御覽》卷 81 引「平通溝陸」作「通溝洫」。《文子・自然》「古之瀆水者，因水之流也。」「迴溝陸」、「通溝陸」即指掘地通潦水也。陸，讀為滲、澇、潦，大水。俗字作溙，《玉篇》：「溙，凝雨。」《廣韻》：「溙，凝雨澤也。」

（3）湯、武以千乘，制夏、商，因民之欲也

按：《淮南子・泰族篇》：「湯、武革車三百乘，甲卒三千人，討暴亂，制夏、商，因民之欲也。」《文子・自然》：「征伐者，因民之欲也。」

（4）如秦者立而至，有車也；適越者坐而至，有舟也。秦、越，遠塗也。蹳立安坐而至者，因其械也

按：畢沅謂「立」、「坐」對舉，駁高注，姜宸英《湛園札記》卷 3 說略同。《白氏六帖事類集》卷 3 引《慎子》：「行海者坐而至越，有舟故也。」〔註51〕《御覽》卷 768 引《慎子》：「行海者生（坐）而至越，有舟也；行陸者立而至秦，有車也。秦、越，遠塗也。安坐而至者，械也。」即此文所本（吳承仕已引）。《鹽鐵論・貧富》：「行遠者假於車，濟江海者因於舟。」亦本之《慎子》。《說文繫傳》「舟」字條引《莊子》：「坐而至越者，舟也。」疑徐氏誤記出處。

（5）讒慝勝良

高誘注：讒，邪也。慝，惡也。

按：慝，《治要》卷 39 引作「匿」，省借字。

（6）膠鬲曰：「曷至？」

高誘注：曷，何也。言以何日來至殷也。

按：楊慎曰：「曷之為言盍也。」陳第取其說〔註52〕。《正字通》：「曷，與

〔註51〕《白帖》在卷 11。
〔註52〕楊慎《丹鉛總錄》卷 21，景印文淵閣《四庫全書》第 855 冊，臺灣商務印書館 1986 年初版，第 591 頁。陳第《屈宋古音義》卷 3，中華書局 2008 年版，

『曷』通。」王念孫曰：「曷，猶曷也。」馮振說同王氏〔註 53〕。諸說皆是。曷，《御覽》卷 10 引作「何時」，《後漢書·郅惲傳》李賢注引作「何日」，《書·武成》孔疏引《帝王世紀》、《資治通鑑外紀》卷 3、《通志》卷 3 亦作「何日」。

（7）天雨，日夜不休

按：天，《荀子·儒效》楊倞註引同，《後漢書·郅惲傳》李賢注、《御覽》卷 10 引脫誤作「大」。《韓詩外傳》卷 3 作「天雨，三日不休」。

《察今》校補

（1）天下之學者多辯，言利辭倒，不求其實，務以相毀，以勝為故

按：馬敘倫曰：「倒借為譸。」范耕研謂「倒」字似衍文。陳奇猷謂范說不可從，「辭倒」即《韓子》「倒言」、「倒其言」。《韓子》「倒」是動詞，與此不同，陳說非是。此文「倒」字疑當乙在「多」下，「辯言利辭」是古人成語。

（2）有道之士，貴以近知遠，以今知古，以益所見，知所不見

按：《意林》卷 2 引無「益」字。劉文典謂「益」字衍文。譚戒甫改「以益」作「蓋以」。徐仁甫謂「益」為「其」誤。陳奇猷曰：「此文不誤。益即增益、增長，義近於今所謂推論。」陳說近是，而未得其字。益，讀為繹，尋繹、推理。

（3）荊人欲襲宋，使人先表澭水

舊校：澭，一作「灉」。

按：蔣維喬等曰：「《御覽》卷 396 正作『灉水』。」陳奇猷曰：「澭水，未詳。或曰：『澭』、『灉』皆『潅』字形近而譌。」「澭」字是，「澭」同「灉」，亦省作「雝」、「雍」。《爾雅》：「水自河出為灉。」《釋文》：「灉，字又作澭。」《說文》：「灉，河灉水，在宋。」《水經注·睢水》引《爾

第 231 頁。

〔註 53〕 馮振《呂氏春秋高注訂補（續）》，《學術世界》第 1 卷第 9 期，1935 年版，第 19 頁。

雅》、《說文》並作「灉」，《史記・夏本紀》《集解》、《類聚》卷 8 引《爾雅》作「雝」。《說文》「汳」字條云：「汳水受陳留浚儀陰溝，至蒙爲灉水，東入於泗。」蒙即宋都。《廣韻》：「灘，水名，在宋。灉，上同。」

（4）灘水暴益

　　高誘注：暴，卒。益，長。

　按：益，《御覽》卷 396 引作「灘水暴溢」。「溢」是後出分別字。

（5）軍驚而壞都舍

　按：徐仁甫曰：「而猶如也。」王利器曰：「而讀爲如。都舍謂大舍也。」竊謂「而」讀如字，連詞。「壞」疑「攘」形譌。《淮南子・兵略篇》許愼注：「攘，亂也。」《廣韻》：「攘，擾攘。」《說文》作「嬢」，云：「嬢，煩擾也。」《繹史》卷 146、《春秋戰國異辭》卷 31 引此文作「壞」，即「攘」形譌。都舍謂城居之民。

（6）嚮其先表之時可導也

　　高誘注：導，涉也。嚮其施表時水可涉也。

　按：下文云「荊人尙猶循表而導之」。江紹原曰：「《說文・寸部》云：『導，引也。』又《辵部》：『道，所引道也。』『導』、『道』疑本一字，然以今人習慣觀之，《呂覽》二『導』字只消寫作『道』。又《足部》：『蹈，踐也。』故二『導』字或竟是『蹈』之借字。」〔註54〕陳奇猷曰：「導，引也。高非是。」江氏後說讀導爲蹈是也，指蹈水，涉水。上文「荊人弗知，循表而夜涉」，「涉」異字同義。字亦省作道，《列子・黃帝》：「呂梁懸水三十仞，流沫三十里，黿鼉魚鼈所不能游，向吾見子道之。」張湛注：「道，當作蹈。」《韓詩外傳》卷 1：「任重道遠者，不擇地而息。」《說苑・建本》同，《家語・致思》「道」作「涉」，故高注「導」訓涉也。

（7）今世之主法先王之法也，有似於此，其時已與先王之法虧矣

　　高誘注：虧，毀也。

〔註54〕江紹原《讀呂氏春秋雜記》，《中法大學月刊》第 5 卷第 1 期，1934 年版，第 31～32 頁。

按：王念孫、俞樾並讀虧爲詭，訓異。陳奇猷曰：「高釋固誤，王、俞說亦
非也。時豈可謂與法異耶？此文當有脫誤，疑當作『其時已與先王之時
異，而先王之法虧矣』。虧，損也。」王、俞說是，陳氏不知此是省略
句，而勇補六字，大誤。其時者，指當時之法。非謂時與法異也。

（8）故曰良劍期乎斷，不期乎鏌鋣

按：陳奇猷刪「良」字，非是。《御覽》卷 896 引作「良劍期乎斷，不期乎
莫耶」，《御覽》卷 344、《記纂淵海》卷 44 引《墨子》：「良劍期乎利，
不期乎莫耶。」「斷」謂斷物。沈祖緜謂「『斷』字上脫一字」〔註 55〕，
非是。

（9）遽契其舟

舊校：契，一作「刻」。

按：遽契，《後漢書・張衡傳》李賢注、《書鈔》卷 122、《御覽》卷 344、
769 引同〔註 56〕，《淮南子・說林篇》亦同；《類聚》卷 60、《貞觀政
要》卷 3 注引作「遂刻」，《御覽》卷 499、《事類賦注》卷 16、《黃氏
日抄》卷 56 引作「遽刻」，《記纂淵海》卷 42、52、《冊府元龜》卷 954
引作「遽鍥」（王利器已及《類聚》、《淮南子》）。《書鈔》卷 137 引作
「乃於墜處契其舟」。「遂」、「處」皆「遽」形譌，《書鈔》卷 137 又增
「乃於墜」三字以足其文。刻、契亦音之轉耳。「鍥」是俗字，宋慈裹
謂「鍥」非〔註 57〕，失考矣。

（10）從其所契者入水求之

按：契，《類聚》卷 60 引作「契刻」，《御覽》卷 499、《事類賦注》卷 16、
《黃氏日抄》卷 56 引作「刻」。《類聚》蓋誤合異文。

（11）其父雖善游，其子豈遽善游哉

按：下句，《意林》卷 2 引作「其子未必能邪」，《御覽》卷 395 引作「其子
豈遽能游之哉」。

〔註 55〕 沈颿民（祖緜）《讀呂臆斷（續）》，《制言》第 2 期，1935 年版，本文第 5 頁。
〔註 56〕 《書鈔》據孔本，陳本作「遽刻」。
〔註 57〕 宋慈裹《呂氏春秋補正》，《華國月刊》第 3 期第 4 冊，1926 年版，第 10 頁。

《先識覽》卷第十六校補

《先識》校補

（1）夏太史令終古出其圖法，執而泣之，夏桀迷惑，暴亂愈甚，太史令終古乃出奔如商

按：《史通・史官建置》引作「夏太史終古見桀惑亂，載其圖法，出奔商」，《書鈔》卷 55 引作「太史終古見桀惑亂，出其圖法而泣，乃出奔商」，《御覽》卷 235 引作「夏太史令終古見夏桀惑亂，載其圖法而泣，乃出奔商」，《古文苑》卷 16《東觀箴》章樵註引作「夏太史終古見桀惑亂，載其圖法奔商」。此文「夏桀」上脫「見」字。下文「殷內史向摯見紂之愈〔暴〕亂迷惑也，於是載其圖法，出亡之周」，又「晉太史屠黍見晉之亂也，見晉公之驕而無德義也，以其圖法歸周」，並有「見」字。蔣維喬等謂「夏」是「見」誤，不盡確。陳奇猷於「夏太史令終古」下臆補「見桀惑亂」，無據。執而泣之者，謂泣諫也，而夏桀不聽，暴亂愈甚。

（2）商王大亂，沈於酒德

按：楊樹達曰：「沈假為酖。《說文》：『酖，樂酒也。』」楊說是，字亦作湛。《書・微子》：「我用沈酗於酒，用亂敗厥德。」《漢書・霍光傳》引作「湛」。孔疏：「人以酒亂，若沈於水。故以耽酒為沈也。」《墨子・非攻下》：「予既沈漬殷紂於酒德矣。」《史記・宋世家》：「紂沈湎於酒。」

「酖」是沈湎於酒的分別字。《詩・抑》:「荒湛於酒。」《漢書・五行志》引作「沈」。清華簡（五）《厚父》:「毋湛於酒。」《書・無逸》:「無若殷王受（紂）之迷亂酖於酒德哉！」「酖」字義近。

（3）辟遠箕子，爰近姑與息

高誘注：箕子忠臣而疏遠之，姑息之臣而與近之。

按：《資治通鑑外紀》卷 2「辟」作「避」，「與」在下「妲己爲政」上。楊慎曰：「《檀弓》曰：『細人之愛人以姑息。』注：『姑，且也。息，休也。』其義殊晦。按《尸子》云：『紂棄犂老之言，而用姑息之語。』注：『姑，婦女也。息，小兒也。』其義始明白，合表出之。」〔註 1〕方以智曰：「姑息有三解，一作『嫴息』。升庵引《尸子》云云。元美仍主姑息爲且休之辭。焦弱侯曰：『姑，妯姑也。息，頑童也。』智按：《唐韻》作『嫴息』。《曹植傳》:『大發士息，前後三送。』言士卒子息也。博南言：《許觖妻劉夫人碑》:『孫息盈房。』今亦有嗣息、弱息之語。《呂・先識》云云，《御覽》引武王曰：『紂愛近姑與息。』則『爰』是『愛』訛。以此徵之，確指兒女子輩，元瑞譏升庵，正未必當。」〔註 2〕畢沅亦引《尸子》注說之。梁玉繩引方氏後一說。朱駿聲取《尸子》注，指出「息，叚借爲孳」〔註 3〕。郝懿行曰：「婦謂之息：案俗作媳，稱媳婦非也。《禮・檀弓》、《呂氏春秋・觀世篇》、《尸子》云云。愚案：息謂婦也。姑與息對言，即謂姑與婦爾……至於《檀弓》、《尸子》、《呂覽》並以姑與息連文，其義一也。姑息之愛，蓋謂婦人之仁，鄭注非是。『乃若棄黎老之言，用姑息之語』，即是謂紂惟婦言是用。《尸子》之注亦未得矣。」〔註 4〕《欽定禮記義疏》卷 9:「案：姑息猶言姑婦，所謂婦人之仁也，鄭訓苟容取安，亦通。」章太炎曰：「據此及《尸子》，則《檀弓》云云，姑息猶言婦寺之忠耳。」李賡芸曰：「《呂

〔註 1〕 楊慎《丹鉛總錄》卷 14，景印文淵閣《四庫全書》第 855 冊，臺灣商務印書館 1986 年初版，第 503 頁。楊慎所引《檀弓》注，與今本鄭玄注「息，猶安也。言苟容取安也」不合；又所引《尸子》，未詳所據。《繹史》卷 20 引《尸子》「語」作「謀」。「姑，且。息，休也」是《法言・問明》司馬光注語。

〔註 2〕 方以智《通雅》卷 19，收入《方以智全書》第 1 冊，上海古籍出版社 1988 年版，第 659 頁。

〔註 3〕 朱駿聲《說文通訓定聲》，武漢市古籍書店 1983 年版，第 215 頁。

〔註 4〕 郝懿行《證俗文》卷 4，收入《續修四庫全書》第 192 冊，上海古籍出版社 2002 年版，第 464 頁。《呂氏》見《先識篇》，郝氏誤記作下一篇篇名《觀世》。

氏》及《尸子》『姑息』，說與《小戴》異。」譚戒甫曰：「『與』字疑讀者據高注旁注『爰』字下，後又轉鈔在『姑息』二字中耳。『爰』當爲『援』之省。《說文》：『援，引也。與，黨與也。』《御覽》據誤本，因改『爰』爲『愛』，方以智、梁玉繩皆未細察也。」沈祖緜曰：「『與』字衍。《禮‧檀弓》鄭注：『姑息，苟安也。』」陳奇猷曰：「爰，語辭也。『姑』當訓婦，男可謂之息。爰近姑與息猶言近婦人與男寵。」王利器曰：「姑息猶後世言婦孺，孺謂少艾也。章氏以『婦寺』釋之，是也，而義猶未盡也，輒爲補說之。」此文「爰近姑與息」不誤，諸家解「姑息」爲「婦童」等皆誤。考《廣雅》：「嫭，息也。」曹憲嫭音姑。王念孫曰：「《檀弓》云云，姑與嫭通。《爾雅》：『苦，息也。』苦與嫭亦聲近義同。」〔註 5〕《文選‧思玄賦》：「姑純懿之所廬。」王念孫指出「二李訓姑爲且，非也」，亦引《爾雅》、《廣雅》及《檀弓》訓姑爲息〔註 6〕。王氏訓息止是，但李善、李賢訓且亦不誤。「嫭（姑）」本當訓且息，舊注各側重一端，相合則義全耳。《方言》卷 13：「鹽，且也。」郭璞注：「鹽猶嫭也。」戴震曰：「鹽讀爲姑息之姑。《廣雅》：『嫭，且也。』皆古字假借通用。《玉篇》、《廣韻》有『嫭』字，並云：『嫭，息也。』」〔註 7〕錢繹曰：「《玉篇》：『鹽，姑也。』按鹽之言姑且也。《唐風‧鴇羽篇》毛傳云：『鹽，不堅緻也。』《小雅‧四牡篇》傳云：『鹽，不堅固也。』《漢書‧息夫躬傳》：『器用鹽惡，孰當督之？』鄧展注云：『鹽，不堅牢也。』是也。《廣雅》：『嫭，且也。』《玉篇》：『苟，且也。』《內則篇》鄭注：『姑，猶且也。』《檀弓篇》鄭注云：『姑，猶略也。』《周官‧典婦功》：『辨其苦良。』鄭眾注：『苦讀爲鹽。』《漢書‧禮樂志》：『則夫婦之道苦。』孟康曰：『苦音鹽。夫婦之道行鹽不固也。』並字異而義同。注『鹽猶嫭也』者，《廣雅》：『嫭，息也。』曹憲音姑。《玉篇》、《廣韻》並云：『嫭，息也。』《爾雅》：『苦，息也。』《檀弓》：『細人之愛人也以姑息。』苦、姑亦與嫭同，是鹽猶嫭也。」〔註 8〕尋《玉篇》：「嫭，嫭息也。」《廣韻》：「嫭，嫭息，《禮

〔註 5〕 王念孫《廣雅疏證》，收入徐復主編《廣雅詁林》，江蘇古籍出版社 1992 年版，第 130 頁。

〔註 6〕 王念孫《讀書雜志》卷 16《餘編下》，中國書店 1985 年版，本卷第 86 頁。

〔註 7〕 戴震《方言疏證》，收入《戴震全集（5）》，清華大學出版社 1997 年版，第 2476 頁。

〔註 8〕 錢繹《方言箋疏》，上海古籍出版社 1984 年版，第 780 頁。

記》作『姑』。」諸家引文釋語脫一「齦」字。「齦（姑）息」猶言苟安，《檀弓》是動詞義，鄭玄注「息，猶安也。言苟容取安也」不誤。《尸子》及此文是名詞義，指苟安取容之人。《書·泰誓中》：「今商王受力行無度，播棄黎老，昵比罪人。」此可與《尸子》相印證。「罪人」指苟安取容之人，而不是婦童。《後漢書·朱穆傳》：「親其忠正，絕其姑息。」義亦同。柳從辰曰：「《尸子》云云，言婦孺之私也。《呂氏》云云。」〔註9〕非是。「鹽（苦）」訓不堅固者，指器物粗略，字或作楛、枯〔註10〕；今人言「姑且」、「苟且」者，亦是粗略、不精細的引申義，義皆相因。王引之謂毛傳、鄭箋爲誤〔註11〕，蓋亦偶未會通耳。黃侃曰：「姻，此姑息字。」〔註12〕考《說文》「姻」、「嫪」互訓，謂戀惜不能去，黃說非是。敦煌寫卷 P.2011 王仁昫《刊謬補缺切韻》卷1：「齦，程。」關長龍曰：「前『胍』字條注文『息』字疑當移置本條下，『齦』字注文《王二》作『息齦（齦字衍）』，《廣韻》作『齦息，《禮記》作姑』可證。原有注文『程』則爲後『籭』字條注文竄入。」〔註13〕其說近是，而未盡善。「息齦」是「息齦」形譌，同「齦息」，「齦」非衍文。宮舊藏唐吳彩鸞書王仁昫《刊謬補缺切韻》亦誤作「齦」。「程」是「稜（棱）」誤書。

（4）又示以鄰國不服，賢良不舉

按：舉，《說苑·權謀》作「興」。舉，任用。「舉賢良」是先秦二漢成語。陳奇猷曰：「『舉』、『與』通。與，從也。」非是。

（5）男女切倚

高誘注：切，磨。倚，近也。

按：畢沅曰：「切倚，《淮南·齊俗訓》作『切踦』，注：『踦，足也。』《說苑》同。」沈祖緜曰：「高注是也。當作『切倚』。《淮南》作『踦』，形聲之誤。《說苑》亦譌爲『切踦』。」陳奇猷曰：「高注是，沈說則非也。

〔註 9〕 柳說轉引自王先謙《後漢書集解》卷43《校補》，中華書局1984年版，第522頁。
〔註10〕 參見蕭旭《淮南子校補》，花木蘭文化出版社2014年版，第200頁。
〔註11〕 王引之《經義述聞》卷5，江蘇古籍出版社1985年版，第136頁。
〔註12〕 黃侃《字通》，收入《說文箋識》，中華書局2006年版，第156頁。
〔註13〕 張涌泉主編《敦煌經部文獻合集》第6冊，中華書局2008年版，第2884～2885頁。引者按：《王二》指故宮舊藏裝務齊正字本《刊謬補缺切韻》。

倚、踦字通。切倚乃相依偎之意。訓踦爲足，非是。」《淮南·齊俗篇》
是許慎注，故與高說不同。《說文》：「踦，一足也。」彼注脫「一」字。
陳直曰：「切，摩也。切踦，當作足相摩解。」〔註14〕陳奇猷說爲長。

（6）其主弗知惡

按：知，《說苑·權謀》同，《大事記解題》卷 5 引誤作「之」。

（7）威公薨，殯，九月不得葬

高誘注：下棺置地中謂之殯。

按：《冊府元龜》卷 796 引注作「棺柩置地上謂之殯」。「上」字誤。

（8）周鼎著饕餮，有首無身，食人未咽，害及其身，以言報更也

按：畢沅曰：「更，償也。」王利器曰：「吳闓生曰：『更當訓速。』更訓爲
償，吳說非是。」《玉海》卷 88 引同，《爾雅翼》卷 21 引誤作「速」。

（9）是棄其所以存，而造其所以亡也

按：造，讀爲操，取也〔註15〕。敦煌寫卷 P.2172《大般若涅槃綜音》：「造：
操，造至也。」先以「操」爲「造」注音，再釋義。

《觀世》校補

（1）千里而有一士，比肩也；累世而有一聖人，繼踵也

按：王利器、徐仁甫引徵諸書，並是也。《類聚》卷 20 引《申子》：「千里有
賢者，是比肩而立也。」《御覽》卷 401 引《申子》：「百世有聖人，猶
隨踵而生。」此二氏未及者。

（2）對曰：「齊人累之，名爲越石父。」

高誘注：累之，累然有罪。

按：《晏子春秋·內篇雜上》標題作「晏子之晉，睹齊纍越石父」，正文作
「吾爲人臣僕于中牟」；《新序·節士》作「齊人纍之，吾名曰越石甫」；

〔註14〕 陳直《讀子日札·淮南子》，收入《摹廬叢著七種》，齊魯書社 1981 年版，第
101 頁。
〔註15〕 參見蕭旭《淮南子校補》，花木蘭文化出版社 2014 年版，第 385 頁。

《史記‧管晏傳》作「越石父賢，在縲絏中」。「石父（甫）」是古人常用名，亦作「碩父」，《博古圖》卷 2 載「伯碩父鼎」。

「纍」同「縲」，「累」則省借字，本指大索，用爲動詞，言係纍、拘束。有罪無罪皆曰「纍」。爲人臣僕，是亦係纍也。李寶洤曰：「累之，係纍之也。纍、累通用。」〔註 16〕王利器說同，而尤詳，是也。《淮南子‧本經篇》：「驅人之牛馬，僕人之子女。」高誘注：「僕，繫囚之繫。」《說文》：「媟，女隸也。」「僕」即「媟」。《孟子‧梁惠王下》：「殺其父兄，係累其子弟。」《尉繚子‧武議》：「殺人之父兄，利人之財貨，臣妾人之子女。」《孟子》「係累」即指僕（媟），爲人臣妾而言。《史記》作「縲絏」，則是複言，初非謂越石是罪人也。孫星衍曰：「言庸身爲僕也。《呂氏春秋》、《新序》作『齊人累（《新序》作纍）之』，《史記》承其誤，則云『越石父在縲絏中』。按此云『負蒭息于塗側』，又云『見使將歸』，又云『我猶且爲臣請鬻于世』，則非罪人也。」〔註 17〕孫氏所解「庸身爲僕」本自得之，而指《呂氏》、《新序》、《史記》爲誤，則尚未知「累」字之義。瀧川資言曰：「所謂累之者，言以負累作僕，義與《晏子春秋》同，史公解累爲縲絏，非也。」〔註 18〕范耕研曰：「累者謂於饑凍耳，非有罪也。」馬敘倫校作「齊之纍人」。陳奇猷讀累爲贅。徐仁甫曰：「累，讀爲纍，謂羈纍於此。又『累』爲累贅之累。」皆未得。

（3）遽解左驂以贖之，載而與歸

按：《新序‧節士》同，《晏子春秋‧內篇襍上》作「遂解左驂以贈之」。「遂」、「贈」皆形譌字。《史記‧管晏傳》作「解左驂贖之」，《正義》引《晏子》作「贖」，《文選‧四子講德論》李善注、《御覽》卷 475、486、694、《記纂淵海》卷 48 引《晏子》亦作「贖」。《文選》注引《晏子》仍誤作「遂」。

（4）君子屈乎不己知者，而伸乎己知者

按：屈伸，《晏子春秋‧內篇襍上》作「詘申」，《新序‧節士》、《冊府元龜》

〔註 16〕 李寶洤《呂氏春秋高注補正》，民國 12 年鉛印本，第 15 頁。

〔註 17〕 孫星衍《晏子春秋音義》卷下，收入《諸子百家叢書》，上海古籍出版社 1989 年影印浙江書局本，第 95 頁；其說又見孫星衍《問字堂集》卷 3《晏子春秋序》，收入《叢書集成初編》第 2527 冊，商務印書館民國 28 年初版，第 75 頁。

〔註 18〕 瀧川資言《史記會注考證》，上海古籍出版社 1986 年版，第 1295 頁。

卷 842 作「詘信」。「屈」、「信」是借字。

（5）嬰聞察實者不留聲，觀行者不譏辭

高誘注：實，功實也。言欲察人之功實，不復留意考其名聲也。欲觀人
之至行，不譏刺之以辭。

按：《晏子春秋・內篇襍上》作「省行者不引其過，察實者不譏其辭」，《新
序・節士》、《冊府元龜》卷 842 作「察實者不留聲，觀行者不幾辭」。
李寶洤、陶鴻慶、陳奇猷、王利器謂「譏」訓察，是也。譏、幾，並讀
爲機，《說文》：「機，精謹也。」朱駿聲曰：「此譏察之本字。」〔註19〕
不留聲，謂察實者耳不聽其人白己的言論。《說郛》卷 70 引馬融《忠經》：
「目不狗色，耳不留聲。」馬敍倫曰：「『譏』疑是『諗』字之譌。」陳
奇猷曰：「留亦察也。」皆非是。徐仁甫曰：「『譏』通『稽』，稽亦留也。
又按：『譏』與『幾』通，猶察也。」上說非是。

（6）嬰可以辭而無棄乎

高誘注：辭，謝也。謝不敏而可以弗棄也。

按：《晏子春秋・內篇襍上》、《新序・節士》同。高注辭訓謝，猶今言道歉。
陳奇猷曰：「辭，責讓之也，高訓爲謝（《說文》：『謝，辭去也。』），非
是。」陳氏未得高義。

（7）此令功之道也

按：令，當從《晏子春秋・內篇襍上》、《新序・節士》、《冊府元龜》卷 842
作「全」，形近而譌也。《說苑・政理》：「必全功成名布義。」陳奇猷曰：
「令，善也。作『令』亦通。」非是。

（8）鄭子陽令官遺之粟數十秉

按：許維遹曰：「《聘禮》：『十斗曰斛，十六斗曰籔，十籔曰秉。』鄭注云：
『秉，十六斛。』」陳奇猷曰：「《新序》『秉』作『乘』。」《高士傳》
卷中、《冊府元龜》卷 805 亦作「乘」，二字形近，考《論語・雍也》：
「冉子與之粟五秉。」《集解》引馬融亦曰十六斛爲秉。疑「秉」字是
〔註20〕，不至多至數十乘。《御覽》卷 830 引《風俗通》：「斛者，角

〔註19〕 朱駿聲《說文通訓定聲》，武漢市古籍書店 1983 年版，第 568 頁。
〔註20〕 石光瑛《新序校釋》亦校作「秉」，中華書局 2001 年版，第 934 頁。

也。庾，三斛四斗。秉，二十四斛。」與馬、鄭說不同。至其語源，《六書故》卷 22：「秉、把同聲，實一字。古無把字，所秉曰秉，去聲，今作柄。」王念孫曰：「秉之言方也。方者，大也，量之最大者也。」〔註21〕王說是也。

（9）其妻望而拊心曰

按：《新序·節士》同，《莊子·讓王》、《列子·說符》、《高士傳》卷中「望」下有「之」字。許維遹訓望為怨，是也。《御覽》卷 507 引《高士傳》作「妻撫心而怒曰」，蓋臆改。

（10）聞為有道者妻子，皆得逸樂

按：逸，《莊子·讓王》、《列子·說符》、《新序·節士》、《高士傳》卷中作「佚」，古字通。

（11）君過而遺先生食

按：過，《莊子·讓王》、《新序·節士》、《高士傳》卷中同。石光瑛曰：「《列子》『過』作『遇』，形近而誤。過，過存也，作『遇』無義。《釋文》云：『遇，一本作過，或作適。』以一本為是。一云：過猶多也。」〔註22〕「過」訓過存是探望義，而此文子陽並未親自探望，乃是令官遺之粟。王利器取王先謙說，解為「過聽」，則是增字足義，非是。作「遇」字是，「遇」謂厚待，以恩相接也。

《知接》校補

（1）無由接而言見，訹

高誘注：訹讀「誣妄」之誣，億不詳審也。

按：有二說：畢沅改「訹」作「詯」，云：「《說文》：『詯，夢言也。』惠氏於《左氏襄二十九年傳》『祗見疏也』，亦謂當為『詯』。」〔註23〕

〔註21〕王念孫《廣雅疏證》，收入徐復主編《廣雅詁林》，江蘇古籍出版社 1992 年版，第 680 頁。

〔註22〕石光瑛《新序校釋》亦校作「秉」，中華書局 2001 年版，第 934～935 頁。

〔註23〕惠棟說見《春秋左傳補註》卷 4，景印文淵閣《四庫全書》第 181 冊，臺灣商務印書館 1986 年初版，第 185 頁。

陳奇猷從畢說。黃生曰:「詉,按此即古之詤字,虛言曰詤(呼光切)。此言盲者目不見物,常疑人言為虛,故曰見詤。高誘即讀為誣,亦太從便矣。」〔註24〕翟灝曰:「詉,按今俗俱加艸為謊。」〔註25〕王筠曰:「段氏改詤作詤。案如段氏說,則詤即今之謊字,似非許意。」〔註26〕

(2) 何以為之莽莽也

高誘注:為,作也。莽莽,長大貌也。

按:楊昭儁曰:「此『為之』,下為『孰之』、『為之』,三『之』字皆訓是也,此也。」于鬯、楊樹達說同,其說本於王引之,見下文。《類聚》卷85、《御覽》卷820引此文正作「為此」。

(3) 孰之壤壤也,可以為之莽莽也

高誘注:壤壤,猶養治之。莽莽,均長貌。

按:畢沅曰:「壤壤,紛錯之貌。」王念孫曰:「《類聚》卷85引此『壤壤』作『灌灌』,又引注云:『灌灌,叢貌。』」王引之曰:「兩『之』字皆訓為是。」〔註27〕蔣維喬等曰:「《類聚》卷85引『壤壤』作『灌灌』。《御覽》卷820引『孰之壤壤』作『此權權何(引者按:「何」屬下句)』,引注作『權權,由養治也(引者按:《御覽》原文「也」作「之」)』。按『壤壤』疑為『灌灌』之譌。灌,叢也,聚也。高氏注曰『猶養治之』,乃不知叢聚之義而即以灌溉之義釋之。《御覽》作『權權』,則形似之誤矣。」陳奇猷曰:「畢謂壤壤為紛錯之貌,是。攘,亂也。『壤』蓋即假為『攘』也。蔣改『壤』為『灌』,非是。高注『養治』二字疑誤,未詳所當作。」《類聚》引「孰」作「熟」,《類聚》引注作「莽莽,長皃」,《御覽》引注作「莽莽,長皃也」。今本「均」字衍文。畢說是,本字作穰,俗字作穰,《集韻》:「穰,絲棼也。」「養治」不

〔註24〕 黃生《義府》,黃生、黃承吉《字詁義府合按》,中華書局1954年版,第214～215頁。

〔註25〕 翟灝《通俗編》卷17,商務印書館1958年版,第373頁。

〔註26〕 王筠《說文解字句讀》,中華書局1988年版,第87頁。

〔註27〕 王引之《經傳釋詞》卷9,收入《叢書集成初編》第1260冊,商務印書館民國28年初版,第132頁。王念孫《呂氏春秋校本》說同,轉引自張錦少《王念孫〈呂氏春秋〉校本研究》,《漢學研究》第28卷第3期,2010年出版,第315頁。

誤，猶言治理。高氏轉展而說之，謂何以紛亂之麻絲，可以製成莽莽之長布乎？《史記・孝文本紀》：「天生蒸民，爲之置君以養治之。」

（4）管仲曰：「齊鄙人有諺曰：『居者無載，行者無埋。』今臣將有遠行，胡可以問？」

高誘注：謂臣居職有謀計，皆當宣之於君，無有載藏之於心也。行謂即世也。亦當輸寫所知，使君行之，無有懷藏，埋之地中。

按：楊愼曰：「言生不隱謀，死不隱忠也。」〔註28〕馮惟訥取其說，又指出：「載，讀作稓。埋，叶，陵之反。」郭子章、梅鼎祚說同〔註29〕。虞兆漋曰：「蓋謂人之居止者，凡物皆不當載負；人之行徙者，凡物皆不當埋藏。高氏訓解甚謬。至下云『今臣將有遠行』，然後以遠行喻死耳。」〔註30〕梁玉繩取其說，杭世駿說同〔註31〕。李慈銘曰：「居者無載謂家居者無任載之物，以不爲行計也。行者無埋謂行路者無埋藏之物，以不爲居計也。故下云『今臣將有遠行，胡可以問』，以死比遠行，謂己不爲居計，無所藏之物，胡可問也。」陶鴻慶曰：「載爲車載，埋謂埋藏。鄙諺謂居者不爲行者之備，行者不爲居者之事。」金其源曰：「載謂載於路，行者之事也。埋謂藏於家，居者之事也。」馮振曰：「居者、行者，乃泛言居住與行旅之人；下文『今臣將有遠行』，乃借以譬即世。高注於此，以居謂居職，行謂即世，此乃管仲取譬之意，非齊諺本意也。」〔註32〕陳奇猷曰：「居謂止於家。行者爲活人，埋者爲死人。《審分》：『止者不行，行者不止。』最足解釋此文。」居者、行者，指活人、死人，下「遠行」即承「行者」而言。高誘注及楊愼說並無錯誤，猶今言生不帶來，死不帶走。載亦藏也，

〔註28〕明・楊愼《古今諺》卷1，古典文學出版社1958年版，第172頁。

〔註29〕明・郭子章《六語・諺語》卷2，明萬曆刻本。馮惟訥《古詩紀》卷10，梅鼎祚《古樂苑》卷43，分別收入景印文淵閣《四庫全書》第1379、1395冊，臺灣商務印書館1986年初版，第72、456頁。

〔註30〕虞兆漋《天香樓偶得》，收入《四庫全書存目叢書・子部》第98冊，齊魯書社1995年版，第286頁。

〔註31〕杭世駿《訂訛類編》續補卷上，收入《續修四庫全書》第1148冊，上海古籍出版社2002年版，第122頁。

〔註32〕馮振《呂氏春秋高注訂補（續）》，《學術世界》第1卷第9期，1935年版，第20頁。

不必是車載或載於路。管仲引古諺語，本意是說應當盡言，然以下是轉語，是說今臣雖將死，卻沒有什麼可說的，故云「胡可以問」。

（5）豎刁自宮以近寡人

按：宮，《御覽》卷446、《永樂大典》卷11602引作「害」，形之譌也。

（6）死生，命也；苛病，失也

按：畢沅曰：「《御覽》卷446作『苛病，本也』。觀下文『守其本』，似『本』字是。」松皋圓曰：「本作『苛病失本也』，傳寫互脫一字耳。」孫鳴鏘曰：「失讀曰佚，謂淫佚也。」蔣維喬等曰：「松說是也，《御覽》卷735作『苛病天也』，『天』乃『失』之誤。孫說疑非。」陳奇猷曰：「松、蔣說非。失謂有所失也。孫說亦通。」《御覽》卷446、《永樂大典》卷11602引作「痾病本也」，《御覽》卷735引作「病是天也」，畢氏、蔣氏均失檢。諸說皆誤，此文當作「苛病天也」，「失」、「本」皆「天」形誤。言死生苛病都是天命，有定數。《莊子·大宗師》：「死生，命也；其有夜旦之常，天也。」文例正同。

（7）君不任其命，守其本，而恃常之巫，彼將以此無不為也

按：蔣維喬等曰：「《御覽》卷446『任』作『用』。」陳奇猷曰：「《說文》：『任，保也。』《御覽》改作『用』，非。」《說文》作「任，符也」，《繫傳》作「任，保也」。任訓保是保舉義，非此文之誼，陳說非是。任，信也。恃，《御覽》卷446引作「待」，誤。《永樂大典》卷11602引亦誤作「用」、「待」。

（8）食不甘，宮不治

按：宮，《御覽》卷446、《永樂大典》卷11602引作「官」，又卷491引《吳王春秋》亦作「官」（當即此文，而誤題出處），疑「宮」誤。

（9）公慨焉歎涕出曰

按：《御覽》卷446、《永樂大典》卷11602引作「公慨焉歎涕曰」，《御覽》卷491引《吳王春秋》作「公慨然出涕曰」。

《悔過》校補

（1）皆以其氣之趫與力之盛

　　　高誘注：趫，壯也。

　按：馬敘倫曰：「趫，借爲歊，《說文》曰：『氣上出也。』」楊樹達曰：「趫，
　　　《淮南・道應訓》作『高』，趫與高聲義皆相近，然此趫疑讀爲驕。」
　　　陳奇猷曰：「以《淮南》作『高』字證之，則馬說是也。《漢書・敘傳》
　　　顏注：『歊歊，氣盛也。』『高』蓋即『歊』之省文也。」趫，讀爲喬、
　　　僑。《說文》：「喬，高而曲也。」又「僑，高也。」高大則壯，故高注
　　　訓壯也。「歊」爲熱氣上出之貌，無壯義。

（2）晉若遏師必於殽，女死不於南方之岸，必於北方之岸，爲吾尸女
　　　之易

　　　高誘注：識之易也。

　按：遏，《左傳・僖公三十二年》作「禦」。陳奇猷曰：「『岸』疑爲『阜』
　　　形近之譌。《左傳》云：『殽有二陵焉。其南陵，夏后皋之墓也；其北
　　　陵，文王之所辟風雨也。必死是間，余收爾骨焉。』陵與阜同義。爲
　　　猶將也。尸猶言收尸。高訓爲識，非。」陳氏改「岸」作「阜」殊爲
　　　無據。《說文》：「岸，水厓而高者。」水厓高者爲岸，山厓高者亦爲
　　　岸。《爾雅・釋丘》：「重厓，岸。」郭璞注：「兩厓累者爲岸。」《荀
　　　子・宥坐》：「三尺之岸，而虛車不能登也。」楊倞註：「岸，崖也。」
　　　其初文作厂，《說文》：「厂，山石之厓巖，人可居。」彭鐸曰：「岸讀
　　　爲院，此山岸本字。」非是。王利器曰：「爲，使也。」「爲」表示判
　　　斷，不訓將、使。「易」謂辨識之易，高注不誤。句言殽之南北二岸，
　　　是我爲你收尸易於辨識的地方。

（3）師行過周，王孫滿要門而窺之

　　　高誘注：要，徼也。

　按：洪頤煊曰：「《左氏僖公三十三年傳》作『王孫滿尙幼觀之』。要即幼
　　　假借。」馬敘倫曰：「高、洪二說並非是。要借爲闟，《說文》：『闟，
　　　關下牡。』闟門而窺之。」楊樹達曰：「洪說非也。《呂氏》不謂王孫
　　　滿爲幼年也。門既下楗，從何得窺？馬說自相矛盾，不可通矣。」陳

奇猷曰：「要門即遮門，亦即閉門之意。謂王孫滿閉門，然後從門縫而竊視之也。《左傳》『尚幼』當爲『幼門』之誤。幼爲要之假字。竊視當從門縫，若大開門扇則是觀，不得謂之窺也。」王利器曰：「諸說都有未安。要，徼也。徼，求也。即今言要求也。」徐仁甫曰：「『要』同『腰』。『腰門』指今街居大門之外，另爲半截門向外開者，或古已有之。又疑『要』訓結約，結約其門，不及閉門之門也。」顧莉丹曰：「高注釋『要』爲『徼也』，『徼』即爲求義。『門』當訓作守門人。」〔註33〕高注要訓徼，不誤。「徼」同「邀」，《玉篇》：「邀，遮也。」俗字作闄，《廣雅》：「闄，遮也。」《廣韻》：「闄，隔也。」此文「窺」指觀看，不是竊視，《左傳》、《國語·周語中》皆作「王孫滿觀之」。秦師過周襲鄭，從周北門經過，王孫滿立於門中窺視之，此即要門而窺之。

（4）過天子之城，宜櫜甲束兵，左右皆下，以為天子禮

按：畢沅引梁仲子曰：「《左氏傳·僖三十三年》《正義》引作『櫜甲束兵』。」陳奇猷曰：「櫜，囊也。橐，甲衣也。則作櫜作橐均通。」《說文》：「橐，車上大橐。」二字形近易誤。《左傳·昭公元年》：「子晳橐甲以見子南，欲殺之。」《御覽》卷355引作「櫜」。《左傳·襄公二十四年》：「皆取冑於櫜。」《御覽》卷308引作「橐」。皆其例。《周禮·函人》：「橐之欲其約也。」鄭玄注引鄭司農曰：「謂卷置橐中也。」《左傳·僖公三十三年》杜預注作「卷甲束兵」，是杜與鄭合。孔疏引服虔曰：「無禮，謂過天子門，不櫜甲束兵。」是服氏所見，亦作「櫜」字。

（5）超乘者五百乘

高誘注：超乘，巨踊車上也。

按：畢沅曰：「注『巨踊』之『巨』，當從《左傳》『距踊曲踊』之距。」王利器從其說。陳奇猷曰：「『距踊曲踊』見《左傳·僖公二十八年》，杜注云：『距踊，超越也。曲踊，跳踊也。』」《左傳·僖公三十三年》、《國語·周語中》皆作「超乘者三百乘」。韋昭注：「超乘，跳躍上車，無威儀，所以敗也。」此注「車上」當乙作「上車」。距踊，直跳也，今言

跳高。曲踊，橫跳也，今言跳遠。距之言巨、矩，取「直」爲義，與「曲」相對。畢說債矣。

（6）何其久也

按：陳奇猷曰：「『何其久也』文義未備，疑當作：『《詩》曰：「何其久也，必有以也。何其處也，必有與也。」』今脫去三句，遂致文義不相屬矣。」此亦陳氏妄補古書之例。上文云「寡君固聞大國之將至久矣」，此承之而問，文義正相應。

（7）以迷惑陷入大國之地

舊校：陷入，一作「以及」。

按：一本誤。《文選・述祖德詩》李善注引作「陷入」。

《樂成》校補

（1）禹之決江水也，民聚瓦礫，事已成，功已立，為萬世利

按：《御覽》卷 82 引「事已成」上有「及其」二字。《韓子・顯學》：「昔禹決江濬河，而民聚瓦石。」舊注：「欲以擊禹也。」舊注臆說不足信。《鹽鐵論・擊之》：「昔夏后底洪水之災，百姓孔勤，罷於籠臿，及至其後，咸享其功。」（二書王利器已引）民聚瓦礫，言民之勤苦於事，與下文「樂成功」對舉。

（2）孔子始用於魯，魯人鷖誦之曰

按：畢沅曰：「『鷖』蓋魯人名，《孔叢子》作『謗』，《御覽》同。」孫詒讓曰：「鷖，當與『豎』通，畢校非是。」〔註34〕鷖誦，《御覽》卷 694 引作「謗」，《孔叢子・陳士義》、《資治通鑑外紀》卷 8 作「謗誦」，《中論・審大臣》作「謠」。曹庭棟曰：「鷖古通翳，隱也。」王利器從曹說。孫詒讓曰：「鷖當讀爲緊，發聲也。」章太炎曰：「畢氏非也。鷖當借爲瘱，《說文》云『劇聲也』。又通作殹，《說文》『殹』下云『一曰病聲也』。」陳奇猷曰：「『鷖』即『翳』之異文。翳，密也，義即今

〔註34〕孫詒讓《籀廎讀書錄・呂氏春秋》，收入《籀廎遺著輯存》，中華書局 2010 年版，第 349 頁。

語『秘密』。《孔叢》、《御覽》皆因不明『鷖』字之義而改之，不足據。」
徐仁甫曰：「鷖，讀爲翳，即上文所謂『陰奸』。」章說是也，字亦作
懿、噫，痛傷之聲。《玉篇》：「懿，不平之聲也，恨辭也，作噫同。」
《廣韻》：「懿，忿也。噫，恨聲。」《孔叢》作「謗誦」不誤，是承上
文「未識先君之謗何也」之問的答語，字正當作「謗」，陳說非是。

（3）黼裘而鞞，投之無戾；鞞而黼裘，投之無郵

　　高誘注：投，棄也。「郵」字與「尤」同。投棄孔了無罪尤也。

按：畢沅曰：「『鞞』字舊訛『鞞』，按當作『韠』，與『芾』、『韍』、『紱』
字同。《孔叢子》正作『芾』。」陳奇猷從之。畢改非是，古從畢從卑
之字通用。《御覽》卷694引上「鞞」作「韠」，下仍作「鞞」，字亦同。
《中論・審大臣》作「素鞞羔裘，求之無尤；黑裘素鞞，求之無戾。」
亦作「鞞」字。作「求」者，蓋「投」形誤作「授」，又改作「求」。
文廷式曰：「無戾、無郵，疑皆指人跡罕到之地，與《詩》『投畀有北』、
『投畀有昊』句法正同，皆怨毒呪詛之詞。」〔註35〕臆說無據。

（4）用三年，男子行乎塗右，女子行乎塗左

按：王利器引《禮記・王制》「道路，男子由右，婦人出左，車從中央」及
《內則》「道路，男了由右，女子由左」，是也。《御覽》卷195、694引
此文「左」、「右」二字互倒。

（5）子產始治鄭，使田有封洫，都鄙有服

　　高誘注：封，界。洫，溝也。服，法服也。君子小人各有制。

按：俞樾曰：「都鄙有服者，都鄙有制也。」陳奇猷曰：「此『服』指衣冠無
疑。俞氏未得其義耳。」考《左傳・襄公三十年》：「子產使都鄙有章，
上下有服，田有封洫。廬井有伍。」《類聚》卷50引司馬彪《續漢書》
「上下有序，都鄙有章。」「有服」指有章有序，俞說是也。

（6）夫開善豈易哉

　　高誘注：開，通也。

按：譚戒甫曰：「『開善』二字似不甚妥，疑本作『開業』，猶《孟子》所謂

〔註35〕文廷式《純常子枝語》卷15，收入《續修四庫全書》第1165冊，上海古籍出
版社2002年版，第213頁。

『創業』也。」許維遹曰：「開當訓始。」陳奇猷曰：「許說是。『開善』猶言始爲善事、善政。」諸說皆非。開善猶言開導善事。《列女傳》卷3：「所以開善過淫也。」

（7）已得中山，還反報文侯，有貴功之色

舊校：貴，一作「責」。

按：畢沅引盧文弨曰：「疑是『負功』。」蔣維喬等曰：「《意林》作『責』。」劉文典曰：「《說苑·復恩》作『喜功』，當從之。」王叔岷謂作「喜」義長。楊樹達曰：「『負』訓恃，『負』字是也。『責』與『貴』字皆『負』之形近誤字也。《說苑》作『喜』者，文自不同。」陳奇猷曰：「貴，尙也。」陳說是也。《書鈔》卷135引亦作「貴」。

（8）故恂恂之中，不可不味也

按：味，讀爲物，猶言物色、審察、辨別。《禮記·仲尼燕居》：「味得其時。」《家語·論禮》：作「物」。又《檀弓上》：「瓦不成味。」《荀子·禮論》作「陶器不成物」。

《察微》校補

（1）故智士賢者相與積心愁慮以求之

高誘注：積累其仁心，思慮其善政，以求致治也。

按：惠棟曰：「愁之言斂也。」王引之讀愁爲摮、䉒、遒〔註36〕，馬敘倫說同；金其源讀爲楢，皆訓積聚。陳奇猷、王利器皆從王說。「愁」是愁苦義，不必拘於對文說之。本書《察賢》：「天下之賢主，豈必苦形愁慮哉？」《淮南子·詮言篇》：「苦心愁慮，以行曲故。」

（2）子貢贖魯人於諸侯，來而讓，不取其金

按：許維遹曰：「《文選·答東阿王牋》注引『讓』作『辭』，與《淮南·道應篇》合。」《文選·百辟勸進今上牋》李善注引「讓」作「辭」，王利器已指出許氏失檢。《三國志·田疇傳》裴松之注、《御覽》卷477引亦

〔註36〕王念孫《呂氏春秋校本》亦讀愁爲摮，轉引自張錦少《王念孫〈呂氏春秋〉校本研究》，《漢學研究》第28卷第3期，2010年出版，第315頁。

作「辭」,《家語‧致思》同。

（3）自今以往

按：往,《三國志‧田疇傳》裴松之注引作「來」,《淮南‧道應篇》亦作
「來」。

（4）戲而傷卑梁之處女

按：傷,《御覽》卷 305 引誤作「侍」。

（5）卑梁人操其傷子以讓吳人

按：操其傷子,《御覽》卷 305 引誤作「扶其侍子」。「操」當作「摻」,俗作
「攙」。

（6）克夷而後去之

高誘注：夷,平。

按：《御覽》卷 305 引誤作「堯夷而復去之」。

（7）吳楚以此大隆

高誘注：「隆」當作「格」。格,鬭也。

按：《白帖》卷 82、《御覽》卷 496 引作「吳楚大爭」。孫詒讓、于鬯、章
太炎、馬敘倫、王利器、陳奇猷並讀隆爲鬨〔註37〕。《楚辭‧離騷》：
「五子用失乎家巷。」王念孫曰：「『失字因王注而衍。楊雄《宗正箴》
曰：『有仍二女,五子家降。』降與巷古同聲而通用。『巷』讀《孟子》
『鄒與魯鬨』之鬨。劉熙曰：『鬨,構也,構兵以鬭也。』鬨字亦作
鬩,《呂氏春秋‧愼行篇》：『崔杼之子,相與私鬩。』高誘曰：『鬩,
鬭也。』降亦鬩也。《呂氏春秋‧察微篇》：『吳楚以此大隆。』大隆
謂大鬭也。隆與降通（隆亦格鬭之名,字可不改）。」〔註38〕諸說皆
本於王氏,孫詒讓說全同於王氏,俞樾說亦同〔註39〕,而皆未列出處,
斯亦通人之弊也。王說是矣,余謂讀隆爲攻亦通。

〔註37〕 王利器說又見《鹽鐵論校注（定本）》,中華書局 1992 年版,第 126 頁。
〔註38〕 王念孫《讀書雜志》卷 16《餘編下》,中國書店 1985 年版,本卷第 59 頁。
〔註39〕 俞樾《群經平議》卷 29,收入王先謙《清經解續編》卷 1389,上海書店 1988
    年版,第 5 冊,第 1195 頁。

（8）又反伐郢，得荊平王之夫人以歸，實為雞父之戰

　　　高誘注：郢，楚國都也。

　按：劉師培曰：「即《左傳》入郧事，『郢』蓋『郧』誤，而高已訓爲楚都。」
　　　劉說疑不確。《列女傳》卷 4：「伯嬴者，秦穆公之女，楚平王之夫人，
　　　昭王之母也。當昭王時，楚與吳爲柏舉之戰，吳勝楚，遂入至郢，昭
　　　王亡。吳王闔閭盡妻其後宮，次至伯嬴。」《御覽》卷 491 引《吳越
　　　春秋》：「吳師入郢，闔閭既妻昭王夫人，又及於伯嬴。伯嬴，秦康公
　　　之女，平王之夫人，昭王之母也。」又卷 440 引張勃《吳錄》：「吳入
　　　郢也，自王以下，位班處宮而妻其室，次及伯嬴。伯嬴者，昭王之母
　　　也。」皆以伐郢而得平王夫人。

（9）夫弩機差以米則不發

　按：孫鳴鏘曰：「古以一黍之廣爲一分，則以米計之也。」〔註40〕許維遹曰：
　　　「《尸子・分篇》云：『夫弩機，損若黍則不鉤，益若口則不發。』據
　　　此，『米』或爲『黍』之壞字。」許氏所引《尸子》，《書鈔》卷 125「損
　　　則不鉤，益則不發」條引作「夫弩機，損若黍則不鉤，益若口〔則不〕
　　　發」，下「則不」二字是孔廣陶據上句補〔註41〕，是也。「機」指弩牙。
　　　《素問・離合眞邪論》「故曰知機道者不可掛以髮，不知機者扣之不發。」
　　　《靈樞經・九針十二原》同。「益若」下之脫文，疑是「髮」字。胡文
　　　英曰：「案：差一米，所差少也，吳中謂所差不多曰『差一米米』。」
　　　〔註42〕徐仁甫曰：「今俗言猶謂『差一顆米』，即『米』不必『黍』之
　　　壞字。」

（10）禘於襄公之廟也

　　　高誘注：禘，大祭也。

　按：禘，《淮南子・人間篇》作「禱」。禱亦祭也。

（11）以魯國恐不勝一季氏，況於三季

〔註40〕 孫鏘鳴《呂氏春秋高注補正》，《國故》第 3 期，1919 年版，第 7 頁。
〔註41〕 《書鈔》（孔廣陶校注本），收入《續修四庫全書》第 1212 冊，上海古籍出版
　　　　社 2002 年版，第 573 頁。
〔註42〕 胡文英《吳下方言考》卷 7，收入《續修四庫全書》第 195 冊，上海古籍出版
　　　　社 2002 年版，第 58 頁。

按：以，猶舉也、全也〔註43〕。

（12）同惡固相助

高誘注：同惡昭公。

按：高氏以「同惡」屬上句「況於三季」，故注云然。王念孫、俞樾、陶鴻慶屬下句，是也。銀雀山漢簡《六韜》：「同請（情）相成，同亞（惡）相助，同好相趨。」《逸周書·大武解》：「五和：一有天無惡，二有人無郤，三同好相固，四同惡相助，五遠宅不薄。」《史記·吳王濞傳》：「同惡相助，同好相留，同情相成，同欲相趨，同利相死。」（王利器已引今本《六韜》及《史記》）皆其確證。

《去宥》校補

（1）王因藏怒以待之

按：藏，《淮南子·修務篇》同，《說苑·雜言》作「懷」，義同。

（2）荊威王學書於沈尹華，昭釐惡之，威王好制，有中謝佐制者，〔為〕昭釐謂威王曰

高誘注：制，術數也。中謝，官名也。佐王制法制也。

按：范耕研曰：「高注『制』字前曰術數，後曰法制，必有一誤。以『法制』為勝。」〔註44〕陳奇猷曰：「『制』義未詳。高此注訓術數，下注又訓法制，未知孰是？」下文「中謝，細人也，一言而令威王不聞先王之術」，作「術」字。《渚宮舊事》卷3作「王好術」、「申謝佐術者」，「申」是「中」形誤。《渚宮舊事》卷1言「楚產之尤著者……觀從〔則〕申射士、慎子、范蠡、杜赫、昭過、江乙、陳軫」，亦誤。「書」指刑書，法律條文。高注訓術數、法制，皆是也。于鬯謂「佐制」是人名，臆說耳。陳直曰：「中謝為楚之中射士也。」其說是也，射士有上中下三等，官名。陳奇猷又曰：「《漢書·古今人表》有『沈尹華』，即此人。」考《左傳·宣公十二年》：「沈尹將中軍。」杜預注：「沈或作寢。寢，

〔註43〕參見蕭旭《古書虛詞旁釋》，廣陵書社2007年版，第14～15頁。
〔註44〕范耕研《呂氏春秋補注》，《江蘇省立國學圖書館第六年刊》，1933年版，第92頁。

縣也，今汝陰固始縣。」孔疏：「楚官多名爲尹。沈者，或是邑名，而其字或作寢。《哀十八年》有『寢尹吳由于』，因解寢爲縣名，不言寢是而沈非也。」「沈」是「寢」音轉〔註45〕，地名。「尹」是官名。「華」則是人名。《左傳・襄公二十四年》有「沈尹壽」，又《昭公四年》有「沈尹射」，《哀公十六年》有「沈尹朱」，本書《當染》有「沈尹蒸」，《尊師》有「沈申（尹）巫」〔註46〕，《慎行》有「沈尹戌」，《察傳》有「沈尹筮」，《贊能》有「沈尹莖」，皆楚人，是其比也。李惇曰：「《宣十二年左傳》『邲之戰，孫叔敖令尹也，而將中軍者爲沈尹』，注云：『沈或作寢。寢，縣也。』《韓詩外傳》所載楚樊姬事，與《淮南子》、《新序》正同，但《淮南》、《新序》並曰虞邱子，惟《外傳》則曰沈令尹，乃知沈尹即虞邱子。令尹者其官，沈者其氏或食邑也。」孫詒讓曰：「李說是也。沈尹莖，《呂氏春秋・察傳篇》又作『沈尹筮』，字形並相近，未知孰爲正也。〔註47〕李氏謂「沈者其食邑」是也，而云「沈者其氏」則誤，孫氏未辨。畢沅校《贊能》，謂「莖」當作「筮」。許維遹曰：「《文選・五君詠》注、《渚宮舊事》引『莖』作『筮』，與《察傳篇》合。」蔣維喬等曰：「畢校是也。他書作『蒸』、『巫』、『華』及此作『莖』，皆形近之誤。《御覽》卷424、《文選・五君詠》注、《渚宮舊事》正作『筮』，且與《察傳篇》合，可證也。吳闓生謂『莖』乃『筮』之或體，無當。」陳奇猷曰：「范耕研謂『尹』、『申』、『蒸』、『莖』、『巫』、『筮』、『竺』皆傳寫之誤，特不知孰爲正字，其說最通。」考上博簡（六）《莊王既成》作「盅（沈）尹子桱」〔註48〕，則作「沈尹莖」是正字。

（3）王不說，因疏沈尹華

按：疏，《渚宮舊事》卷3誤作「流」。

〔註45〕 參見蕭旭《〈史記〉校札》，收入《群書校補（續）》，花木蘭文化出版社2014年版，第1999頁。

〔註46〕 《治要》卷39引作「沈尹筮」，《新序・雜事五》作「沈尹竺」。

〔註47〕 孫詒讓《墨子閒詁》，中華書局2001年版，第15頁。李惇說見《群經識小》卷5，收入《續修四庫全書》第173冊，上海古籍出版社2002年版，第46頁。

〔註48〕 馬承源主編《上海博物館藏戰國楚竹書（六）》，上海古籍出版社2007年版，第242頁。

《正名》校補

（1）名正則治，名喪則亂

按：王利器引《管子・樞言》「有名則治，無名則亂，治者以其名」。按《管子・樞言》「名正則治，名倚則亂，無名則死，故先王貴名」亦當引之。《長短經・適變》引《申子》：「昔者堯之治天下也以名，其名正則天下治；桀之治天下也亦以名，其名倚而天下亂，是以聖人貴名之正也。」此皆本書所本。《韓子・揚權》：「名正物定，名倚物徙。」小本之。倚，邪也。

（2）故君子之說也……足以喻治之所悖，亂之所由起而已矣

高誘注：喻，明。悖，惑。

按：金其源從高注。馬敘倫曰：「悖借為蔽。」陳奇猷曰：「悖，逆也。」諸說並誤。王利器曰：「以下句例之，『悖』上當有『由』字。」劉如瑛曰：「悖，通『勃』，興起之意，與『起』互文。『悖』上當有『由』字。畢沅引盧說，謂悖、勃通，且云高注『惑』疑是『盛』之訛，其說是。」王、劉說是也，「悖」上亦可能脫「從」字。《慧琳音義》卷32引《蒼頡篇》：「勃，出也。」又卷72引《爾雅》：「勃，作也。」言君子之說，足以明治亂之所由興作也。

（3）夫賢不肖、善邪辟、可悖逆，國不亂、身不危，奚待也

高誘注：不肖者賢之，邪辟者善之，悖逆者可之也。言亂亡立至，無所復待也。

按：待，讀為得。「奚待」即本書《知接》「奚由相得」、「無由相得」之誼。本書《下賢》：「奚時相得」亦同，時亦由也。

（4）居鄉則悌

按：《公孫龍子・跡府》、《孔叢子・公孫龍》作「處鄉則順」。

（5）尹文曰：「竊觀下吏之治齊也，方若此也。」

按：《公孫龍子・跡府》「方」上有「其」字，當據補。方，猶道也、術也。楊樹達、陳奇猷謂「方」訓「正是」，非是。

《審分覽》卷第十七校補

《審分》校補

（1）今以眾地者，公作則遲，有所匿其力也；分地則速，無所匿遲也。
主亦有地，臣主同地，則臣有所匿其邪矣，主無所避其累矣

按：《治要》卷 36 引《尸子》：「使眾者，詔作則遲，分地則速，是何也？
無所逃其罪也。言亦有地，不可不分也。君臣同地，則臣有所逃其罪
矣。故陳繩則木之枉者有罪，措準則地之險者有罪，審名分則群臣之
不審者有罪。」〔註1〕劉咸炘、王利器指出此乃本書所本。彭鐸曰：「疑
『公』本作『召』，與『詔』通。」其說是也。「主」當是「言」形誤。
以，猶使也。孫鏘鳴曰：「今以眾地者，謂以眾治地。」以「地」為動
詞，亦是也。馮振曰：「以，與也。公，共也。」〔註2〕高亨曰：「『眾
地』當作『眾作』，『公作』當作『公地』。」楊樹達曰：「眾地，謂眾
人公有之地。以，用也。孫說非。」陳奇猷曰：「『眾』蓋『共』之假
字。孫、楊皆非。高亨所改殊謬。」諸說皆誤。

（2）人與驥俱走，則人不勝驥矣；居於車上而任驥，則驥不勝人矣

按：上「人」字，王利器曰：「《治要》『人』作『今』，《金樓子・立言篇下》

〔註1〕 《長短經・適變》引脫「措準則地之險者有罪」九字，餘同。《意林》卷1引
末三句，「險」上有「廢」字。
〔註2〕 馮振《呂氏春秋高注訂補（續）》，《學術世界》第1卷第10期，1935年版，
第85頁。

同。《淮南子・道應篇》：『人與驥逐走，則不勝驥；託於車上，則驥不能勝人。』」《御覽》卷 896 引亦作「今」；又卷 394 引《吳氏春秋》同，當即本書，涉上條引《吳越春秋》而誤。「今」是假設之辭。《意林》卷 2、《黃氏日抄》卷 56 引同今本作「人」，蓋據《淮南子》而改。

（3）則眾善皆盡力竭能矣，諂諛詖賊巧佞之人無所竄其姦矣

高誘注：竄，猶容也。

按：無所，猶言不得。楊樹達曰：「竄，匿也。視訓容爲切。」馮振說同〔註3〕。王利器曰：「《荀子・儒效篇》：『惠施、鄧析不敢竄其察。』楊註：『竄，隱匿也。』又《大略篇》：『貧窶者有所竄其手。』楊註：『竄，容也。』《潛夫論・考績篇》：『而佞巧不得竄其姦矣。』」高注竄訓容不誤，容是容置、安措、施用之義。本書《君守》：「險陂讒慝諂諛巧佞之人無由入。」高注：「無從自入而見用也。」可移以釋此文。汪繼培引此文高注，是也。彭鐸曰：「《字林》：『竄，逃也。』」〔註4〕彭說非是。

（4）堅窮廉直

高誘注：堅，剛也。

按：窮，劉師培謂「叡」譌；章太炎讀爲空，訓誠愨；譚戒甫讀爲綯，訓謹敬；陳奇猷謂「綯」、「窮」同，章、譚說是。余讀窮爲鞏，《爾雅》：「鞏，固也。」

（5）故按其實而審其名，以求其情；聽其言而察其類，無使放悖

按：類，《治要》卷 39 引同，當作「貌」，形之譌也。

（6）幽厲之臣不獨辟

高誘注：殺戮不辜曰厲，壅過不達曰幽，皆惡諡也。

按：畢沅曰：「《逸周書》、《獨斷》、蘇明允皆作『壅遏』。」畢氏未判斷正誤。《逸周書・諡法解》、《獨斷》卷下「達」作「通」，義同。「過」是「遏」形誤。「壅遏」與「不達（通）」義相承。《淮南子・主術篇》：

〔註3〕 馮振《呂氏春秋高注訂補（續）》，《學術世界》第 1 卷第 10 期，1935 年版，第 85 頁。
〔註4〕 汪繼培、彭鐸《潛夫論箋校正》，中華書局 1985 年版，第 63 頁。

「守官者雍遏而不進。」又《天文篇》高誘注：「擁遏未通。」《御覽》卷 208 引《尚書大傳》：「溝瀆擁遏，水爲民害。」《玉篇》：「堨，擁堨也」「雍遏」、「擁遏」、「擁堨」並同「雍遏」。《賈子·修政語下》引《鬻子》：「無夭遏之誅。」一本「夭遏」作「大過」。《文選·辨命論》李善注引《莊子》司馬彪注：「徑廷，激過之辭。」當作「激過」。皆二字相譌之例。

（7）譽以高賢，而充以卑下；贊以潔白，而隨以汙德

高誘注：充，實。以汙穢之德，隨潔白之蹤。

按：王利器從高注。馬敘倫曰：「『汙德』與『潔白』不對。『德』疑『雜』之譌，聲相近也。隨疑借爲墮，或借爲勸，歌、元對轉通假也。」楊樹達曰：「汙假爲浸。《說文》：『浸，鹵貪也。』德假爲得，謂貪得也。」陳奇猷曰：「隨，循也。『汙德』當作『汙僈』，字亦作『漫』。『汙僈』爲貪得之意。馬、楊說未允。」馬氏讀「隨」爲「墮」是也，餘說皆非。《淮南子·說山篇》：「以潔白爲污辱。」《御覽》卷 820 引華嶠《後漢書》：「潔白不受垢汙。」〔註5〕以「潔白」與「污辱」（以白造緇曰辱）、「垢汙」對文。此文「潔白」指品行道德高潔，故以「汙德」與之對舉。不必拘於每字對文而改「德」字。言別人以高潔贊之，而自己墮落以汙德。下句「任以公法，而處以貪枉」，才言及「貪枉」。

（8）任以公法，而處以貪枉；用以勇敢，而堙以罷怯

按：馬敘倫曰：「堙疑借爲堅，《說文》：『臥也。』」蔣維喬等曰：「張本『堙』作『埋』。」陳奇猷曰：「用，行也。堙，塞也。『用以勇敢，而堙以罷怯』，猶言行以勇敢而充實以疲怯。行是外表，充實是內在。馬氏失考。」陳說未得其句法，此文「用」與「任」同義對舉，言以其有公法、勇敢而任用之，但結果卻是貪枉、罷怯。「堙」訓塞是也，與上文「實」、「充」同義。

（9）知而不爲，和而不矜

高誘注：和則成矣，不自矜伐。

按：馬敘倫曰：「矜借爲競。」陳奇猷曰：「和讀爲宣，布也。矜，誇也。高

注非，馬說亦通。」高注是，「矜」本指矛柄，馬氏讀矜爲兢者，求其本字耳，實亦取高說。《淮南子·本經篇》：「委而弗爲，和而弗矜。」《文子·下德》：「委而不爲，知而不矜。」和而不矜，謂和同於眾，而不矜伐也。此處數句皆道家之要旨。陳說誤。

（10）止者不行，行者不止，因形而任之，不制於物，無肯為使

　　高誘注：止者不行，謂土也。行者不止，謂水也。因形而任之，不令土行，不令水止也。不制物者，不爲物所制，物不能制之也。若此人者，王公不能屈，何肯爲人之使令者乎？

按：陶鴻慶曰：「無肯爲使，言不爲物役，高注非。」其說是也，王利器申其說。陳奇猷曰：「畢校本改『形』作『刑』，然畢氏無說。馬敘倫、許維遹、蔣維喬謂當作『形』。案馬、許、蔣說非也。形、刑通，但以『刑』爲正。刑，法範也。讀形本字，無義。」陳說殊誤，陳氏以此篇爲法家之言，故必解爲「法」。此處數句明是道家無爲之說，陳氏未得其誼。《管子·心術上》：「無爲之道因也。因也者，無益無損也。以其形，因爲之名，此因之術也。」此雖法家語，亦由道家學說而出。「以其形，因爲之名」正「因形而任之」之誼。《淮南子·兵略篇》：「因形而與之化，隨時而與之移。」此雖兵家說，亦由道家學說而出，可移以釋「因形而任之」。道家崇尚「因」，即無爲、順應自然之義。本書有《貴因篇》。

（11）此之謂定性於大湫，命之曰無有

　　高誘注：性，命也。大湫，猶大寶。

按：陳奇猷曰：「《說文》：『寶，空也。』《淮南·俶眞訓》：『精有湫盡而神無窮極。』以『湫』與『盡』連文，《廣雅》：『湫，盡也。』盡與空義近，故高訓爲寶。」王利器說同，而尤詳。「湫」取清靜、空虛爲義，故命之曰無有。《淮南子·原道篇》：「湫漻寂寞。」高誘注：「湫漻，清靜。」《賈子·容經》：「喪紀之志，漻然湫然憂以湫。」「湫然」即「湫然」。本書《重言》：「湫然清淨者，衰絰之色也。」《意林》卷2引作「愀然」，《說苑·權謀》亦作「愀然」，《論衡·知實》作「愁然」，並同，皆形容清淨之貌。

《君守》校補

（1）故曰中欲不出謂之扃，外欲不入謂之閉

按：外欲，徐仁甫據《淮南子・主術篇》、《文子・上仁》校作「外邪」。
閉，《淮南》作「塞」。

（2）惟彼君道，得命之情，故任天下而不彊，此之謂全人

按：彊，四部叢刊本誤作「疆」。《文選・解尚書表》：「是以僶俛從事，自
同全人。」李善注引此文作「強」。彊、強，正、借字，猶言勉強、
僶俛、努力。言如此則任天下而不須勉強也。《管子・任法》：「上以
公正論，以法制斷，故任天下而不重也。」重猶難也，義亦相會。高
亨讀彊爲僵，訓債仆，陳奇猷、王利器從其說，非是。

《任數》校補

（1）且夫耳目知巧，固不足恃，惟脩其數、行其理爲可

高誘注：理，道。

按：陳奇猷曰：「行有察義。理謂成物之文。高注未允。」陳說誤。「脩」當
作「循」，遵循也。「循其數」即篇名「任數」之誼。本書《序意》：「行
也者，行其理也。行數，循其理，平其私。」「行其理」與「循其數」
猶言遵行其規律、術數。

（2）北懷儋耳

按：儋耳，《賓退錄》卷 4 引同，《意林》卷 2 引作「弭耳」，《子略》卷 4
引作「麛耳」。「弭」、「麛」古通，然國名「弭（麛）耳」無考，當是
譌字。《山海經・大荒北經》：「有儋耳之國，任姓，禺號子，食穀。」
郭璞注：「其人耳大下儋，垂在肩上。」亦作「耽耳」，《淮南子・墜形
篇》：「誇父、耽耳在其北方。」高誘注：「耽耳，耳垂在肩上。耽讀〔褶〕
衣之褶（「褶」字據王念孫說補），或作攝。以兩手攝耳，居海中。」
王念孫曰：「褶、攝二字聲與耽不相近，耽字無緣讀如褶，亦無緣通作
攝也。耽皆當爲耼，今作耽者，後人以意改之耳。《說文》：『耼，耳垂
也。』《廣韻》：『耼耳，國名。』正謂此也。字或作聶，《海外北經》

云：『聶耳之國在無腸國東，爲人兩手聶其耳，縣居海水中。』即高注所云『以兩手聶耳，居海中』者也。耴與聶聲相近，故《海外北經》作聶。耴與褶、攝聲亦相近，故高讀耴如褶，而字或作攝。」〔註6〕「儋耳」是南越國名，今海南島是也，參見《史記‧貨殖列傳》及《漢書‧武帝紀》、《昭帝紀》、《地理志》、《南粵傳》，王利器指出又稱作「緩耳」，《水經注‧溫水》謂即「離耳」，本字作瞻，《說文》：「瞻，垂耳也。」「儋耳」非北方國名，北方國名當作「耴耳」，音轉又作「聶耳」，「耴」謁作「耽」，又改作「儋」〔註7〕。《駢雅》卷5：「八極：……北曰祝栗曰儋耳。」所據亦是誤本《呂氏》。畢沅曰：「《大荒西經》〔注〕作『鬮耳』（原文脫「注」字）。」松皋圓曰：「『儋耳』在南海，宜以『鬮耳』爲正。」松氏知「儋耳」是誤字，而未得正字。劉師培曰：「《山海經》注引作『鬮耳』，蓋『鬮』通作『耴』，別本作『耴』，因訛爲『耽』，與《淮南》同。又易爲『儋』，輾轉承訛。」譚戒甫曰：「《海內北經》有『鬮非』，郝懿行云『伊尹《四方令》云「正西鬮耳」，疑即此，「非」、「耳」形相近。』據此頗疑『鬮非』爲『鬮茸』之誤，『耳』即『茸』之省文。此『儋』乃『鬮』之假，不爲字誤也。劉謂輾轉承訛，似不然矣。」蔣維喬等曰：「《恃君覽》云『雁門之北，儋耳所居。』《淮南‧覽冥篇》亦云『北有儋耳之國。』」王利器曰：「耴、眈、耽、瞻，諸字音義並近。」陳奇猷曰：「此文不誤，《大荒北經》、《淮南‧覽冥》及本書《恃君》作『儋耳』可證。《逸周書‧王會解》所述之伊尹《四方令》，『鬮耳』在正西，當非此『儋耳』。」劉師培說本不大誤，譚戒甫混作西方之「鬮耳」，陳奇猷、王利器已駁之；而陳奇猷謂「儋耳」不誤，則亦失考也。

（3）無唱有和，無先有隨

按：本書《審應》：「人唱我和，人先我隨。」《史記‧太史公自序》：「主倡而臣和，主先而臣隨。」皆足互證。《管子‧白心》：「人不倡不和，天不始不隨。」這是否定句式。

〔註6〕王念孫《淮南子雜志》，收入《讀書雜志》卷13，中國書店1985年版，本卷第9～10頁。

〔註7〕參見黃暉《論衡校釋》，中華書局1990年版，第382～383頁。

（4）習者曰：「一則仲父，二則仲父，易哉為君。」

高誘注：習，近習，所親臣也。

按：劉師培謂「習」當從《書鈔》卷49引校作「贊」〔註8〕。陳奇猷曰：「《韓非》作『優笑』，《新序》作『在側者』，義皆同也。」習者，《論衡·自然》作「左右」，《冊府元龜》卷239作「其近習者」。二「則」，《韓子·難二》作「曰」。

（5）藜羹不斟

按：畢沅曰：「『斟』乃『糂』之訛。《慎人篇》作『糝』。」向宗魯說同〔註9〕。許維遹曰：「《墨子·非儒下篇》、《荀子·宥坐篇》並作『糂』，楊注：『糂與糝同。』《說文》云：『古文糂從參。』」王利器曰：「《莊子·讓王篇》、《韓詩外傳》卷7、《說苑·雜言篇》作『糝』。《淮南子·繆稱篇》：『羊羹不斟而宋國危。』羹不斟字用法正與此同……不必遽定為訛字也。」王氏引《淮南》非也，二文不同。《文選·君子行》李善注、《類聚》卷79、《御覽》卷838引此文作「糝」〔註10〕。《冊府元龜》卷842亦誤作「斟」。譚步雲曰：「不斟：〔形〕稍有增加、隨之減少；疾病稍愈、隨即加劇。《方言》：『斟，益也。南楚凡相益而又少謂之不斟。凡病少愈而加劇小謂之不斟。』（卷三）《呂氏》云云。」〔註11〕譚氏據誤字為說，失之愈遠。

（6）顏回索米，得而爨之

按：《類聚》卷79、《御覽》卷838引「爨」上有「來」字，《冊府元龜》卷842同。

（7）孔子望見顏回攫其甑中而食之

按：攫，《論衡·知實》作「掇」。

（8）食潔而後饋

按：孫志祖曰：「《御覽》卷838『後』作『欲』，李善注《文選·君子行》

<hr>

〔註8〕劉師培《呂氏春秋斟補自序》，《國學叢刊》第2卷第4期，1925年版，第126頁。

〔註9〕向宗魯《說苑校證》，中華書局1987年版，第422頁。

〔註10〕《類聚》據宋紹興刻本，四庫本亦誤作「斟」。

〔註11〕譚步雲《古楚語詞彙研究》，花木蘭文化出版社2015年版，第189頁。

作『食潔故饋』。」《御覽》卷 838 引「而後」作「欲」，《類聚》卷 79 引同（又引「潔」作「絜」），《冊府元龜》卷 842 亦同，孫氏失檢。「欲」是「故」形誤。陳奇猷曰：「『食潔而後饋』義不可通，蓋孔子衹見顏回攫甑中而食之，並未見煤室入甑，自不當言『食潔而後饋』。余謂當作『饗而後饋』。」陳氏妄改，不可信也。顏回攫甑中而食之，以手取之，是則不潔也，故孔子有此語。

（9）嚮者煤室入甑中

高誘注：煤室，煙塵之煤也。入猶墜也。

按：煤室，《文選・君子行》李善注引作「炱煤」，引高注作「炱煤，煙塵也。炱讀作臺。入猶墮也」；《御覽》卷 838 引作「焕煤」，《類聚》卷 79 引作「埃煤」，引高注作「埃煤，煙塵煤也」；《家語・在厄》作「埃墨」，《御覽》卷 181 引作「埃塵墨」，又卷 850 引作「埃塵」；《白氏六帖事類集》卷 4 引作「塵」，又引下文「埃墨」作「炲煤」，又卷 28 亦作「炲煤」〔註 12〕。畢沅改「煤室」作「煤炱」，改注作「煤炱，煙塵也。入猶墮也」，曰：「室與炱形近致訛。」王引之曰：「今本《家語》『炱』誤作『埃』，蓋『炱』字似『矣』而誤爲『矣』，後人又加『土』旁耳。墨、煤古同聲。案『煤室』當作『臺煤』，臺與室相似而誤，蓋正文借臺爲炱。今本『臺煤』二字誤倒。畢校非也。」〔註 13〕蔣維喬、王利器並從王引之說。王氏謂「『室』當作『臺』，借臺爲炱」是，餘皆失之。「炱煤」二字平列，故可倒作「煤臺」也〔註 14〕。陳奇猷曰：「『室』當係『實』之假字。『實』有顆粒結合成球之義。畢、王未之考，輾轉竄改，失之。」陳說誤考，而厚誣前人。

《勿躬》校補

（1）祓篲日用而不藏於篋

高誘注：祓篲，賤物也，日用掃除，故不藏於篋。

〔註 12〕 四庫本《白帖》分別在卷 13、91。

〔註 13〕 王念孫《呂氏春秋校本》說同，轉引自張錦少《王念孫〈呂氏春秋〉校本研究》，《漢學研究》第 28 卷第 3 期，2010 年出版，第 315 頁。

〔註 14〕 詳見蕭旭《孔子家語校補》，收入《群書校補（續）》，花木蘭文化出版社 2014 年版，第 433～435 頁。

－306－

按：祓，四庫本、四部叢刊本誤作「袚（祓）」。王利器曰：「《淮南子・說山篇》：『鼎錯（鐟）日用而不足貴。』與此義大同。《莊子・達生篇》：『操拔篲以待門庭。』〔註 15〕『拔篲』即『祓篲』。《說文》：『祓，除惡祭也。』」王氏引二書證此文，是也，而釋「祓」則誤。「篲」是「彗」俗字，《說文》：「彗，掃竹也。」即今掃帚。祓、拔之言拂也，《書鈔》卷 136、《御覽》卷 703 引秦嘉婦《與嘉書》：「今奉旄牛尾拂一枚，可拂塵垢。」即今撣帚。《莊子》成玄英疏：「拔篲，掃帚也。」褚伯秀曰：「拔篲，上蒲末切。李氏舊註云：『把也。』鬳齋《口義》：『同根拔之拔。拔篲，掃帚也。』諸解略而不論，無隱范先生云：『拔讀同拂。拂、篲皆服役者所執。』解義通而音訓未明，詳玩字形，參之以理，而得其說。拔當是帗，傳寫小差，《監韻》帗音拂，與翇同，全羽也，亦侍者所執。」〔註 16〕所引李氏舊註，即《釋文》所引李頤說；所引鬳齋《口義》，是林希逸《口義》；所引范先生說，是其師范應元說，陸樹芝亦從范說〔註 17〕。陸西星曰：「拔篲，拔連茹之草以爲帚。」〔註 18〕宣穎曰：「拔，讀作拂，拂塵具也。」〔註 19〕武延緒曰：「晉俗謂不地除曰拔，李訓爲把，非是。蓋拔與拂通。」〔註 20〕馬敘倫曰：「拔借爲帗，《說文》曰：『帗，一幅巾也。』篲爲彗或體。」〔註 21〕鍾泰曰：「拔讀如拂。篲，帚也。拂與帚二物皆所以去塵。」〔註 22〕王叔岷曰：「拔讀爲拂。」〔註 23〕諸家讀拔爲拂是也，餘說皆非。程瑤田曰：「余謂拔篲即拜篲，蓋以拜爲掃帚聲轉之故，謂之拔篲。」〔註 24〕其說非是。

〔註 15〕引者按：原書作「侍」，王氏筆誤作「待」。

〔註 16〕褚伯秀《南華眞經義海纂微》卷 58，景印文淵閣《四庫全書》第 1057 冊，臺灣商務印書館 1986 年初版，第 466 頁。

〔註 17〕陸樹芝《莊子雪》卷中，嘉慶四年儒雅堂刊本，本卷第 86 頁。

〔註 18〕陸西星（長庚）《南華眞經副墨》卷 5，萬曆六年刊本。

〔註 19〕宣穎《南華經解》卷 19，同治五年半畝園刊本。

〔註 20〕武延緒《莊子札記》卷 2，永年武氏壬申歲刊所好齋札記本（民國 21 年刊本）。

〔註 21〕馬敘倫《莊子義證》卷 19，收入《民國叢書》第 5 編，（上海）商務印書館 1930 年版，本卷第 6 頁。

〔註 22〕鍾泰《莊子發微》卷 19，上海古籍出版社 2002 年版，第 419 頁。

〔註 23〕王叔岷《莊子校詮》，中華書局 2007 年版，第 685 頁。

〔註 24〕程瑤田《釋草小記》，收入《程瑤田全集》第 3 冊，黃山書社 2008 年版，第 119 頁。

（2）虞姁作舟

按：《御覽》卷 769 引同，有注：「姁音劬、詡二音。」陳奇猷曰：「《墨子・
非儒》云：『巧垂作舟。』」孫詒讓曰：「畢云：『《書鈔》引作倕，《御
覽》作錘，《事類賦》引作工倕。』俞云：『巧垂當作功垂，字之誤也。
功垂即工垂也。是稱工垂者，工其官，垂其名。』案：《山海經・海內
經》云『義均是始爲巧倕，是始作下民百巧』，《楚辭・九章》亦云『巧
倕』，又見《七諫》。俞說未塙。」〔註 25〕孫說是也，《初學記》卷 25
引《墨子》亦作「巧倕」。《類聚》卷 71 引《墨子》云「棄作舟」，「棄」
乃「垂」形譌。此文作「姁」，讀爲拘，指巧匠。《方言》卷 7：「拘，
治也。吳越飾貌爲拘，或謂之巧。」郭璞注：「謂治作也。語楚聲轉耳。」
《廣雅》：「拘，治也。」又「拘，巧也。」蓋「拘」謂治作之巧善。《說
文》：「拘，健也。一曰匠也。讀若齲。《周書》有『拘匠』。」《小爾雅》：
「匠，治也。」《說文》拘訓匠者，亦治義，與《方言》合。《御覽》
卷 371、724 引《尸子》：「醫拘者，秦之良醫，爲宣王割痤，爲惠王治
痔，皆愈。張子之背腫，謂拘曰：『背非吾背也，子製焉。』醫拘善治
疾，張子委製焉。」「拘」同「拘」，《御覽》卷 743、《困學紀聞》卷
20 引正作「拘」。蓋以巧命名，故作舟之巧匠稱作虞姁，良醫稱作醫
拘，其義一也。《山海經・海內經》：「帝俊生禺號，禺號生淫梁，淫梁
生番禺，是始爲舟。」帝俊即嚳。郭璞注引《世本》：「共鼓、貨狄作
舟。」《類聚》卷 71、《初學記》卷 25、《廣韻》「舟」字條、《御覽》
卷 769 引同。《玄應音義》卷 17 引《世本》：「共鼓、貿（貨）狄作舟
舩。」〔註 26〕又引宋忠注：「黃帝臣也。」《說文》：「舟，船也。古者
共鼓、貨狄剡木爲舟，剡木爲楫，以濟不通。」《法華玄義釋籤》卷
15 引《博物志》：「貨狄造舟。」《初學記》卷 25 引《物理論》：「化狐
作舟。」又引束晳《發蒙記》：「伯益作舟。」《路史》卷 14：「共鼓、
化狐作舟車，以濟不通。」羅苹注：「化狐即貨狄，《說文》作貨狄。
按古貨布，貨止作化。」「狐」是「狄」形譌。王筠曰：「古化、貨通
用。《物理論》作化孤，孤蓋譌字。《發蒙記》作伯益，案伯益亦作化
益，益、狄聲近，蓋即一人。惟《大荒北經》曰『番禺是始爲舟』，《墨

〔註 25〕孫詒讓《墨子閒詁》，中華書局 2001 年版，第 294 頁。
〔註 26〕《慧琳音義》卷 7、55、70 引「貿」作「貨」。

子》曰『巧倕爲舟』，《呂覽》曰『虞姁作舟』，皆不同。」〔註27〕

（3）乘雅作駕

舊校：「雅」一作「持」。

按：畢沅曰：「《荀子・解蔽篇》云：『乘杜作乘馬。』疑舊校『持』字乃『杜』字之誤。杜即相土也。」王國維曰：「持、杜聲相近。相土或單名土，又假用杜也。」譚戒甫曰：「畢校是也。惟頗疑『持』爲『特』誤，特、杜雙聲。正文『雅』字原本作『特』。」陳奇猷曰：「畢、王說是。但『雅』字亦不誤。《莊子・讓王》《釋文》云：『土，敕雅反。』是土、雅同韻。乘杜、乘土、乘雅一也。」乘雅，《玉海》卷78、125、148、《小學紺珠》卷5引同，《冊府元龜》卷908亦同，《事物紀原》卷2引作「乘時」，《儀禮集傳通解》卷32作「乘特」。《竹書紀年》卷上：「帝相十五年，商侯相土作乘馬，遂遷於商丘。」王國維說得之，「時」亦「持」音轉。陳奇猷說「土、雅同韻」甚誤，所引《莊子釋文》「土，敕雅反」者，彼文是「其土苴以治天下」的釋文，「土」是「蘖」的借字，「土苴」即「蘖磋」、「拉雜」的轉音〔註28〕，不可據以說此文。王念孫曰：「『乘杜』蓋『桑杜』之誤。相、桑古同聲，故借桑爲相。」其說亦是也。

（4）豈必勞形愁弊耳目哉

按：王念孫曰：「『愁』下似脫『心』字。」〔註29〕許維遹曰：「『愁』下疑脫『慮』字。」陳奇猷從許氏說，又讀愁爲揫。王利器曰：「《儀禮集傳集注》卷32引『愁』下爲『心』字，本書《當染篇》『不能爲君者，傷形費神，愁心勞耳目』云云，尤與本文相合也。」二王說是也，《墨子・當染》：「傷形費神，愁心勞意。」亦與此文義同。《莊子・漁父》：「苦心勞形以危其眞。」《淮南子・道應篇》：「苦心勞形。」又《原道篇》：「夫任耳目以聽視者，勞形而不明；以知慮爲治者，苦心而無

〔註27〕王筠《說文解字句讀》，中華書局1988年版，第321頁。王氏引「狐」誤作「孤」。

〔註28〕參見蕭旭《「垃圾」考》，收入《群書校補》，廣陵書社2011年版，第1390～1392頁。

〔註29〕王念孫《呂氏春秋校本》，轉引自張錦少《王念孫〈呂氏春秋〉校本研究》，《漢學研究》第28卷第3期，2010年出版，第315頁。

－309－

功。」「愁心」即「苦心」。

（5）神合乎太一，生無所屈，而意不可障

　　　高誘注：太〔一〕，通（道）也。神與通（道）合生口，乃無〔所〕詘
　　　　　　　厭；志意通達，不可障塞。

　按：注語據吳承仕校正。注「詘厭」，猶言屈服。厭，服也。

（6）故善為君者，矜服性命之情，而百官已治矣，黔首已親矣，名號
　　　已章矣

　按：王念孫、俞樾皆改「矜」作「務」，馬敍倫、王利器從其說，馬氏又讀
　　　服為復。陳奇猷謂諸說皆誤，讀矜為兢、謹，訓服為順從，皆非是。考
　　　本書《先己》：「樂備君道，而百官已治矣。」高誘注：「樂服行君人無
　　　為之道，則百官承使化職事也。」「備」是「服」借字。可證此文「服」
　　　當訓服行。

（7）墾田大邑

　按：《戰國策・秦策三》：「墾草刱邑。」姚宏曰：「刱，錢、劉一作仞，曾
　　　一作入。」《史記・蔡澤傳》「刱」作「入」。《管子・小匡篇》：「墾草
　　　入邑。」《韓子・外儲說左下》：「墾草仞邑。」《新序・雜事四》：「墾
　　　田刱邑。」睡虎地秦簡《為吏之道》：「根（墾）田人（仞）邑。」銀
　　　雀山漢簡《王法》：「狠（墾）草仁邑。」裘錫圭謂「刱（創）」乃「仞」
　　　之誤，「入」、「大」為「人」之誤，「仞」、「人」並讀為牣〔註30〕。裘
　　　說是也。許維遹曰：「仞，入也。入，得也。」陳奇猷曰：「大，擴充
　　　也。刱，刱造也。則作『大』作『刱』均通。『入』乃『大』之誤，『仞』
　　　乃『刱之誤。』」二氏皆誤。

（8）辟土藝粟

　按：王叔岷曰：「《御覽》卷 273 引『藝』作「生」，《韓子・外儲說左下》
　　　同。」《管子・小匡》作「聚粟」，《戰國策・秦策三》、《新序・雜事四》
　　　作「殖穀」。藝亦殖也。

〔註30〕裘錫圭《考古發現的秦漢文字資料對於校讀古籍的重要性》，收入《裘錫圭學
　　　術文集》卷 4，復旦大學出版社 2012 年版，第 370～371 頁。

（9）人主知能、不能之可以君民也，則幽詭愚險之言無不職矣

按：孫鏘鳴、松皋圓疑「職」當作「識」。俞樾讀職爲識，許維遹從之。俞說是也，「職」是「識」本字，《呂氏》存其舊。王引之曰：「暫，讀曰漸。漸，詐欺也。遇讀『隅睰智故』之隅，字或作偶，《淮南・原道篇》曰：『偶睰智故，曲巧僞詐，皆姦邪之稱也。』《本經篇》曰：『衣無隅差之削。』高誘注曰：『隅，角也。差，邪也。全帷爲衣裳，無有邪角。』衣邪謂之隅差，人邪謂之偶睰，聲義皆相近矣。《呂氏》曰：『則幽詭愚險之言無不戜矣。』（王氏徑改『職』作『戜』），愚亦即『暫遇姦宄』之遇。」〔註31〕陳奇猷引王念孫曰「愚即『暫遇姦宄』之遇。『職』當作『戜』」，是誤王引之語作其父語。陳氏解「職」作「職位」，補此文作「則幽詭愚險之言〔不入於朝，有職者〕無不職矣」，全是臆測。陳奇猷又批評王氏「不明法家之旨，故不得『愚』字之解而讀愚爲遇矣」，陳氏不知王氏之義，而厚誣古人。王氏讀愚爲遇，實是解作「邪」。

（10）若此則形性彌嬴，而耳目愈精；百官愼職，而莫敢愉綖

高誘注：愉，解。綖，緩。

按：王念孫曰：「『嬴』當爲『贏』。贏與盈古字通。『綖』當爲『綎』。綎讀爲挺，緩也。『愉』即『偷』。此以贏、精、綎、名爲韻，若作綖，則失其韻矣。」馬敘倫曰：「愉借爲婾，『綎』蓋『綖』之別體。《說文》：『綖，偏緩也。』」楊樹達曰：「王說是矣。《說文》：『綎，緩也。』」裴學海曰：「《廣雅》：『綖，緩也。』高注訓綖爲緩者，以綎與綖古同音通用，故綖訓緩，綎亦訓緩也。『綎』在寒部，『精』、『名』皆在青部，寒青二部之字可以協韻。」〔註32〕陳奇猷曰：「王謂愉讀偷，改綖爲綎，是也；但改嬴爲贏則非。唐卷子本《玉篇》引此作『莫敢愉綎，引注作『愉，解。綎，綏』，與王說正合，但『緩』形誤爲『綏』耳。嬴，瘦也，有收斂之意。」《說文》：「綎，系（絲）綬也。」《玉篇殘卷》引作「絲緩（綬）也」。胡吉宣曰：「高注『綎緩』即『綎綬』之形誤，言以負責愼職，不敢解綬，不任事也。」〔註33〕胡氏又曰：「緩解義

〔註31〕 王引之《經義述聞》卷3，江蘇古籍出版社1985年版，第82頁。
〔註32〕 裴學海《評高郵王氏四種》，《河北大學學報》1962年第2期，第113頁。
〔註33〕 胡吉宣《玉篇校釋》，上海古籍出版社1989年版，第5355～5356頁。

重複。上文云『百官愼職』，故接云『不敢解綏』，不任事也。王念孫校『綖』爲『綎』誤，據此可爲王說鐵證。」〔註34〕胡說「不敢解綏」非是，高注「愉，解」者，非解脫義。王念孫注曰：「解，與『懈』同。」「愉綖」當從王念孫、楊樹達說，猶言懈怠。《廣雅》：「懈、緩、挻，緩也。」王念孫曰：「諸書無訓挻爲緩者，挻當爲挻之誤也。」錢大昭曰：「挻未聞，疑與延同。」王樹枏曰：「挻讀爲延。」〔註35〕朱駿聲曰：「挻，叚借爲緩，字多誤作挻。」又曰：「挻，叚借爲綖。」〔註36〕「挻」之訓緩，當從朱駿聲、楊樹達讀爲綖，與「挻」音異，非一字也。水泉子漢簡《蒼頡篇》：「〔抑按〕開灸疾偷廷。」「偷廷」即此文「愉綖」〔註37〕。

（11）名實相保，之謂知道

按：劉如瑛曰：「保、孚古音同，義亦相通。孚，符信。」其說是也，孚、保並讀爲符，信也。漢代人習言「名實相副」，副亦借字。

《知度》校補

（1）有術之主者，非一自行之也，知百官之要也

按：范耕研曰：「一，皆也。或是衍文。」陳奇猷曰：「范前說是。或曰『一自即一己，猶言自己一人。』亦通。」「一」猶言每一事，范氏前說近之。

（2）若此則工拙愚智勇懼可得以故易官，易官則各當其任矣

按：蔣維喬等曰：「李善注《文選·從遊京口北固應詔詩》引作『若此則工拙愚智可得而知矣』，又《長笛賦》注作『愚智勇懼可得而知』。據此，今本疑有錯奪，當作『若此則工拙愚智勇懼可得〔而知矣〕，故易官，

〔註34〕 胡吉宣《〈玉篇〉引書考異》，收入《語言文字研究專輯》（上），《中華文史論叢增刊》，上海古籍出版社1982年版，第125～126頁。

〔註35〕 王念孫《廣雅疏證》，錢大昭《廣雅疏義》，王樹枏《廣雅補疏》，並收入徐復主編《廣雅詁林》，江蘇古籍出版社1998年第2次印刷，第134～135頁。

〔註36〕 朱駿聲《說文通訓定聲》，武漢市古籍書店1983年版，第762、873頁。

〔註37〕 「抑按」據北大漢簡《蒼頡篇》補，參見抱小《說水泉子漢簡〈蒼頡篇〉之「疾偷廷」》，http://www.gwz.fudan.edu.cn/SrcShow.asp?Src_ID=2708。

易官則各當其任矣』。」王利器曰：「易，治也。」陳奇猷曰：「此文不誤。『故』指法典。謂人皆行其情，蒙厚純樸，則工拙愚智勇懦皆無所藏，因此可得據之法典以調整其官職……。《選》注不足據。」據《選》注二引，今本「故」是「知」形譌，「以知」即「而知」。易，讀爲施，猶言設置、任用、任命。言如此則可得而知臣下之工拙愚智勇懦，並據以任命其官職也。《荀子·王霸》：「論德使能而官施之者，聖王之道也。」「官施之」猶言任用之爲官，舊說皆未得，不具引錄。或讀易爲賜、錫，甲骨文、金文賜多作易字，亦通。《甲骨乂合集》9464：「己酉卜互貞：易禾。」陳氏解爲「調整」，非是。

（3）故子華子曰：「厚而不博，敬守一事，正性是喜。群眾不周，而務成一能。盡能既成，四夷乃平。唯彼天符，不周而周。此神農之所以長，而堯、舜之所以章也。」

高誘注：忠信爲周。

按：《路史》卷13引同，惟脫「群眾不周」四字。道藏本《子華子·虎會問》「厚而」上有「道之爲治」四字，「一事」作「其一」，「是喜」作「內足」，「四夷」作「四境」，「不周而周」作「不周而同」，「章也」下還有「夏后氏之所以勤也」八字。四庫本《子華子》「博」作「薄」，「博」是形譌或借字；「是喜」當作「內足」。《老子》第38章：「是以大丈夫處其厚不居其薄，處其實不居其華。」馬王堆帛書本二「處」作「居」，「薄」作「泊」。《韓子·解老》引作「處其厚不處其薄」，《文子·上仁》引作「居其厚不居其薄」。即《子華子》所本。「而周」當作「而同」，本書《精諭》：「故未見其人而知其志，見其人而心與志皆見，天符同也。」《淮南子·本經篇》：「不言之辯，不道之道，若或通焉，謂之天府。」《文子·下德》同。「天府」即「天符」，通亦同也。馮振曰：「周，帀也，徧也。」〔註38〕非是。

（4）不伐之言，不奪之事

按：《治要》卷39引同，《淮南子·主術篇》、《文子·上仁》、《子華子·虎會問》亦同。之，猶其也，指臣下。王念孫、陶鴻慶改「伐」作「代」，

王利器引《管子》證其說，是也。楊樹達謂伐訓矜伐，奪當作奮，矜奮。陳奇猷謂兩說均通，失之。余舊說謂「伐」訓批駁〔註39〕，亦誤。

（5）督名審實

按：《子華子・虎會問》作「循名覈實」，《淮南子・主術篇》、《文子・上仁》作「循名責實」。

（6）以不知為道，以奈何為實

　　高誘注：以不知爲貴，因循長養，不〔違〕戾自然之性，故以不可奈何爲實也。

　　舊校：「實」一作「寶」。

按：實，畢沅、王念孫、俞樾、吳汝綸、劉文典據《淮南子・主術篇》校作「寶」，是也。《子華子・虎會問》作「寶」，《路史》卷13引同。《治要》卷39、《愛日齋叢抄》卷5引已誤作「實」。《廣雅》：「寶，道也。」王念孫引此文作疏證〔註40〕，亦是。王利器指出《文子・上仁》此句誤作「以禁苛爲主」，是也；劉師培謂「奈何」當據校作「禁苛」〔註41〕，儍矣。注「戾」上王念孫據《治要》引補「違」字〔註42〕。

（7）堯曰：「若何而為及日月之所燭？」

按：《子華子・虎會問》無「及」字，《路史》卷13引亦無。《愛日齋叢抄》卷5引已衍「及」字。吳闓生曰：「爲，讀化。」非是。

（8）禹曰：「若何而治青北、化九陽、奇怪之所際？」

　　高誘注：際，至也。

按：王念孫曰：「『青北』疑當作『青北』。」沈祖緜說同〔註43〕。孫詒讓曰：「『青北』當作『青北』，『奇怪』當作『奇肱』。『肱』字《說文》

〔註39〕蕭旭《淮南子校補》，花木蘭文化出版社2014年版，第221頁。
〔註40〕王念孫《廣雅疏證》，收入徐復主編《廣雅詁林》，江蘇古籍出版社1992年版，第232頁。
〔註41〕劉師培《呂氏春秋斠補自序》，《國粹學報》第5卷第11期，1909年版，第5頁；又見《國學叢刊》第2卷第4期，1925年版，第125頁。
〔註42〕王念孫《呂氏春秋校本》，轉引自張錦少《王念孫〈呂氏春秋〉校本研究》，《漢學研究》第28卷第3期，2010年出版，第315頁。
〔註43〕沈颾民（祖緜）《讀呂臆斷》，《制言》第1期，1935年版，本文第8頁。

作『厷』，與『怪』形近，故譌。」陳奇猷曰：「孫說是也。『厷』與『怪』形不近，此乃因後人熟習『奇怪』一詞，遂致譌誤耳。『化』字『所』字當衍。際猶間也。高訓爲至，殊不成義。」王利器曰：「疑『化』當作『北發』。」北大漢簡（一）《蒼頡篇》簡 2：「賓剝向尙，馮奕青北。」「青北」疑亦「青北」之譌。陳說「化」衍，是也，而「所」字不衍。《子華子·虎會問》作「若何而治青北、九陽、奇怪之所際」，《路史》卷 13 引同，正無「化」字。《愛日齋叢抄》卷 5 引已衍「化」字。「怪」俗字作「恠」、「**恠**」、「**恠**」等形〔註44〕，其右旁與「厷」形近，故致譌耳。高注際訓至，是也，青丘、九陽、奇肱之所至，言其遠也。「際」是「接」借字。

（9）（任登）言於襄子曰：「中牟有士曰膽、胥己，請見之。」襄子見而以為中大夫

按：見，猶今言介紹。陳奇猷曰：「見讀爲顯。顯者，謂以名號顯之也。襄子未見膽、胥己而即以爲中大夫也。下『見』下當有『之』字。」陳說殊誤，《韓子·外儲說左上》載此事作：「王（壬－任）登言於襄主曰：『中牟有士曰中章、胥己者，其身甚修，其學甚博，君何不舉之？』主曰：『子見之，我將爲中大夫。』」「子見之」者，明是襄子讓任登介紹中牟之士見於己也。

（10）襄子曰：「吾舉登也，已耳而目之矣；登所舉，吾又耳而目之，是耳目人終無已也。」

按：《韓子·外儲說左上》二「舉」作「取」，「終」作「絕」。「絕」字誤。

（11）為中大夫若此其見也，非晉國之故

高誘注：故，法。

按：畢沅改「見」作「易」。陳奇猷曰：「畢改非是。此見亦讀爲顯。其猶而也。」畢改是，《喻林》卷 67、《廣博物志》卷 17 引正作「易」，是明代人猶見不誤之本。「若此其」、「如此其」是古書固定格式，「其」猶之也，下多接形容詞，用法不同「而」。「故」疑「政」形譌。

〔註44〕 參見黃征《敦煌俗字典》，上海教育出版社 2005 年版，第 136～137 頁。

（12）故小臣、呂尚聽，而天下知殷、周之王也

按：聽，《說苑・尊賢》作「聘」，疑是，與下文「聽」避複。

（13）譬之若夏至之日而欲夜之長也，射魚指天而欲發之當也

　　　高誘注：當，中。

按：陳奇猷曰：「若，《說苑》作『苦』，亦通。」其說非是，《說苑》作「若」，
　　《治要》卷 43、《記纂淵海》卷 55 引同。作「苦」者，盧文弨誤改，
　　向宗魯已辨其誤〔註 45〕。「譬之若」、「譬之如」句式是古書習語。

《愼勢》校補

（1）凡冠帶之國，舟車之所通，不用象譯狄鞮，方三千里通達

按：《路史》卷 30 作「冠帶之國，舟車所至，不用象譯狄鞮而通者，方三千
　　里」。

（2）眾封建，非以私賢也，所以便勢全威

按：全，《路史》卷 30 誤作「令」。

（3）此王者之所以家以完也

　　　高誘注：家，室也。王者以天下爲家，故所以天下爲國。
　　　舊校：「完」一作「室」。

按：家以完，《路史》卷 30 作「家且室」。「完」當作「室」，「家」、「室」皆
　　用爲動詞，言王者以天下爲家爲室。諸說皆未得，不具引錄。

（4）以齊、楚則舉而加綱斾而已矣

按：《路史》卷 30 作「以齊、楚則舉如綱斾而已」。今本「加」是「如」形
　　譌，「而」字衍，當乙作「如舉綱斾」。「綱」是網之大繩，「斾」是曲柄
　　旗。如舉綱斾，極言其易耳。譚戒甫、劉如瑛校作「舉綱而加斾」，陳
　　奇猷校作「舉綱加斾」，王利器校作「舉而加斾綱紀」，皆非是。

（5）湯其無郼，武其無岐，賢雖十全，不能成功

按：《路史》卷 30 無二「其」字及「全」字。

〔註 45〕向宗魯《說苑校證》，中華書局 1987 年版，第 174 頁。

（6）湯武之賢，而猶藉知乎勢，又況不及湯武者乎

按：松皋圓曰：「『藉』、『知』恐殽次。」楊明照說同，王利器從松說。陶鴻慶曰：「『知』當爲『資』。」許維遹曰：「『知』字不誤。知者，接也。」蔣維喬等曰：「松、陶說疑未當也。《繹史》引『知』作『之』，義極明白，可從之。」陳奇猷曰：「陶說義長。資，助也。蔣改爲『藉之乎勢』，亦通。」蔣校是也。徐仁甫曰：「『藉知』當作『知藉』。不然，則『知』爲『之』之聲誤。」其下說是。《路史》卷 30「湯武之賢」上有「以」字，「知」作「之」，當據補訂。上文「失之乎勢」，是其反筆。

（7）夫欲定一世，安黔首之命

按：《路史》卷 30 作「今欲濟一世，安黔首」。

（8）水用舟，陸用車，塗用輴，沙用鳩，山用樏，因其勢也。者令行

按：《路史》卷 30「塗」作「泥」，「者令行」作「因其勢者令行」。畢沅補作「因其勢者其令行」，松皋圓補作「因勢者令行」，沈祖緜補作「因勢者其令行」，皆近之。馮振校作「因其勢也。〔勢便〕者〔其〕令行」〔註 46〕，譚戒甫補作「因其勢也。勢因者其令行」，王利器校作「因勢者其令行」，皆非是。

（9）嘗識及此，雖堯舜不能

按：畢沅曰：「『嘗識及此』疑是『嘗試反此』。」陳奇猷從其說。《路史》卷 30 同今本，畢說疑誤。

（10）諸侯不欲臣於人，而不得已，其勢不便，則奚以易臣

按：譚戒甫曰：「已當讀以，句末『臣』字疑『邪』字之誤。當讀云：『諸侯不欲臣於人而不得，以其勢不便，則奚以易邪』。」王利器從其說。陳奇猷曰：「舊讀亦通，今從舊讀。」譚氏妄改。《路史》卷 30「不欲臣於人」作「非欲臣人」，餘同今本。言諸侯本不欲臣服於人，而其勢不得已也，哪裡是容易臣服的？

〔註46〕 馮振《呂氏春秋高注訂補（續）》，《學術世界》第 1 卷第 10 期，1935 年版，第 87 頁。

（11）王也者，勢也。王也者，勢無敵也

按：陳奇猷謂「王也者勢也」是衍文，是也，《路史》卷 30 正無此五字。陳昌齊校作「王也者，勢也，勢無敵也」，陶鴻慶校上句作「王也者王也」，皆非是。

（12）立適子不使庶孽疑焉

按：適，《路史》卷 30 作「嫡」，下同。

（13）慎子曰：「今一兔走，百人逐之。非一兔足為百人分也，由未定。由未定，堯且屈力，而況眾人乎？」

按：《路史》卷 30 引「慎子曰」上，尚有「彭蒙曰：『雉兔在野，眾皆逐之。積兔在市，莫有志者。』」十九字。《路史》引「今一兔走」作「一兔走街」，「由未定由未定」作「繇未定分，分未定」，今本當據校訂。《隋書·文四子傳》引《慎子》：「一兔走街，百人逐之。」「走」下亦有「街」字。下文「分已定」即是此「分未定」的反筆。陶鴻慶校作「……非一兔足為百人欲，由分未定也。分未定，堯且屈力，而況眾人乎」，許維遹、王叔岷從其說。范耕研改「由」作「分」，皆不盡確。《商君書·定分》：「一兔走，百人逐之，非以兔〔一可以分百〕也，〔由名之未定也〕。」〔註 47〕明「百人分」之「分」字不當從陶氏改作「欲」，《黃氏日抄》卷 56 引同今本，《路史》卷 30 引《慎子》同。陳奇猷謂今本皆不誤，則失之。

（14）慎子曰：「積兔滿市，行者不顧，非不欲兔也，分已定矣。」

按：《黃氏日抄》卷 56 引「行」作「過」，《路史》卷 30 引《慎子》同。《路史》引「滿」作「在」。《隋書·文四子傳》引《慎子》：「積兔於市，過者不顧。豈其無欲哉，分定故也。」《商君書·定分》：「夫賣〔兔〕者滿市，而盜不敢取，由名分已定也。」〔註 48〕

〔註 47〕《長短經·理亂》引作「一兔走，而百人逐之，非以兔可分以為百，由名分之未定也」，又《適變》引作「一兔走，百人逐之，非以兔可分為百，由名分之未定也」，《御覽》卷 638 引作「一兔走，而百人逐之，非兔一可以分百也，由名之未定也」。

〔註 48〕「兔」字據《長短經·理亂》引補。

（15）相攻唯固則危上矣

> 按：吳闓生曰：「唯讀雖。」不知其何以解釋此文？《路史》卷 30 引《慎子》無「唯固」二字。《說苑‧正諫》作「相攻雖叛而危之」，「危之」是「危上」之誤。雖，讀爲唯。「叛」誤作「故」，又易作「固」。

（16）非而細人所能識也

> 舊校：「而」一作「汝」，「識」一作「議」。

> 按：陳奇猷曰：「而猶汝也。《說苑‧正諫篇》作『議』，與舊校同。」《說苑》作「非細人之所敢議」，《路史》卷 30 引《慎子》作「非若細人之所議也」。「識」是「議」形譌。

（17）失其數，無其勢，雖悔無聽鞅也與無悔同

> 按：與無悔同，《路史》卷 30 引《慎子》作「奚益」。無，讀爲亡，亦失也。《墨子‧七患》：「以七患居國，必無社稷。」孫詒讓曰：「『無』疑當爲『亡』。」〔註49〕亦不煩改字。

《不二》校補

（1）墨翟貴廉

> 按：孫詒讓曰：「《爾雅》疏引《尸子‧廣澤篇》：『墨子貴兼。』廉疑即兼之借字。」王利器申孫說。梁啓超、孫蜀丞謂「廉」是「兼」譌〔註50〕。《玉海》53、《困學紀聞》卷 10、《容齋四筆》卷 6 引同今本，《困學紀聞》云：「《荀子》曰：『墨子有見於齊無見於畸。』墨子有見於齊，兼愛也。」是王氏亦讀廉爲兼也。陳奇猷曰：「『廉』字似不誤。『廉』蓋即『碪』字。砥礪之意。」余謂「廉」或是「義」之譌，《墨子》有《貴義篇》。

（2）有金鼓，所以一耳必（也）；同法令，所以一心也

> 按：《御覽》卷 338、《樂書》卷 111 引無「有」、「同」二字，省文耳。王

〔註49〕孫詒讓《墨子閒詁》，中華書局 2001 年版，第 25 頁。

〔註50〕孫蜀丞《呂氏春秋舉正》，《北京圖書館月刊》第 2 卷第 1 號，1929 年版，第 31 頁。

利器引《孫子‧軍爭》引《軍政》「言不相聞，故爲之金鼓；視不相見，故爲之旌旗。夫金鼓旌旗者，所以一人之耳目也」，是也。《六韜‧犬韜‧教戰》：「太公曰：『凡領三軍，必有金鼓之節，所以整齊士眾者也。將必先明告吏士，申之以三令，以教操兵起居旌旗指麾之變法。』」此呂氏所本。陳奇猷改本文作「置金鼓」，非是。

《執一》校補

（1）天子必執一，所以摶之也

按：摶，《御覽》卷77引誤作「博」。畢沅曰：「摶與專同。」陳奇猷曰：「摶，聚也，即今語『團結』。」陳說是也，《文子‧道德》：「君必執一，而後能群矣。」可以發明此文。

（2）田騈對曰：「臣之言，無政而可以得政；譬之若林木，無材而可以得材。」

按：二「得」，《淮南子‧道應篇》作「爲」。爲，猶得也〔註51〕。

（3）成馴教，變習俗

按：《冊府元龜》卷735同。陳奇猷曰：「朱本『馴』作『訓』，畢校本作『訓』。案作『訓』者非也。馴爲馴服之意。許維遹、蔣維喬讀馴爲訓，亦非。」王利器亦讀馴爲訓，是也。《御覽》卷446引正作「訓」。《董子‧俞序》：「將以變習俗而成王化也。」「成王化」即是教訓所致。《列女傳》卷1：「塗山獨明教訓而致其化焉。」是也。陳氏必謂此篇是法家所作，馴服是法家之旨，而教訓是儒家之說，強生分別耳。

（4）士馬成列，馬與人敵，人在馬前，援桴一鼓，使三軍之士，樂死若生

按：《御覽》卷446引「桴」作「抒」，同；又「一鼓」下有「敵人在前」四字，蓋臆增，《御覽》卷313引同今本，《冊府元龜》卷735亦同。

〔註51〕參見蕭旭《古書虛詞旁釋》，廣陵書社2007年版，第45頁。

（5）傾造大難，身不得死焉

按：吳闓生曰：「傾讀爲頃，猶卒也。」王念孫、楊樹達、于省吾讀造爲遭〔註52〕，王利器從于說。于省吾又訓傾爲危。陳奇猷謂「傾」同「頃」，造訓致。讀造爲遭，讀傾爲頃，是也。「死」上脫「其」字。不得其死，謂不得以壽終也。

〔註52〕 王念孫《呂氏春秋校本》，轉引自張錦少《王念孫〈呂氏春秋〉校本研究》，《漢學研究》第 28 卷第 3 期，2010 年出版，第 316 頁。

《審應覽》卷第十八校補

《審應》校補

（1）孔思對曰：「蓋聞君子猶鳥也，駭則舉。」

　按．《孔叢子・抗志》作「蓋聞君子猶鳳也，疑之則舉」。「鳳」是「鳥」誤，《楚辭・九章・抽思》洪興祖補注引子思語正作「君子猶鳥也，疑之則舉矣」。

（2）孔思之對魯君也亦過矣

　按：陳奇猷乙作「魯君之對孔思」，是也，《孔叢子・抗志》作子思語，云：「臣竊謂君之言過矣」。

（3）田詘對曰：「臣之所舉也。」

　　高誘注：言有是言。

　按：彭鐸曰：「《論衡・知實篇》『舉』作『學』，其下文又屢言學，言學為聖也。然則『學』字是。」王利器從其說。彭校是，但所釋則非。徐仁甫亦校作「學」，但未釋其義。本書《先職》：「所學有五盡。」楊樹達曰：「所學猶言所聞。」〔註1〕此文義同。黃暉曰：「此文作『學』不誤。蓋所據本不同。」〔註2〕黃氏尚未悟「舉」為誤字也。

〔註1〕 楊樹達《讀呂氏春秋札記》，收入《積微居讀書記》，上海古籍出版社 2006 年版，第 249 頁。
〔註2〕 黃暉《論衡校釋》，中華書局 1990 年版，第 1101 頁。

《重言》校補

（1）援梧葉以為珪

高誘注：削桐葉以爲珪冒以授叔虞。

按：《書鈔》卷 46 引作「授（援）梧桐葉以爲珪」，引注作「翦桐葉以爲珪而授虞也」；《類聚》卷 88 引作「援桐葉以翦珪」，《事類賦注》卷 25 引作「剪梧葉以爲圭」，《記纂淵海》卷 95 引作「剪桐葉以爲珪」，《說苑・君道》作「剪梧桐葉以爲珪」。

（2）荊莊王立三年，不聽而好讔

按：「三年」二字屬下句。王念孫曰：「立與同。《新序・雜事二》作『涖政』，今本無『政』字者，後人不知『立』字之義而妄刪之也。」《新序》作「蒞政」，王氏失檢。彭鐸、王叔岷、陳奇猷從王說，又舉《韓子・喻老》作「楚莊王莅政三年」爲證。王說未必是也，《困學紀聞》卷 21 引同今本，《類聚》卷 24 引作「楚莊王立，三年不聽朝」。「立」指立爲君，亦就是即位。《說苑・正諫》：「楚莊王立爲君，三年不聽朝。」《類聚》卷 20 引無「爲君」二字。《史記・楚世家》：「莊王即位，三年不出號令。」《吳越春秋・王僚使公子光傳》：「楚莊王即位，三年不聽國政。」《渚宮舊事》卷 1：「莊王即位，三年不聽朝而好隱。」

（3）其不鳴，將以覽民則也

高誘注：覽，觀。

按：《韓子・喻老》作「觀民則」，《新序・雜事二》作「觀群臣之慝」。則，讀爲賊；或讀爲側，邪僻不正也，與「慝」義近〔註3〕。王利器曰：「則，法也。」趙仲邑曰：「則讀作惻。民惻，人民的痛苦。」〔註4〕皆非是。

（4）有執蹠癗而上視者

高誘注：蹠，踰。

按：孫志祖曰：「疑『蹠癗』即『柘杵』之譌。」畢沅曰：「『癗』字無考。注以踰訓蹠，亦難曉。《說苑・權謀篇》作『執柘杵』。梁仲子云：『《墨

〔註3〕 參見蕭旭《韓非子校補》，花木蘭文化出版社 2015 年版，第 97 頁。
〔註4〕 趙仲邑《新序詳注》，中華書局 1997 年版，第 66 頁。

子・備穴篇》云：「用㭬若松爲穴戶。」不知㭬何物，字與瘌相似。』」
孫詒讓曰：「瘌疑枂之異文。《說文》：『枂，枲耑也。』此『蹠瘌』猶
言『蹠枲』、『跖鑼』也。『柘杵』亦即『跖枂』之譌。注『踰』當爲『蹋』。」
譚戒甫曰：「疑『蹠瘌』即『席飴』之譌字。」孫詒讓說至確，陳奇猷、
王利器從其說，陳氏又云：「『瘌』與『枂』皆『利』之異文。本書《審
時》有『秜』字，蓋即『瘌』之省文。《說文》『枂』即『秜』誤從木
者。」陳氏則是臆說。《說文》：「梩，舀也。䟐，或從里。」「梩（䟐）」
與「枂」音義全同，字亦作鉬、辝，俗字又作耜、耝、耛、杞、耟，
豈得遽斷爲誤字？其語源是「剚」，刺入土中也〔註5〕，而不是「利」。
《管子・小問》作「執席食」，《金樓子・志怪》作「藝席」，《資治通
鑑外紀》卷4作「倚杵」，《冊府元龜》卷734作「執蹠胎」，皆誤。

（5）觥然充盈，手足矜者，兵革之色也

按：矜，王念孫訓奮動，引《管子・小問》作「手足拇動」爲證。《列女傳》
卷2作「忿然充滿手足矜動者，必伐之也」，亦其確證。

（6）君呿而不唫，所言者莒也

高誘注：呿，開。唫，閉。

按：方以智曰：「《荀子》：『金口蔽舌。』金即噤，古噤、唫、吟隨用。……
亦作舲，《說文》：『口閉也。』……《呂覽》呿是唫訛。」〔註6〕畢沅
曰：「『唫』本或作『唫』。《說苑》作『吁而不吟』。」朱珔曰：「唫爲
噤之假借。」朱駿聲說同〔註7〕。范耕研曰：「王筠謂：『呿乃㕚之誤，
《說文》：「㕚，張口貌。」』王說是也。」譚戒甫曰：「《管子》作『口
開而不闔』。『唫』當假爲『噤』，《說文》：『噤，口閉也。』」蔣維喬
等曰：「『唫』疑爲『唫』之壞字，《日抄》亦作『唫』。」汪榮寶曰：
「《說文》無『呿』，即『胠』之異文。」〔註8〕《冊府元龜》卷734、

〔註5〕 參見王念孫《廣雅疏證》，收入徐復主編《廣雅詁林》，江蘇古籍出版社1992
年版，第656頁。
〔註6〕 方以智《通雅》卷18，收入《方以智全書》第1冊，上海古籍出版社1988年
版，第638頁。
〔註7〕 朱珔《說文假借義證》，黃山書社1997年版，第82頁。朱駿聲《說文通訓定
聲》，武漢市古籍書店1983年版，第94頁。
〔註8〕 汪榮寶《論阿字長短音答太炎》，《學衡》第43期，1925年版，第9頁；此文

《資治通鑑外紀》卷 4 作「呋而不唫」,《韓詩外傳》卷 4 作「口張而不掩,舌舉而不下」,《金樓子‧志怪》作「口開而闔」,「闔」上脫「不」字。「唫」是「唫」形誤,方、朱、譚讀爲噤,是也。王利器指出《淮南子‧泰族篇》「是以天心呋唫者也」,正作「呋唫」;又引《慧琳音義》卷 36、47 引《桂苑珠叢》「引氣而張口曰欠㰦」(引者按:卷 1、79 所引,王氏誤記),指出「㰦即呋也」,皆是。《玄應音義》卷 2 引《通俗文》:「張口運氣謂之欠㰦。」又卷 4:「欠㰦:又作呋,同。《埤蒼》:『張口頻伸也。』」《慧琳音義》卷 3:「欠㰦:《埤蒼》云:『欠㰦,張口也。』案欠㰦,張口引氣也,或作呋。」《玉篇》:「㰦,張口也。」《集韻》:「㰦,出氣。」謂張口呼氣。本字爲噓,《說文》:「噓,吹也。」《玉篇》引《聲類》:「出氣急曰吹,緩曰噓。」《太玄‧玄攡》:「噓則流體,唫則凝形。」范望注:「噓謂呼也。唫猶噏也。」「噓唫」即本書「呋唫」,此呋讀噓之確證也。「吁」亦「噓」借字。范耕研取王筠說,非是。《莊子‧秋水篇》:「公孫龍口呋而不合,舌舉而不下。」「呋」與本書正同,決非誤字也。《素問‧寶命全形論》:「呋吟至微。」又「虛實呋吟,敢問其方。」王冰注:「呋謂欠呋。吟謂吟嘆。」「呋吟」亦即本書「呋唫」,王冰注「呋」得之,而於「吟」則未達厥誼。《論衡‧知實》作「君口垂不唫,所言莒也」,宋翔鳳曰:「凡出莒字,必口垂不唫,若齊晉字用齒,魯邾字用舌,惟言莒獨異。」〔註 9〕劉盼遂曰:「疑唫當爲唫之聲借。《管子‧小問篇》載此事作『開而不闔』,《呂氏春秋‧重言篇》作『呋而不唫』,《說苑‧權謀篇》作『吁而不吟』,《顏氏家訓‧音辭篇》作『開而不閉』。諸書皆言管仲張口言莒。此獨稱口垂不唫,故決斯爲誤也。又案此四字或原作『口唫不垂』。」〔註 10〕蔡偉曰:「『口垂不唫』的『垂』當是『去』的誤字。《上博五‧君子爲禮》簡 6:『毋欽毋去。』季旭昇以爲似可讀爲『毋欠毋呋』,不要打呵欠,也不要沒事把嘴吧張得大大的;或『毋吟毋喙』,不要歎氣,也不要大笑。陳劍認爲『欽』當讀爲『唫』或『噤』,指閉口。

又見《華國月刊》第 2 卷第 9 期,1925 年版,第 13 頁;又見《北京大學研究所國學門月刊》第 1 卷第 1 期,1926 年版,第 135 頁。

〔註 9〕宋翔鳳《管子識誤》,收入《過庭錄》卷 14,《續修四庫全書》第 1157 冊,上海古籍出版社 2002 年版,第 533 頁。

〔註 10〕劉盼遂《論衡集解》,古籍出版社 1957 年版,第 533 頁。

《墨子·親士》:『臣下重其爵位而不言,近臣則喑,遠臣則唫。』畢沅校注:『與噤音義同。』《呂氏春秋》高誘注云云。又銀雀山漢簡《曹氏陰陽》有一段話說:『名去(呿)者勝而唫者敗何也?夫去(呿)生而唫死,此其大梓也。若事之陰陽不然,夫春夏者方啓,去(呿)者順陽勝,秋冬者閉臧(藏),唫者順陰勝,故以其時決成敗。』整理小組把『去』括注爲『呿』。是戰國楚簡、漢簡、《論衡》皆以『去』爲『呿』。裘錫圭認爲,從字音和字形來看,『去』應該就是當開口講的『呿』的初文,則楚簡、漢簡及《論衡》以『去』爲『呿』,顯然是淵源有自的。又按『口垂〈去〉不唫』的『唫』當讀爲『斂』。」〔註11〕劉盼遂讀唫爲唫,是也,亦可讀爲噤。陳劍讀欽爲唫(噤)小得之。「垂」非誤字,當取宋翔鳳說。過去關於「呿、莒」古音有過一場爭論〔註12〕,余不諳古音,茲從略。

《精諭》校補

(1)海上之人有好蜻者

高誘注:蜻,蜻蜓,小蟲細腰四翅,一名白宿。

按:王引之曰:「《禮記·曲禮》鄭注曰:『青,青雀,水鳥。』『青』字或作『蜻』,《呂氏》云云,《列子·黃帝篇》『蜻』作『漚』,『漚』與『鷗』同,亦水鳥也。《文選·雜體詩》:『青鳥海上游。』李善注引阮籍《詠懷詩》口『誰云不可知,青鳥明我心』,又引《呂氏》『有好青者』。作『蜻』者,借字耳。今本高注殆後人而改。」陳奇猷曰:「王說是。《說文》:『鶄,鵁鶄也。』《爾雅》『鵁』字下注云『似鳧』。鳧是水鳥。疑『蜻』之本字爲『鶄』,後誤作『蜻』耳。」「鶄」是本字,「蜻」是借

〔註11〕蔡偉《誤字、衍文與用字習慣——出土簡帛古書與傳世古書校勘的幾個專題研究》,復旦大學2015年博士學位論文,第71~72頁。
〔註12〕參看章太炎《與汪旭初論阿字長短音書》,《華國月刊》第1卷第5期,1924年版,第2頁;此文又見《北京大學研究所國學門月刊》第1卷第1期,1926年版,第110頁。汪榮寶《論阿字長短音答太炎》,《學衡》第43期,1925年版,第12~13頁;此文又見《華國月刊》第2卷第9期,1925年版,第17~18頁;又見《北京大學研究所國學門月刊》第1卷第1期,1926年版,第137~138頁。汪榮寶《與太炎論音之爭》,《甲寅周刊》第1卷第5號,1925年版,第11頁。

字，「青」則是省文，非關誤字也。李善注引作「青」者，李氏喜改其字以從正文，此《選》注通例，未必李氏所見《呂氏》即作「青」字。字亦作鶄，《廣韻》：「鶄，鶄鷗鳥也。」《御覽》卷 925 引《南越志》：「江鷗，一名海鷗，在漲海中隨潮上下，常以三月，風至乃還洲嶼，生卵，似雞卵，色青，頗知風雲。」其名「鶄」者，以色澤名之耳；其名「鷗」者，言如浮漚，以形狀名之耳。《六書故》卷 19：「鷗，古單作漚。或曰：以其浮游水上，狀似浮漚，因以名之。」「浮漚」音轉又作「涪漚」，是「培塿」轉語，圓形高起之義〔註13〕。

（2）其父告之曰：「聞蜻皆從女居，取而來，吾將玩之。」

按：《御覽》卷 950 引「蜻」誤作「蜻蛉」，「玩」作「翫」，餘同。《文選·雜體詩》李善注引作「聞汝從青遊，盍取來，吾欲觀之」。疑今本「取」上脫「盍」字。「盍」是命令副詞，「而」是連詞。陳奇猷曰：「而猶其也。」王利器曰：「而猶將也。」皆非是。

（3）若夫人者，目擊而道存矣

舊校：「擊」一作「解」。

按：許維遹曰：「作『解』非。《莊子·田子方篇》文與此同。郭注：『目裁往，意已達。』《釋文》引司馬云：『見其目動而神實已著也。擊，動也。』」王利器曰：「解謂解遘也。」陳奇猷曰：「王先謙引宣云：『目觸之而知道在其身』，斯得其義。司馬釋爲見其目動，非是。『解』疑爲『觸』字之壞誤。郭注以目擊爲孔子之目往，《釋文》以目擊爲溫伯雪子之目動。」陳氏辨郭與司馬義不同，是也，而餘說皆誤。司馬彪說是，成玄英疏同。擊，讀爲瘛、挈，挈動也。作「解」者，是音轉借字，字亦作絜，馬王堆帛書《五十二病方》：「嬰兒瘛者，目絜（絲？）䁤然。」「目絜」即「目乃瞤瘛」，指眼肉牽引瞤動〔註14〕。

（4）孔子曰：「淄、澠之合者，易牙嘗而知之。」

按：「合」上當據《淮南子·氾論篇》、《道應篇》補「水」字，《列子·說符》亦脫。

〔註13〕參見蕭旭《麵食「餺飥」、「餶飿」、「蝤餅」名義考》。
〔註14〕參見蕭旭《馬王堆古醫書校補》。

（5）公曰：「吾於衛無故，子曷為請？」

按：於，《列女傳》卷 2 作「與」。與，猶於也。

（6）管仲曰：「君之揖朝也恭，而言也徐。」

按：揖朝，《冊府元龜》卷 734、《資治通鑑外紀》卷 4 同，《列女傳》卷 2 作「涖朝」，即「蒞朝」。徐仁甫謂當乙作「朝揖」，非是。

《離謂》校補

（1）鄭國多相縣以書者，子產令無縣書，鄧析致之；子產令無致書，鄧析倚之

按：范耕研曰：「書者，文字。縣書者，張之通衢，俾眾周知之也。致書者，投遞之也。倚者，依也。倚書者，依倚他物雜而寄之。」楊樹達曰：「致、置古通用。致謂直立之。倚謂邪置之。」王啟湘曰：「縣，古縣字。縣書，蓋今匿名揭帖之類。致書，蓋今送匿名信之類。倚蓋夾雜他物中而致送之。」王利器曰：「致書為傳書之義也。倚讀為踦，謂有所踦邪也，即有所偏也。」陳奇猷曰：「諸家所說，與下文『可不可無辨』之義不相蒙。《廣雅》：『縣，抗也。』縣書者，以書相對抗也，即今所謂『答辯』。致、緻古今字，猶文飾也。致書，謂文飾法律。倚，偏也。倚書者，謂曲解法律條文。」范說近之，王利器舉例說明「縣書」是周秦一時風會，亦確。「致書」、「倚書」所指為何，雖不能確考，但陳說殊誤，則可知也。《廣雅》：「抗、絓，縣也。」又「縣，抗也。」抗、縣互訓，皆懸掛義，「絓」同「掛」。《方言》卷 7：「佻、抗，縣也，趙、魏之閒曰佻，自山之東西曰抗，燕、趙之郊縣物於臺之上謂之佻。」陳氏不考，竟解為「對抗」，殊誤。「緻」無文飾義，「倚」無曲解義，陳氏皆臆說。

（2）民之獻衣襦袴而學訟者，不可勝數

按：學，《黃氏日抄》卷 56 引誤作「舉」。

（3）聽言而意不可知，其與橋言無擇

高誘注：橋，戾也。擇，猶異。

按：胡文英曰：「橋，不平也，吳諺謂不平曰坳橋。」〔註15〕朱駿聲曰：「橋，叚借爲矯。」〔註16〕于鬯曰：「橋言者，即《史記・扁鵲傳》所謂『舌撟然而不下』，舌撟然而不下，則不知其所以言。橋之言撟也。」范耕研曰：「橋，借爲矯。以詐用法曰矯。」王利器曰：「橋言猶言矯飾之言。」陳奇猷曰：「橋蓋以同音假爲窌。《韓非子・難二》：『語言辨，聽之說，不度於義，謂之窌言。』字亦假『姚』、『妖』、『膠』爲之。」于鬯說牽附不足信。「橋言」不是指不平之言，胡說誤。「矯言」指以欺詐的話妄託上命，亦非此文之誼。「窌言」是指空虛欺詐之言〔註17〕，與此文指聽言而不知其意的「橋言」不同。橋，讀爲譑。《廣雅》：「譑，諫也。」《廣韻》：「譑，不知。」《方言》卷 10：「諫，不知也，沅澧之閒凡相問而不知答曰諫。」郭璞注：「諫，音癡眩，江東曰咨，此亦知（痴--癡）聲之轉也。」戴震曰：「諫，各本訛作『諫』，今訂正。《玉篇》云：『諫，不知也，丑脂、丑利二切。諫，同上，又力代切，誤也。』《廣韻》作諫，以入脂至韻者爲不知，入代韻者爲誤。此注云『音癡眩』，與丑脂切合。以六書諧聲考之，諫從言桼聲，可入脂、至二韻，諫從言來聲，應入代韻，不得入脂至韻。《玉篇》、《廣韻》因字形相近訛舛，遂溷合爲一，非也。」〔註18〕盧文弨曰：「戴說非也。《左傳・宣二年》《釋文》云：『來，力知反，又如字，以協上韻。』……正與此音癡同韻，安在從『來』之非而從『桼』之是乎？」〔註19〕盧氏又曰：「案灰咍本與支脂之等韻通（例略），則諫從來非誤甚明。」〔註20〕劉台拱曰：「戴本據《玉篇》改諫作諫是也。《集韻》脂、至兩韻並作『諫』。」〔註21〕錢繹曰：「諫，舊本並同。戴氏據《玉篇》之

〔註15〕 胡文英《吳下方言考》卷 5，收入《續修四庫全書》第 195 冊，上海古籍出版社 2002 年版，第 44 頁。

〔註16〕 朱駿聲《說文通訓定聲》，武漢市古籍書店 1983 年版，第 326 頁。

〔註17〕 參見蕭旭《韓非子校補》，花木蘭文化出版社 2015 年版，第 232～233 頁。

〔註18〕 戴震《方言疏證》卷 10，收入《戴震全集（5）》，清華大學出版社 1997 年版，第 2417 頁。

〔註19〕 盧文弨《重校〈方言〉》，收入《叢書集成初編》第 1180 冊，中華書局 1985 年影印，第 118～119 頁。

〔註20〕 盧文弨《〈方言〉校正補遺》，收入《叢書集成初編》第 1180 冊，中華書局 1985 年影印，第 10～11 頁。

〔註21〕 劉台拱《方言補校》，《劉氏遺書》卷 6，收入《叢書集成續編》第 15 冊，新文豐出版公司 1988 年印行，第 493 頁。

文改誺作諫。盧氏云：『來、黎聲同，來亦可入脂至韻，故定作諫。』今案：依《玉篇》，誺、諫二字皆可作，各本既作諫，自應仍舊。戴改作諫亦通，以戴爲謬，非也。《廣雅》：『嘺，諫也。』曹憲諫力代反。《玉篇》引《埤倉》云：『嘺，不知是誰也。』是諫爲不知也。」

〔註22〕吳予天曰：「按《原本玉篇》：『誺，豬飢、丑利二反。』引《方言》曰：『誺，不知也。沅澧之間，凡相問而不知答曰誺。』郭璞曰：『亦如（按『痴』之謁）聲之轉也。』又《龍龕手鏡》云云，皆可證《方言》舊本作『誺』，而《原本玉篇》並無『諫』字，則『諫』乃『誺』字形近之謁可知也。戴氏據今本《玉篇》改易，非也。劉氏依《集韻》而是戴，錢氏則操兩可之說，均無當。」〔註23〕胡吉宣謂「諫」是「誺」形謁，並指出「嘺、諫聲近義同」〔註24〕。曹憲音力代反，是其字從來作「諫」，《集韻》引《博雅》作「嘺，諫也」，是宋本《廣雅》固如此，曹憲音不誤。《集韻》、《類篇》引《方言》作「誺」，是宋本《方言》亦如此。《玉篇殘卷》：「■，豬飢、丑利二〔反〕。《方言》：『■，不知也。沅澧之間，凡相問而不知答口誺（■）。』郭璞曰：『亦如（知）聲之轉也。』」「■」是「誺」俗字。敦煌寫卷 P.2011 王仁昀《刊謬補缺切韻》卷 1：「誺，丑知反，不知。」是作「誺」不誤。上古音力代反與丑脂、开利二反可相轉，盧文弨謂「來、黎聲同，來亦可入脂至韻」，至確。郭璞音癡，是其轉音。《玉篇》謂「又力代切，誤也」，「誤」字是其解釋語，而不是指「力代切」是誤讀。《玉篇殘卷》作「諫，力代反，《廣雅》：『諫，誤也。』」與諙同，爲僻誤之誤也。後世據其轉音丑脂、丑利二切，改其聲符從桼作「諫」以從其讀，「諫」亦非誤字。戴震、劉台拱、胡吉宣謂「諫」是「誺」形謁，非是，熊加全又從胡氏說改字〔註25〕，一誤再誤。嘺俗字亦音轉作髒、醉，《北夢瑣言》卷 7：「唐高相國崇文，本薊州將校也……渤海鄙言多呼人爲髒兒……乃口占云：『崇文崇武不崇文，提戈出塞號將軍。那個髒兒射雁落，白毛空裏落紛紛。』」《類說》卷 43 引作

〔註22〕錢繹《方言箋疏》卷 10，上海古籍出版社 1984 年版，第 558 頁。
〔註23〕吳予天《方言注商》，上海商務印書館 1933 年版，第 62 頁。
〔註24〕胡吉宣《玉篇校釋》，上海古籍出版社 1989 年版，第 1002 頁。
〔註25〕熊加全《〈玉篇〉疑難字研究》，河北大學 2013 年博士學位論文，第 522～523 頁。

「酵兒」。舊校:「觕,恐是姣字。」〔註26〕其說非是。翟灝曰:「按《玉篇》有嬌字,渠堯切,引《埤蒼》云:『不知是誰也。』觕當是嬌之借字。」〔註27〕宋·洪邁《萬首唐人絕句》卷70作「蕃兒」,則是臆改。

《淫辭》校補

(1) 以襌緇當紡緇,子豈不得哉

高誘注:得,猶便也。

按:《子華子·神氣》下句作「而豈有所不得哉」,疑當乙作「而豈不有所得哉」。

(2) 罪不善,善者故為不畏

按:畢沅曰:「楊倞註《荀子·解蔽篇》引《論衡》作『善者胡爲畏』。」《論衡》見《雷虛》:「罰不善,善者胡爲畏?」不必據楊注轉引。俞樾刪「不」字,讀「故」爲「胡」,是也。

劉文典曰:「此疑『胡』誤爲『故』,後人又妄加『不』字耳。」「故」不必視爲誤字。陳奇猷必謂《論衡》臆改,必謂俞說不確,解「故爲」爲「固是」,非是。

(3) 今舉大木者,前呼輿謣,後亦應之

高誘注:「輿謣」或作「邪謣」。前人倡,後人和,舉重勸力之歌聲也。

按:孫鏘鳴、馮振並曰:「『輿謣』亦作『邪許』。」〔註28〕許維遹曰:「《文子·微明篇》『輿謣』作『邪許』,《淮南》同,他籍或作『邪所』,並聲近而義同。」明刊本《文子》作「邪軒」。王利器有詳考,不具引錄。《愛日齋叢抄》卷5引作「與謣」,《事物紀原》卷9引作「輿樗」,《冊府元龜》卷745作「輿諕」,並同。

〔註26〕 《北夢瑣言》卷7,《叢書集成初編》第2841冊據雅雨堂本排印,商務印書館民國28年初版,第63頁。

〔註27〕 翟灝《通俗編》卷18,商務印書館1958年版,第405頁。

〔註28〕 孫鏘鳴《呂氏春秋高注補正》,《國故》1919年第4期,第9頁。馮振《呂氏春秋高注訂補(續)》,《學術世界》第1卷第10期,1935年版,第89頁。

《不屈》校補

（1）以逐暴禁邪也

按：逐，讀爲誅。「蹾」同「躅」、「躑」，亦音轉作「跦」，「蹢躅」即「跦跦」，是其證。《史記·主父傳》：「興利除害，誅暴禁邪。」正作「誅」字。「誅暴」是先秦二漢成語。《管子·小問》：「誅暴禁非，存亡繼絕。」《韓子·解老》：「愚人以行忿則禍生，聖人以誅暴則福成。」《荀子·王制》：「如是而可以誅暴禁悍矣。」本書《去私》：「誅暴而不私。」

（2）堯、舜、許由之作，非獨傳舜而由辭也，他行稱此

按：陶鴻慶曰：「『作』當爲『行』。」譚戒甫從陶說，並謂「傳舜」當作「傳受」，許維遹說同譚氏。于省吾曰：「陶說非是。作猶爲也。」陳奇猷從于說。《路史》卷 40 作「堯、舜、許繇之作，非獨傳舜辭也，他行稱是」。「作」字不誤。

（3）凡自行不可以幸，爲必誠

按：《路史》卷 40 作「故自行不可以幸，必成」。

（4）蝗螟，農夫得而殺之，奚故？爲其害稼也

高誘注：蝗，蟲也。食心曰螟，食葉曰螣。今兗州謂蝗爲螣。

按：許維遹曰：「王念孫校本改正文『蝗螟』作『螣螟』，注作『蝗蟲也』作『螣蟲也』。案王改是。下文亦以『螣螟』連文。」陳奇猷曰：「王改是。《仲夏紀》高注云：『螣讀近殆，兗州人謂蝗爲螣。』」《類聚》卷 100、《御覽》卷 822 引皆同今本作「蝗螟」，是唐人所見本已改之。《類聚》引「害稼也」下尚有「蔽天，狀如嚴雪，是歲天下失瓜瓠」十三字，此非本書文字，《開元占經》卷 120 引《史記》：「秦始皇四年十月，螟蟲從東方來，蔽天，如嚴雪，是歲天下失芘瓠。」今本《史記·秦始皇本紀》：「四年，十月庚寅，蝗蟲從東方來，蔽天。天下疫。」《類聚》蓋脫「史記」二字。

（5）今之城者，或者操大築乎城上，或負畚而赴乎城下，或操表掇以善晞望

按：于鬯曰：「『大』或『木』字之誤，蓋築具也。」馬敘倫曰：「『大』下

疑有脫字。」譚戒甫曰：「疑『者』字爲『楮』字之脫誤，本在『大』字下。楮以同音假爲杵。」彭鐸曰：「『大』當作『午』，午，古杵字。古謂築城爲城，無煩更贅城字。」許維遹曰：「當作『今之城城者，或操大築築乎城上』，今本脫『城』、『築』二字。大築即大杵。」陳奇猷曰：「許說是，但『城』字不必重。城即筑城之意。」彭、陳說「城」不必重，是也。「操大」下必是一名詞，余謂或是「臿（插、鍤）」字，指鍬子。《新序·刺奢》：「魏王將起中天臺，令曰：『敢諫者死。』許綰負操鍤入曰。」「負操鍤」三字，《類聚》卷 62 引作「負插」，《意林》卷 3 引《說苑》作「負纍操畚」，《御覽》卷 456 引《周書》作「負操揰（插）」〔註29〕，《冊府元龜》卷 743 作「負畚操鍤」。盧文弨據《意林》補「纍」，校作「負纍操鍤」〔註30〕。盧說甚確，敦煌寫卷 P.2569《春秋後語》作「負纍操插」。《拾遺記》卷 7：「魏明帝起凌雲臺，躬自掘土，群臣皆負畚鍤，天陰凍寒，死者相枕。」景宋本《淮南子·要略》：「禹身執纍臿，以爲民先。」《御覽》卷 82、764、765 引「纍臿」作「畚鍤」，《玉海》卷 23、《路史》卷 22 引作「纍臿」。《漢書·王莽傳》：「父子兄弟負籠倚鍤。」顏師古注：「籠，所以盛土也。鍤，鍫也。」

（6）人有新取婦者，婦至，宜安矜煙視媚行

高誘注：媚行，徐行。

按：梁玉繩曰：「謂若人在煙中，目不能張，其視甚微也。」徐時棟曰：「愚謂煙視者，蓋目遇煙則不能大開，言新爲婦者，宜下其目微視，似遇煙氣時也。」〔註31〕凌曙曰：「燕有煙音。《夏小正》：『燕乃睇。』燕視曰睇。煙視即燕睇。」李寶洤曰：「安，安舒。矜，矜重。煙視，不明視，如在煙中而視。媚行，謂徐行，其狀柔媚。」馬敘倫曰：「矜疑借爲聆，或借爲敬。煙疑借爲頮，《說文》重文作『俔』；或借爲瞑，《說文》：『臥也。』臥與俔義亦近。」譚戒甫曰：「梁望文爲說，似

〔註29〕趙仲邑曰：「揰，當爲插之誤，插亦即鍤。」「插」俗作「揷」，故《御覽》誤爲「揰」也。趙仲邑《新序詳注》，中華書局 1997 年版，第 182 頁。
〔註30〕盧文弨《群書拾補》，收入《叢書集成新編》第 3 冊，新文豐出版公司 1985 年版，第 169 頁。
〔註31〕徐時棟《煙嶼樓讀書志》卷 15，收入《續修四庫全書》第 1162 冊，上海古籍出版社 2002 年版，第 585 頁。

非。此『安矜』猶云安重。煙疑以音近假爲瞁。《說文》：『瞁，目相戲也。』煙視猶云燕視，謂安順之視也。」楊樹達曰：「媚當讀微。」陳奇猷曰：「諸說皆可通。」聞一多曰：「媚讀爲俛。《說文》：『頫，低頭也。』重文作『俛』，同『俯』。媚行即俛行，謂俯首而行也。一說媚爲偏之訛。偏行亦俯行也。」〔註32〕王利器曰：「諸家說『煙視』失之鑿。煙視猶言籠蒙視，訓爲眇視、微視或不敢正視，俱是也。」梁氏等「人在煙中」云云，確是望文生訓。譚氏讀煙爲瞁，以目相戲，新婦如此，成何體統？馬氏四說亦妄說通假，皆不可信。而陳氏不考，竟云「諸說皆通」。凌曙所引《夏小正》「燕乃睇」，《夏小正》下文有解釋說「燕，乙也。言『乃睇』何也？睇者，眂也。眂者，視可爲室者也。」然則「燕」是鳥名，燕乃睇是說燕鳥此時尋找可以築巢的地方。援以解釋此文，直是郢書燕說。李寶洤、譚戒甫解「安矜」爲「安重」，楊樹達據高注「徐行」，讀媚爲微，皆是也。朱駿聲謂「媚」轉注訓美、好〔註33〕，亦未洽。煙，讀爲諲。《爾雅》：「諲，敬也。」宁亦作悭，《廣韻》：「悭，敬也。」煙視，猶言謹視。專字作覣，《玉篇》：「覣，視貌。」《廣韻》、《集韻》並云：「覣，視也。」

（7）門中有敛陷

高誘注：敛讀口脅。

舊校：「陷」一作「塪」。

按：畢沅曰：「疑即坎窞，注不可曉。梁仲子疑『敛』爲『欿』字之誤。」朱起鳳說同梁氏〔註34〕，當即襲自彼說。朱駿聲曰：「敛，叚借爲險。」王紹蘭曰：「『敛』當爲『歙』形之誤。《說文》：『歙，縮鼻也。』凡地有窪陷，其土歙歙然作蹙縮之形，不韋書因謂之歙陷，故高誘讀歙曰脅矣。」李賡芸、江紹原說同王氏。吳承仕曰：「諸家說並非也。《廣雅》：『敛，欲也。』曹憲音『呼濫』、『呼甘』二反。《廣雅》訓『欲』之『敛』即《說文》訓『欲得』之『欲』。此文借『敛』爲『臽坎』字，本云『門中有敛』，『陷』則爲衍文。高注『敛讀曰脅』，敛在談

〔註32〕聞一多《璞堂雜業·呂氏春秋》，收入《聞一多全集》卷10，湖北人民出版社1994年版，第459頁。

〔註33〕朱駿聲《說文通訓定聲》，武漢市古籍書店1983年版，第595頁。

〔註34〕朱起鳳《辭通》卷15，上海古籍出版社1982年版，第1611頁。

部，脅在緝部，聲紐既同，韻部亦近。理既易曉，畢說疏矣。」黃侃曰：「『斂陷』疊韻連語，一曉一匣，猶『顑頷』連語，於音理無妨；即令同紐，亦猶『澹淡』連語耳，何必刪『陷』字乎？以《淮南・本經》注『歆讀曰脅』、《主術》注『歆讀協』校此文，疑仍當作『歆』。《廣雅》雖有『斂』字，而訓爲『欲』，非此所施。」〔註35〕許維遹曰：「王紹蘭說是。《淮南・本經篇》高注『歆讀曰脅』，正與此合。」王利器亦從王紹蘭說。蔣維喬等曰：「『斂』當作『欲』。欲、脅古音亦相通。梁說是也，《諸子品節》引正作『欲』。」陳奇猷曰：「諸說皆可通，未知孰是？」《喻林》卷11、《駢志》卷19引同今本，《尚史》卷67、《佩文韻府》卷36、89引作「欲陷」，未知所據。「斂」字不誤，一本作「塪」者，指土塊，蓋妄改。顧炎武曰：「脅，虛業切，上聲則音險。《呂氏》高注云云。」〔註36〕吳承仕謂「斂」、「脅」音轉，是也，故高注云然。斂，讀爲坎，字亦作欿、埳、轗、城，坑也。江紹原謂「斂陷」指地臼〔註37〕。

《應言》校補

（1）市丘之鼎以烹雞，多泊之則淡而不可食，少泊之則焦而不熟

按：焦，《後漢書・邊讓傳》引傳曰作「熬」。

（2）然而視之蝺焉美無所可用

　　高誘注：蝺讀齲齒之齲，齲（蝺），鼎好貌。

按：美，《御覽》卷918引誤作「羹」。畢沅曰：「『蝺』字無攷。疑是『踽』，與『偊』、『踽』皆同。」孫詒讓曰：「蝺當與姁同。《方言》云：『姁，貌治也，吳越飾貌爲姁。』」陳奇猷從孫說。諸說皆未得。高注「齲

〔註35〕黃侃《經籍舊音辨證箋識》，附於吳承仕《經籍舊音辨證》，中華書局2008年版，第352、408頁。

〔註36〕顧炎武《唐韻正》卷20，收入《叢書集成三編》第27冊，新文豐出版公司1997年印行，第834頁。

〔註37〕江紹原《讀呂氏春秋雜記》，《中法大學月刊》第5卷第1期，1934年版，第33～35頁；其說又見江紹原《傻新娘故事——讀〈呂氏春秋〉雜記》，《婦女旬刊》第19卷第4號，1935年版，第46～47頁。

齒」者，《後漢書‧梁冀傳》：「壽色美而善爲妖態，作愁眉、啼粧、
墮馬髻、折腰步、齲齒笑。」又見《五行志》。李賢注引《風俗通》：
「齲齒笑者，若齒痛不忻忻。」惠棟曰：「《呂氏》高注云云，蓋當時
之語也。」〔註38〕洪頤煊曰：「齲當作齵。《說文》：『齵，齒不正也。』
《考工記》鄭注：『人之牙齒參差謂之齵。』《詩》曰：『巧笑之瑳。』
瑳即齹字。《說文》：『齹，齒參差。』即巧笑之貌。《風俗通》以爲『若
齒痛不忻忻』，失其義矣。」〔註39〕洪說是也，然「齲」非誤字，乃
借字。《慧琳音義》卷58：「齵齒：謂高下不齊平也，律文作齲。」《集
韻》：「齵，齵齵，齒不正。」皆其證。牙齒參差是巧笑貌，美貌。此
文則形容鼎之紋飾參差，故亦爲鼎好貌。《風俗通》解爲「若齒痛不
忻忻」者，則是讀齲爲齵，「齵」即今「蛀牙」之蛀。

《具備》校補

（1）故誠有誠乃合於情，精有精乃通於天

按：陶鴻慶曰：「兩『有』字皆讀爲又。『情』亦當爲『精』，上下文正相
承。」陳奇猷曰：「陶讀有爲又，是，范耕研說同。陶改『情』爲『精』，
非是。嬰兒之心至誠，母之心亦誠，是以能合於愛之情，故曰誠又誠
乃合於情。精，猶言微妙也。」孫鏘鳴、于鬯皆讀二「有」爲「又」
〔註40〕。惠棟亦曰：「有，又。情，當作『精』。」〔註41〕諸氏皆失檢
惠說。陳說「情」字不改是，但此文非謂母子之情，乃言宓子治亶父、
亶父之民聽宓子之教之情。下文「故凡說與治之務莫若誠」，即承此而
言。《鬼谷子‧摩》：「說者聽，必合於情，故曰情合者聽。」「精」亦
誠也，陳氏解爲微妙，亦誤。《淮南子‧覽冥篇》：「夫全性保眞，不虧
其身，遭急迫難，精通於天。」又《天文篇》：「人主之情（精），上通

〔註38〕 惠棟《後漢書補注》卷9，收入《二十四史訂補》第4冊，書目文獻出版社
1996年版，第441頁。

〔註39〕 洪頤煊《讀書叢錄》卷22，收入《續修四庫全書》第1157冊，上海古籍出版
社2002年版，第761頁。

〔註40〕 孫鏘鳴《呂氏春秋高注補正》，《國故》1919年第4期，第10頁。

〔註41〕 惠棟《周易述》卷23，景印文淵閣《四庫全書》第52冊，臺灣商務印書館
1986年初版，第297頁。

於天。」〔註 42〕《太玄・周》:「信周其誠,上通於天。」《潛夫論・述赦》:「王者至貴,與天通精。」

〔註 42〕《御覽》卷 9、876 引「情」作「精」。

《離俗覽》卷第十九校補

《離俗》校補

（1）世之所不足者，理義也；所有餘者，妄苟也

  按：陳奇猷曰：「義讀爲議。議者謂共議立之家法，即該　家之道。」陳說
    非是，「義」讀如字。「理義」本書習見，《勸學》：「人子人臣不得其所
    願，此生於不知理義。」又《適音》：「故先王之制禮樂也，非特以歡
    耳目、極口腹之欲也，將以教民平好惡、行理義也。」又《誣徒》：「此
    六者得於學，則邪辟之道塞矣，理義之術勝矣。」又《知度》：「凡朝
    也者，相與召理義也，相與植法則也。上服性命之情，則理義之士至
    矣，法則之用植矣，枉辟邪撓之人退矣，貪得僞詐之曹遠矣。」此四
    例，有何家法可言？

（2）故布衣人臣之行，潔白清廉中繩，愈窮愈榮

    高誘注：繩，正也。

  按：《廣雅》：「繩，直也。」「繩」用以取直，故引申有正直之義。「中」讀
    平聲。陶鴻慶刪「清廉」二字，陳奇猷謂「繩」是名詞，於「中繩」上
    補「進退」二字，妄刪妄補，都不足取。

（3）飛兔、要褭，古之駿馬也，材猶有短

    高誘注：飛兔、要褭，皆馬名也。日行萬里，馳若兔之飛，因以爲名也。
        「褭」字讀如「曲撓」之撓也。

按：許維遹曰：「『要褭』或作『腰褭』。『要褭』之名，本取疊韻，故他籍作『要裊』，《後漢書・張衡傳》章注引《呂覽》亦作『要裊』。」高、許皆未言其名義。字亦作「腰裊」、「偠儾」、「嫋嬝」、「嫋嬈」、「嫋嬲」、「嫋嫋」，指馬腰細長〔註1〕。

（4）舜讓其友石戶之農，石戶之農曰：「棬棬乎后之為人也，葆力之士也。」

按：畢沅曰：「棬棬，《莊子・讓王篇》作『捲捲』，《釋文》云：『音權，郭音眷，用力貌。』」朱駿聲曰：「捲，叚借爲券。」〔註2〕馬敍倫曰：「棬、捲皆券之借字。《說文》：『券，勞也。』葆借爲抱，《說文》作『裒』。」陳奇猷曰：「《莊子釋文》云：『葆，音保，字亦作保。』是葆、保字通。保，恃也。此言『恃力之士』，故下云『德猶未至』。」《高士傳》卷上亦作「捲捲」。成玄英疏：「葆，牢固也。言舜心志堅固。」林希逸注：「捲捲，自勞之貌。葆力，勤苦用力也。」方以智曰：「惓惓，通作『卷卷』、『拳拳』、『捲捲』。」〔註3〕王叔岷曰：「古鈔卷子本《莊子》作『惓惓』。棬、捲並借爲券。惓即或券字。」〔註4〕諸家以「券」爲本字，是也。葆、保，當讀爲寶，重也。馬敍倫校《莊子》云：「葆，疑借爲寶。」〔註5〕是也。

（5）於是乎夫負妻妻携子以入於海，去之，終身不反

按：於是乎夫負妻妻攜子，《莊子・讓王》、《高士傳》卷上作「於是夫負妻戴攜子」。畢沅據《莊子》改下「妻」作「戴」，至確。陳奇猷曰：「當作『於是夫負妻攜子』，『夫』同『乎』。『於是夫』即『於是乎』。後人誤以『夫』爲『夫妻』之夫……《莊子》作『戴攜』，二字同義，『戴』當係『攜』字之旁注而誤入正文者。」陳氏自誤，而又欲改不誤之《莊

〔註1〕 參見蕭旭《淮南子校補》，花木蘭文化出版社2014年版，第317頁。

〔註2〕 朱駿聲《說文通訓定聲》，武漢市古籍書店1983年版，第750頁。

〔註3〕 方以智《通雅》卷9，收入《方以智全書》第1冊，上海古籍出版社1988年版，第352頁。

〔註4〕 王叔岷《呂氏春秋校補》，其說又見王叔岷《莊子校詮》，中央研究院歷史語言研究所專刊之八十八，1988年版，第1120頁。

〔註5〕 馬敍倫《莊子義證》卷28，收入《民國叢書》第5編，（上海）商務印書館1930年版，本卷第頁。

子》，甚非校書之法。「夫負妻戴」是古人成語，「攜子」者是夫妻共攜。《白氏六帖事類集》卷 4 引《莊子》：「祝牧謂其妻曰：『天下有道，我
皷子佩；天下無道，我負子戴。』」注：「當隱藏也。」〔註6〕《韓詩外
傳》卷 2：「楚狂接輿……乃夫負釜甑，妻戴經器，變易姓字，莫知其
所之。」〔註7〕《御覽》卷 78 引《尸子》：「神農氏夫負妻戴以治天下。」
（王叔岷、王利器已引《莊子》佚文及《尸子》以證畢說）《文選・始
作鎮軍參軍經曲阿作》李善注引仲長子《昌言》：「古之隱士，或夫負妻
戴，以入山澤。」《莊子釋文》引司馬彪曰：「凡言入者，皆居其洲島之
上與其曲隈中也。」

（6）而自投於蒼領之淵

高誘注：投，猶沈也。「蒼領」或作「青令」。

按：畢沅曰：「《莊子》作『清泠』，《淮南・齊俗訓》同。」朱駿聲曰：「蒼
領，猶清泠也。」〔註8〕許維遹曰：「『蒼領』與『清泠』同。《中山經》
亦作『清泠』。」馮振曰：「滄、清一聲之轉，領、浪亦一聲之轉。或
作『滄浪』，或作『清泠』，或作『青令』，或作『蒼領』，其實一也。」
〔註9〕于省吾曰：「『蒼領』即『滄浪』。蒼通滄。領、浪雙聲字。《審
時篇》『青零』，孫詒讓謂即『蒼狼』，亦其證也。」《莊子釋文》：「泠
音零。」《御覽》卷 70 引《莊子》誤作「清冷」。諸說皆是，但當以
「清泠」爲本字。清泠，言水清寒瀏利也，因用作淵名的名稱，亦作
水名的名稱。《孟子・離婁上》：「有孺子歌曰：『滄浪之水清兮，可以
濯我纓；滄浪之水濁兮，可以濯我足。』」《高士傳》卷上：「（巢父）
乃過清泠之水洗其耳，拭其目。」音轉則作「清洌」、「倩洌」、「倩利」
等形。水清寒瀏利則色青，故又爲青色。投，跳也。字或作趍、跩、
跩，音轉則爲透、趒〔註10〕。

〔註6〕 《白帖》在卷 12。《御覽》卷 691 引同，又卷 403 引《子思子》亦同。
〔註7〕 《列女傳》卷 2、《御覽》卷 509 引嵇康《高士傳》同。
〔註8〕 朱駿聲《說文通訓定聲》，武漢市古籍書店 1983 年版，第 902 頁。
〔註9〕 馮振《呂氏春秋高注訂補（續）》，《學術世界》第 1 卷第 10 期，1935 年版，
第 90 頁。
〔註10〕 參見蕭旭《敦煌寫卷〈王梵志詩〉校補》，收入《群書校補》，廣陵書社 2011
年版，第 1271～1272 頁。

（7）彊力忍訽

　　高誘注：訽，辱也。

　按：畢沅曰：「《莊子》『訽』作『垢』。」朱駿聲曰：「垢，叚借爲詬。」
　　　〔註11〕陳奇猷曰：「『訽』同『詬』。《說文》：『詬，謑詬，恥也。訽，
　　　詬或從句。』『垢』乃同音假字也。」其說本於王念孫〔註12〕。《莊子
　　　釋文》引司馬彪曰：「垢，辱也。」《御覽》卷 424 引《莊子》作「詬」，
　　　《列仙傳》卷上同。楊明照曰：「垢乃詬之形誤。」未達通假之指。

（8）吾生乎亂世，而無道之人再來訽我

　按：訽，《莊子・讓王》作「漫」。

（9）（卞隨）乃自投於潁水而死

　按：朱謀㙔曰：「潁、洞古字通用。椆、洞二字皆誤耳。」〔註13〕馬敘倫從
　　　朱說。馮振曰：「《說文》：『炯，光也。熲，火光也。』疑本同字。亦
　　　潁、洞相通之例證。」〔註14〕王利器亦舉《廣韻》「炯音熲」以證朱
　　　說。洪頤煊曰：「《釋文》：『椆，直留反，本又作桐，司馬本作洞。』
　　　案《水經注》云云，洞、潁聲相近，《史記・伯夷列傳》《索隱》引作
　　　『桐水』，與此作『椆水』，皆『洞』字之譌。」〔註15〕梁履繩曰：「《水
　　　經・潁水注》引云：『卞隨恥受湯讓，自投此水而死。張顯《逸民傳》、
　　　嵇叔夜《高士傳》並言投洞水而死，未知其孰是也。』」（引者按：以
　　　上皆《水經注》文，陳奇猷以「張顯」以下爲梁氏語，失檢原文所致
　　　也）。畢沅曰：「案《莊子》作『椆水』，《釋文》云：『本又作桐水，司
　　　馬本作「洞水」。』」《路史》卷 37 引《莊子》亦作「椆水」。《莊子釋
　　　文》：「椆水，直留反。本又作桐水，徐音同，又徒董反，又音封。本
　　　又作稠。司馬本作洞，云：『洞水在潁川。一云：在范陽郡界。』」陸

〔註11〕朱駿聲《說文通訓定聲》，武漢市古籍書店 1983 年版，第 345 頁。
〔註12〕王念孫《荀子雜志》，收入《讀書雜志》卷 11，中國書店 1985 年版，本卷第
　　　91 頁。
〔註13〕朱謀㙔《水經注箋》卷 22，收入《四庫未收書輯刊》第 9 輯第 5 冊，北京出
　　　版社 2000 年版，第 21～22 頁。
〔註14〕馮振《呂氏春秋高注訂補（續）》，《學術世界》第 1 卷第 10 期，1935 年版，
　　　第 91 頁。
〔註15〕洪頤煊《讀書叢錄》卷 14，收入《續修四庫全書》第 1157 冊，上海古籍出版
　　　社 2002 年版，第 683 頁。

氏音直留反，是其所見本已誤從周作「樜」也。司馬彪本作「洞水」，不作「洞水」，畢氏、洪氏皆失檢。《文選・長笛賦》李善注、《御覽》卷 424、《集韻》「桐」字條、《五音集韻》「桐」字條引《莊子》作「桐水」，《御覽》卷 509 引嵇康《高士傳》同，亦誤。

（10）吾子胡不位之

按：位之，《莊子・讓王》作「立乎」。「位」作動詞，猶言即位，「立」亦此義。楊樹達讀立、位爲涖，陳奇猷從之；劉如瑛讀位爲蒞，皆非是。《列仙傳》卷上作「遂之」。

（11）（務光）乃負石而沈於募水

高誘注：募，水名也，音「千伯」之伯。

按：畢沅曰：「募無伯音。」文廷式曰：「『千伯』即『阡陌』，募、陌雙聲字。」〔註 16〕吳承仕曰：「『千伯』之『伯』字應作『佰』，形近之誤也。字亦通作『陌』，正與『募』音近。」黃侃曰：「佰亦與伯同音，佰既可讀明母，伯又何不可耶？」〔註 17〕文、黃說是。募水，《莊子・讓王》作「盧水」，《釋文》：「盧水，音閭，司馬本作盧水。」《文選・長笛賦》李善注引《莊子》作「瀘水」，《御覽》卷 509 引嵇康《高士傳》作「瀘水」，《史記・伯夷傳》《索隱》、《路史》卷 37 引《莊子》作「盧水」，《世說新語・巧藝》劉孝標注引《列仙傳》亦作「盧水」，《列仙傳》卷上作「蓼水」，《文選・北山移文》李善注引《列仙傳》作「蓫水」。王叔岷曰：「『蓼』疑『募』之誤。據《莊子・外物篇》，務光非沈於蓫水，《選》注誤。」〔註 18〕「募水」待考。負，《莊子》、《列仙傳》卷上同，當讀爲抱。《御覽》卷 509 引嵇康《高士傳》正作「抱」。《淮南子・精神篇》高誘注：「務光因抱石自投於深淵而死。」《韓詩外傳》卷 3：「夫負石而赴河，行之難爲者也，而申徒狄能之。」《荀子・不苟》作「故懷負石而赴河」。言「懷負」，則負必讀爲抱。《韓詩外傳》卷 1：「（申徒狄）遂抱石而沉於河。」正作「抱」字，《初學

〔註 16〕文廷式《純常子枝語》卷 15，收入《續修四庫全書》第 1165 冊，上海古籍出版社 2002 年版，第 214 頁。

〔註 17〕黃侃《經籍舊音辨證箋識》，附於吳承仕《經籍舊音辨證》，中華書局 2008 年版，第 352、408 頁。

〔註 18〕王叔岷《列仙傳校箋》，中華書局 2007 年版，第 35 頁。

－343－

記》卷 6、《事類賦注》卷 6 引作「負」。《莊子・盜跖》:「（申徒狄）負石自投於河。」《荀子・非十二子》:「負石而墜。」《淮南子・說山篇》:「申徒狄負石自沉於淵。」亦皆用借字。《史記・屈原傳》:「（屈原）於是懷石，遂自投汨羅以死。」其事相類，懷亦抱也。

（12）高節厲行，獨樂其意，而物莫之害

高誘注:不欲於物，故物無能害。

按:厲，《莊子・讓王》作「戾」。林希逸注:「戾行，亢也。《刻意》曰:『爲亢而已矣。』即戾行也。」馬敍倫曰:「戾、厲，皆借爲勸。《說文》:『勸，勉力也。』今作勵。」陳奇猷、王利器從馬說。《漢語大字典》:「戾，善也。」〔註19〕諸說皆非是。「厲」讀如字，砥厲，俗作礪。「戾」乃借字。蔡邕《郭有道林宗碑》:「砥節礪行，直道正辭。」《孔叢子・公儀》:「砥節礪行，樂道好古。」《三國志・齊王傳》:「砥節厲行，秉心不回。」

（13）不漫於利，不牽於埶

高誘注:漫，汙。牽，拘也。

按:高注漫訓汙，則是讀爲浼，《說文》:「浼，汙也。」王念孫、錢繹並從高注〔註20〕，其說可通。余謂漫讀爲慲，字亦作慢，迷惑。《玉篇》:「慲，惑也。」《集韻》:「慲、慢:惑也，或從曼。」本書《審分》:「夫說以智通，而實以過慲。」王念孫曰:「慲訓爲惑，亦與通相反。」《漢書・卜式傳》:「不爲利惑。」《韓詩外傳》卷 1:「行爽廉毀，然且弗舍，惑於利者也。」〔註21〕

（14）以愛利為本，以萬民為義

按:楊樹達曰:「此文『義』字與『儀』同，準也。」范耕研說同。陳奇猷曰:「義當讀爲議，謂共議立之家法以爲行動之標準者。」二說非是。

〔註19〕《漢語大字典》（第二版），崇文書局、四川辭書出版社 2010 年版，第 2420 頁。
〔註20〕王念孫《廣雅疏證》，收入徐復主編《廣雅詁林》，江蘇古籍出版社 1992 年版，第 214 頁；王說又見《荀子雜志》，收入《讀書雜志》卷 10，中國書店 1985 年版，本卷第 107 頁。錢繹《方言箋疏》卷 3，上海古籍出版社 1984 年版，第 215 頁。
〔註21〕《新序・節士》同。

義亦本也，當讀爲基。《賈子・大政上》：「聞之於政也，民無不以爲本也，國以爲本，君以爲本，吏以爲本。」「以民爲本」又見《晏子春秋・內篇問下》。《淮南子・泰族篇》：「國主之有民也，猶城之有基。」《潛夫論・救邊》：「且夫國以民爲基，貴以賤爲本。」《漢書・谷永傳》：「王者以民爲基，民以財爲本。」此二例則言「以民爲基」，其義一也。

（15）却而去，不自快

舊校：「却」一作「退」。

按：畢沅曰：「《御覽》卷 353 作『退而不自快』。」孫蜀丞曰：「《御覽》卷 313 引『却』作『退』。」《御覽》卷 353 引作「退而不自決」，又引下文「心猶不自快」作「心猶不決」，畢氏失檢。《冊府元龜》卷 763「却」亦作「退」。「快」是「決」形誤。不能自決，故問路之人也。楊樹達曰：「快，喜也。」陳奇猷、王利器從其說，非是。

（16）叔無孫曰：「矛非戟也，戟非矛也，亡戟得矛，豈亢責也哉？」

高誘注：亢，當也。

按：《御覽》卷 313、《冊府元龜》卷 763 同，《御覽》卷 353 作「豈無責乎」。「亢」形誤作「無」，又易作「無」。亢，抵償，字亦音轉作更，《廣雅》：「更，償也。」《淮南子・詮言篇》：「功之成也，不足以更責。」高誘注：「更，償也。」「亢責」同「更責」。字又作庚、賡〔註 22〕。陳奇猷曰：「《上德篇》：『不能亢矣。』亢亦當也。」其說未切。《上德篇》云：「以德以義，則四海之大，江河之水，不能亢矣；太華之高，會稽之險，不能障矣。」「亢」是阻擋義。

（17）吾聞之，君子濟人於患，必離其難

高誘注：濟，入也。

按：馬敘倫曰：「濟借爲齎。」楊樹達曰：「濟當讀爲擠。《說文》云：『擠，排也。』謂推排人於患也。」陳奇猷曰：「濟，度也。度者，自此方入於彼方之意，如言『度水』即是。又如『救濟』，意即助其人自患難中度入安全之境。此皆濟有入義之明證。馬、楊未之察耳。」「齎」是持

〔註22〕 參見王念孫《廣雅疏證》、錢大昭《廣雅疏義》，並收入徐復主編《廣雅詁林》，江蘇古籍出版社 1992 年版，第 394 頁。

遺義，非此文之誼。陳氏全是妄說。楊說是也。《淮南子・兵略篇》：「推其擒擒，擠其揭揭，此謂因勢。」許慎注：「擠，排也。」擠亦推也，同義對舉。《廣雅》：「擠，推也。」

（18）白縞之冠，丹績之絢

　　高誘注：絢，纓也。

按：畢沅曰：「『績』疑『繢』。」朱駿聲曰：「《說文》：『絢，領耑也。』字亦作絢。按：嬰也。」〔註23〕楊樹達曰：「《說文》云云，絢蓋絇之或作。」陳奇猷曰：「高、畢說是也。古人之冠恒有纓。」陳說是，但未指出「絢」何以訓纓。余謂「絢」當作「絇」，借為「鉤」，指冠上的鉤飾物，即纓也。馬頸、馬胸前的樊纓（繁纓）也稱作「鉤膺」，是其比也。

（19）東布之衣

按：譚戒甫曰：「文廷式云：『東疑當作柬，練布也。』案《墨子・兼愛中篇》：『練帛之冠。』與此同。」許維遹曰：「『東布』亦見《達鬱篇》，其義未詳。」蔣維喬等曰：「譚說是也。《御覽》卷 387 引正作『練』。練、柬古通。」聞一多曰：「『東』疑當為『棘』，『棘』古『曹』字。《淮南子・說林篇》注：『楚人名布為曹，今俗間以始織布繫著其傍謂之曹布。』棘布即曹布也。」〔註24〕陳奇猷曰：「文說疑是。《說苑・反質》有『練帛之衣。』《御覽》卷 437 引作「東布之衣」，「東」是「柬」之誤。《達鬱篇》：「列精子高聽行乎齊湣王，善衣東布衣，白縞冠。」江紹原亦謂「東布」是「柬布」或「練布」之訛。《說苑・反質》：「於是更制練帛之衣，大白之冠，朝一年而齊國儉也。」「練帛之衣，大白之冠」即此文之「白縞之冠，練布之衣」，當是儉服。「練」是熟絹，「練布」不辭。考《晏子春秋・外篇》：「田無宇見晏子獨立於閨內，有婦人出於室者，髮斑白，衣緇布之衣而無裏裘。」又《內篇雜下》：「晏子衣緇布之衣，麋鹿之裘。」〔註25〕「緇」是黑色的帛，是古代普通人的服色。「緇布之衣」正是儉服。《戰國策・楚策一》：「昔

〔註23〕朱駿聲《說文通訓定聲》，武漢市古籍書店 1983 年版，第 831 頁。
〔註24〕聞一多《璞堂雜業・呂氏春秋》，收入《聞一多全集》卷 10，湖北人民出版社 1994 年版，第 458 頁。
〔註25〕《說苑・臣術》同。

令尹子文緇帛之衣以朝，鹿裘以處。」《渚宮舊事》卷 1 作「繪布之衣」，又卷 3 作「繪帛之衣」。「繪」是帛的總名。「繪布」、「繪帛」是絲織品，不是儉服。諸書當以作「緇布」爲正。「繪」、「練」皆「緇」形誤，「練」又省誤作「柬」、「東」、「束」。還有一種可能，「東」是「束」形誤，「束」是「練」省文，「練」是「練」形誤，「練」同「疎」、「疏」。疏布謂粗布〔註 26〕。《玉篇殘卷》：「練，《文士傳》：『禰衡著布單衣練巾。』《吳志》：『練帳縹被。』《釋名》：『紡鹿絲織曰練。練，料也，料料然疏也。』」今本《二國志・荀彧傳》裴松之注引張衡《文士傳》作「疏巾」，又《蔣欽傳》作「疏帳」，《釋名》作「紡䵾絲織之曰疏。疏，寥也，寥寥然也。」

（20）終夜坐不自快

按：快，《御覽》卷 400 引同，當據《御覽》卷 387 引作「決」。言整夜坐而不能自決，故召其友而告之也。

（21）却而自歿

舊校：「却」一作「退」。

按：俞樾曰：「古人每借歿爲刎，歿即歾之或作體也。《高義篇》『歿頭乎王廷』，歿亦當爲刎。」陳奇猷引王念孫說，謂「歿」、「歾」讀爲刎。其說是也，《御覽》卷 387 引作「退而自刎」，又卷 400、437 引作「退而自殺」。

《高義》校補

（1）君子之自行也，動必緣義，行必誠義

舊校：「自」一作「爲」。

按：陳奇猷謂「自」字是，曰：「自猶言獨自。」陳說「自」不必改，是也，但未得其義。自，猶所也〔註 27〕。本書《必己》：「君子之自行也，敬人而不必見敬，愛人而不必見愛。」亦作「自」字。謝德三曰：「自，自己。」〔註 28〕非是。譚戒甫曰：「《禮・經解》：『故衡誠縣。』注：

〔註 26〕 此趙家棟博士說。
〔註 27〕 參見裴學海《古書虛字集釋》，中華書局 1954 年版，第 693 頁。
〔註 28〕 謝德三《〈呂氏春秋〉虛詞用法詮釋》，文史哲出版社 1977 年版，第 145 頁。

『誠，猶審也。』」高亨曰：「誠當讀成。」陳奇猷謂「高說義長」。譚氏所引《禮》之「誠」，是表態副詞，不當。「誠」當讀如字，信也。緣義，謂緣於義。誠義，謂誠於義。皆省介詞。

（2）孔子見齊景公，景公致廩丘以為養，孔子辭不受

按：致，《說苑‧立節》同，《家語‧六本》作「置」。置，讀為致。

（3）翟度身而衣，量腹而食

舊校：「量」一作「裹」。

按：許維遹曰：「《墨子》亦作『量』字。」陳奇猷曰：「量亦度也。」《文子‧九守》：「量腹而食，度形而衣。」《淮南子‧俶真篇》、《精神篇》同，《御覽》卷 431 引《文子》「形」作「身」。《南史‧宗測傳》：「量腹而進松術，度形而衣薜蘿。」《墨子》道藏諸本作「罝」，亦誤字，吳毓江謂「俗字」〔註29〕，非是。

（4）比於賓萌，未敢求仕

高誘注：賓，客也。萌，民也。

按：賓萌，《墨子‧魯問》作「群臣」。求，《冊府元龜》卷 785 作「言」。孫詒讓曰：「氓指新民也，氓古文作萌。」〔註30〕朱駿聲曰：「萌，叚借為甿。」又曰：「自彼來此之民曰氓。與甿義別。《說文》：『甿，田民也。』」〔註31〕楊樹達曰：「萌，假為氓。《說文》：『氓，民也。』」陳奇猷曰：「此假賓為民。」「民」、「萌」、「氓」、「甿」一聲之轉，分言有別，渾言無別。合言之則曰「民氓」、「民萌」、「民甿」。陳氏讀賓為民，非是，高注不誤。《莊子‧徐無鬼》：「徐無鬼見武侯，武侯曰：『先生居山林，食芋栗，厭葱韭，以賓寡人久矣。』」《釋文》引李頤曰：「賓，客也。」「賓萌」音轉又作「賓孟」，《荀子‧解蔽》：「昔賓孟之蔽者，亂家是也。」俞樾曰：「『賓孟之蔽』句正與上文『人君之蔽』、『人臣之蔽』相對，所云賓孟，殆非周之賓孟，且非人名也。孟當讀為萌，孟與明古音相近，故孟可為萌。猶孟豬之為明都，孟津之為盟津也。《呂氏》高注云云。所謂賓萌者，蓋當時有此稱。戰國時遊

〔註29〕 吳毓江《墨子校注》，中華書局 1993 年版，第 753 頁。
〔註30〕 孫詒讓《周禮正義》，中華書局 1987 年版，第 1167 頁。
〔註31〕 朱駿聲《說文通訓定聲》，武漢市古籍書店 1983 年版，第 920、912 頁。

士往來諸侯之國，謂之賓萌。」〔註32〕

(5) 越王不聽吾言，不用吾道，而受其國，是以義翟也

舊校：「受」一作「愛」。「是」一作「道」。

按：一本並誤。「受」字是，下文「今可得其國，恐虧其義而辭之」，「得」
與「受」相應。《墨子‧魯問》作「則是我以義耀也」，《冊府元龜》卷
785作「是非義翟也」。畢沅曰：「此『翟』字訛。『耀』字無攷，當是
『耀』字之誤。」洪頤煊曰：「『翟』、『耀』皆『耀』字之訛。言我以
義炫耀於人。」文廷式曰：「《墨子》誤，當從《呂覽》，義讀如《尚書》
『鴟義』之義，後世以養子爲義子，即此意。」〔註33〕許維遹曰：「畢
說是。《爾雅》：『耀，賣也。』」許說本於孫詒讓，孫氏且云：「義翟，
亦當爲『義耀』。」〔註34〕陳奇猷曰：「『翟』字不誤，當讀『交易』
之易。洪改、畢改殊失古意。」明刊本《墨子》作「耀」，吳毓江從寶
曆本作「糴」〔註35〕。「糴」是穀名，非其誼。余謂翟、耀並讀爲耀，
《說文》：「耀，一曰嬈也。」又「嬈，一曰耀也。」《廣韻》：「耀，耀
嬈，不仁。」《冊府》改「以」作「非」，則以「翟」爲墨子之名，雖
通，非其舊。

(6) 秦之野人，以小利之故，弟兄相獄，親戚相忍

按：楊樹達曰：「獄，謂相告以罪名。」陳奇猷申其說。考本書《明理》：
「父子相忍，弟兄相誣。」疑「獄」是「誣」之誤，輕侮也。《鹽鐵
論‧周秦》：「父子相背，兄弟相嫚。」嫚亦輕侮之義。本書《節喪》：
「野人之無聞者，忍親戚兄弟知交以求利。」與此所言同指一事。

(7) 不復於王而遁

高誘注：復，白也。遁，走也。

按：《渚宮舊事》卷2同，《說苑‧立節》作「不復於君，黜兵而退」。「退」
是「遁」誤，下文云「將軍之遁也」、「遁者無罪」、「效臣遁」，《說苑》

〔註32〕俞樾《荀子平議》，收入《諸子平議》卷14，上海書店1988年版，第276～
277頁。
〔註33〕文廷式《純常子枝語》卷15，收入《續修四庫全書》第1165冊，上海古籍出
版社2002年版，第214頁。
〔註34〕孫詒讓《墨子閒詁》，中華書局2001年版，第475頁。
〔註35〕吳毓江《墨子校注》，中華書局1993年版，第753頁。

同，與此相應〔註36〕。

（8）子囊曰：「遁者無罪，則後世之為王者將（將者），皆依不利之名而效臣遁。」

按：依，《渚宮舊事》卷2、《冊府元龜》卷739同，《說苑・立節》誤作「入」。效，《說苑》、《舊事》同，《冊府》誤作「赦」。

（9）若是則荊國終為天下撓

高誘注：撓，弱也。

按：宋邦乂本注「弱」誤作「搦」。朱駿聲曰：「撓，叚借爲橈。」〔註37〕馬敘倫曰：「撓當作橈，或借爲趫，《說文》曰：『行輕也。』」陳奇猷曰：「依高注，則字當作橈，《說文》：『弱，橈也。』但經傳多借撓爲之。故《說苑・立節》作『弱』。」《冊府元龜》卷739「撓」誤作「笑」。馬氏後說殊誤，趫訓行輕，指行動輕捷，非其誼也。

（10）荊昭王之時，有士焉，曰石渚。其為人也，公直無私，王使為政廷，有殺人者，石渚追之，則其父也

按：畢沅改「廷」作「道」，以「道有殺人者」句，云：「廷，《新序》同，皆誤也。今從《外傳》、《史記》作『道』。」王利器從其說。陳奇猷曰：「『政廷』當作『廷理』，係楚國執法之官。」當以「廷有殺人者」句，《書鈔》卷37引作「政廷」，《渚宮舊事》卷2同，是唐人所見，並同今本。《韓詩外傳》卷2作「王使爲理，於是道有殺人者」，《新序・節士》作「王使爲理，於是廷有殺人者」，《史記・循吏傳》作「石奢者，楚昭王相也……行縣，道有殺人者」，《冊府元龜》卷617作「昭王使爲理，於是廷有殺人者」。《外傳》之文，《御覽》卷438引作「王使爲理，於是有殺人者」。《新序》之文，《書鈔》卷53引作「楚昭王使爲廷理，有殺人者」，「廷」字誤倒在上；《類聚》卷49引作「王使爲理，於是廷尉有殺人者」，「尉」字衍文；《御覽》卷231引作「石奢爲理，有殺人者」。作「爲政」是泛指，作「爲理」是專指。「理」指理官，亦稱作「大理」。古書亦作「李」字，《漢書・胡建傳》載「《黃帝李法》」，銀雀山

〔註36〕 參見向宗魯《說苑校證》，中華書局1987年版，第87頁。
〔註37〕 朱駿聲《說文通訓定聲》，武漢市古籍書店1983年版，第303頁。

漢簡《守法十三篇‧李法》：「李主法。」《書鈔》引「殺人」作「殺人首」。

（11）以父行法，不忍；阿有罪，廢國法，不可

按：不可，《渚宮舊事》卷 2 作「不敢」。

（12）不去斧鑕，歿頭乎王廷

按：王念孫曰：「歿猶刎也。《韓詩外傳》卷 2、《新序‧節士篇》並作『刎頭』。」〔註38〕俞樾、許維遹說同。馮振曰：「『頭』疑當作『頸』，形近而誤。《上德篇》『還歿頭前於孟勝』，與此同誤。」〔註 39〕陳奇猷曰：「『歿』與『刎』同。」歿頭，《渚宮舊事》卷 2、《冊府元龜》卷 617 亦作「刎頸」，《史記‧循吏傳》作「自刎」。頭，當讀為脰。馮振未達通借。《公羊傳‧文公十六年》何休注：「殺人者刎頭。」《釋文》：「頭，如字，本又作脰，音豆。」《儀禮‧士虞禮》：「取諸脰膉。」鄭玄注：「古文脰膉為頭嗌也。」《淮南子‧修務篇》：「決腹斷頭。」《戰國策‧楚策　》作「斷脰決腹」，鮑注：「脰，項也。」《說文》：「脰，項也。」《玉篇》：「脰，頸也。」《釋名》：「咽，咽物也……青、徐謂之脰，物投其中，受而下之也；又謂之嗌，氣所流通，阨要之處也。」是「脰」指頸項或咽喉。《穀梁傳‧僖公十年》：「刎脰而死。」《釋文》：「脰，音豆，頸也。」正作本字「脰」。《說苑‧奉使》：「念思非不能拔劍刎頭、腐肉暴骨於中野也。」亦讀為「刎脰」。

《上德》校補

（1）故古之人，身隱而功著，形息而名彰

高誘注：身沒於前，名明於後世。

按：陳奇猷曰：「高非也。息，寧靜也。形息猶言形性寧靜也。」高注不

〔註38〕 王念孫《呂氏春秋校本》，轉引自張錦少《王念孫〈呂氏春秋〉校本研究》，《漢學研究》第 28 卷第 3 期，2010 年出版，第 316 頁。王氏《荀子雜志》亦云：「歿頭即刎頭也。」收入《讀書雜志》卷 11，中國書店 1985 年版，本卷第 57 頁。

〔註39〕 馮振《呂氏春秋高注訂補（續）》，《學術世界》第 1 卷第 10 期，1935 年版，第 91 頁。聞一多《璞堂雜業‧呂氏春秋》校《上德》「還」作「遂」，收入《聞一多全集》卷 10，湖北人民出版社 1994 年版，第 456 頁。

誤。本書《適威》云「身已終矣，而後世化之如神」，即「形息而名彰」之誼。

（2）舜其猶此乎

舊校：「此」一作「上」。

按：一本誤。《路史》卷 21 作「舜其由此乎」。

（3）孟勝曰：「受人之國，與之有符。今不見符，而力不能禁，不能死，不可。」

按：陶鴻慶乙「有」於「不能死」上，讀爲「又」。陳奇猷謂陶說非是，解爲「有符契之約」。陳說亦非。聞一多曰：「陶說非也。『有』、『以』古聲同通用（見《古書虛字集釋》）。」〔註40〕聞說是。

《用民》校補

（1）今外之則不可以拒敵，內之則不可以守國，其民非不可用也，不得所以用之也

按：《御覽》卷 271 引上二句作「外之不可以距敵，內之不得以守固」。今本「國」爲「固」形誤。銀雀山漢簡《尉繚子》：「故迺可以守固，〔口口口〕戰勝。」宋本《尉繚子·兵談》作「則內可以固守，外可以戰勝」。「迺」讀爲「內」〔註41〕。

（2）不得所以用之，國雖大，勢雖便，卒無眾，何益

按：陳奇猷曰：「『無』與『彌』通。彌，甚也。」宋邦乂本、四庫本、百子全書本、世界書局本「無」作「雖」，《御覽》卷 271 引亦同，下文云「國雖小，卒雖少，功名猶可立」，係反面之筆。惟許維遹誤作「無」，陳氏據誤字說之，非也。本書《貴因》：「國雖大，民雖眾，何益？」《淮南

〔註40〕〔註49〕聞一多《璞堂雜業·呂氏春秋》，收入《聞一多全集》卷 10，湖北人民出版社 1994 年版，第 456 頁。所引裴學海《古書虛字集釋》，中華書局 1954 年版，第 152 頁。吳昌瑩《經詞衍釋》已有「有，猶以也」之說，中華書局 1956 年版，第 52～53 頁。

〔註41〕參見蕭旭《〈銀雀山漢墓竹簡（一）〉校補》，收入《群書校補（續）》，花木蘭文化出版社 2014 年版，第 89 頁。

子・兵略篇》:「國雖大,人雖眾,兵猶且弱也。」

（3）壹引其紀,萬目皆起;壹引其綱,萬目皆張

按:《意林》卷 2、《書鈔》卷 27 引無二「壹」字、「皆」字。

（4）闔廬試其民於五湖,劍皆加於肩,地流血幾不可止

按:可,《劉子・閱武》作「肯」。《說文》:「可,肯也。」

（5）夙沙之民,自攻其君,而歸神農;密須之民,自縛其主,而與文
王

按:與亦歸也,從也。

（6）又復取道

按:復,《治要》卷 39 引誤作「後」。

（7）君,利勢也,次官也

按:俞樾曰:「『次官』疑當作『太官』。『太』誤作『欠』,因誤作『次』。」
劉師培曰:「『次』為『羨』之挩。」章太炎曰:「次亦利也,借為佽
字。」陳奇猷謂諸說並誤,「官」為「館」本字,引《淮南子・兵略
篇》「鐏鈥牢重固植而難恐,勢利不能誘,死亡不能動,此善為充斥
者也;相地形,處次舍,治壁壘,審煙斥,居高陵,舍出處,此善為
地形者也」為證,謂此文「次官」即「次舍」。王利器從俞說,舉《子
華子・晏子問黨》「若天子者,大官也;有天下者,大器也」為證。
陳說大誤。「次舍」指軍隊駐紮,與此文無涉。俞說近之,而改字則
非。《管子・法法》:「勢利官大,無以不從也。以此事君,此所謂誣
能簒利之臣者也。」「次」謂職位、官職。句言君主掌握利勢、官職,
為臣下所希冀者。蔣禮鴻曰:「君不可謂之官。『次官』當作『便居』,
字之誤耳。」亦非是。

《適威》校補

（1）民之走之也,若決積水於千仞之谿,其誰能當之

按:陳奇猷曰:「《蕩兵》云:『民之號呼而走之,若彊弩之射於深谿也,若

積大水而失其壅隄也。」可互證。」王利器舉《淮南子‧兵略篇》「故善用兵者，勢如決積水於千仞之隄」。按皆本於《孫子‧軍形》：「勝者之戰，若決積水於千仞之谿者，形也。」

（2）《周書》曰：「民善之則畜也，不善則讐也。」

高誘注：畜，好。

　按：陳奇猷曰：「畜當訓畜養。畜雖可訓好，究嫌義隔。」畜、讐對舉，高注是也，黃生、王筠皆取高說，黃生又指出：「好音吼……好字古借用畜，畜音獸。」〔註42〕字亦作嬌、慉，《說文》：「嬌，媚也。」敦煌寫卷 P.2011 王仁昫《刊謬補缺切韻》卷4：「嬌，媚。」《廣雅》：「嬌，好也。」段玉裁曰：「嬌有媚悅之義。凡古經傳用畜字，多有為嬌之叚借者。蘇林（孟康）曰：『北方人謂眉（媚）好為詡畜。』又如《禮記》：『孝者，畜也。順於道，不逆於倫，是之謂畜。』《孟子》曰：『《詩》曰：「畜君何尤。」畜君者，好君也。』《呂覽》高注云云。《說苑》：『尹逸對成王曰：『夫民善之則畜也，不善則讎也。』又孔子曰：『夫通達之國皆人也。以道導之，則吾畜也；不以道導之，則吾讎也。』此等皆以好惡對言，畜字皆取嬌媚之義，今則無有用嬌者矣。」〔註43〕阮元曰：「《呂覽》云云。《說苑》尹逸對成王曰：『民善之則畜也。』此畜字即『玉女』玉字也。《說文》云云。孟康注《漢書‧張敞傳》云：『北方人謂媚好為詡畜。』畜與嬌通也。《禮記‧祭統》云：『孝者，畜也。』《釋名》云：『孝，好也，愛好父母，如所說好也。』是愛於君親者，皆可云畜也。畜即好也，好即玉也。畜與旭同音，故《詩》『驕人好好』，《爾雅》作『旭旭』，郭璞讀旭旭為好好。凡此皆王字加點之玉字，與畜、好相通相同之證也。」〔註44〕王念孫曰：「《說文》

〔註42〕黃生《字詁》，黃生、黃承吉《字詁義府合按》，中華書局1954年版，第30頁。王筠《說文解字句讀》，中華書局1988年版，第495頁。

〔註43〕段玉裁《說文解字注》，上海古籍出版社1981年版，第618頁。《漢書‧張敞傳》顏師古注引孟康曰：「慉音詡，北方人謂媚好為詡畜。」段氏誤記「孟康」為「蘇林」，又誤「媚」為「眉」。所引《禮記》，見《祭統篇》。所引《孟子》見《梁惠王下》。所引孔子語，見《說苑‧政理篇》，《家語‧致思》同。所引尹逸對成王語，見《淮南子‧道應篇》，《文子‧上仁》作文子問老子語，段氏亦誤記。

〔註44〕阮元《毛詩「王欲玉女」解》，《揅經室集一集》卷4，收入《叢書集成初編》

云云，孟康注《漢書·張敞傳》云云。畜與嫵通。《說文》：『媚，說也。』故媚好謂之畜，相悅亦謂之畜，又謂之好。《孟子·梁惠王篇》：『畜君者，好君也。』本承上君臣相悅而言。故趙氏注云：『言臣悅君謂之好君。』好、畜古聲相近。《祭統》、《釋名》云云。畜、孝、好，聲並相近。」〔註45〕裴學海曰：「案王說是而未盡也。《說文》：『旭讀若勗。』《詩·巷伯》《釋文》引《說文》作『旭讀若好』。《詩·燕燕篇》：『以勗寡人。』《禮記·坊記篇》引作『以畜寡人』。是好、勗、畜、旭四字，古皆同音通用。《說文》：『嫵、媚也。媚、說也。』畜訓好，謂是嫵之借字固可，而謂是好之借字，尤通。《孟子》云『畜君者，好君也』者，即以好字釋畜字。明畜君即好君。好本字，畜借字也。《呂氏》云云，《詩·谷風篇》：『能不我慉，反以我為讎。』畜、慉皆與讎對文，亦皆好之借字也。」〔註46〕諸說皆是，相合則完善矣。畜訓媚，猶言親媚、取悅。《詩·假樂》：「百辟卿士，媚于天子。」《漢書·司馬遷傳》：「日夜思竭其不肖之材力，務壹心營職，以求親媚於主上。」二例「媚」則此義。《御覽》卷382引《通俗文》：「不媚曰嬞（言畜），可惡曰嬒。」「不媚」是漢人習語〔註47〕，是「浮媚」、「嫵媚」、「娬媚」音轉。音轉又作「薄媚」，《廣韻》：「頖，頖顫，頭不媚也。」《集韻》、《五音集韻》作「頖，薄媚」。是其證。王筠曰：「『不』字或衍，或美惡不嫌同詞。」〔註48〕一說皆非是。我舊說謂「不媚」與「薄媚」不同〔註49〕，亦誤。言君主善於民則民親之，不善於民則民讎之。《商

第2198冊，中華書局1985年影印，第67頁。

〔註45〕 王念孫《廣雅疏證》，收入徐復主編《廣雅詁林》，江蘇古籍出版社1992年版，第61頁。

〔註46〕 裴學海《孟子正義補正》，《國學論叢》第2卷第2期，1930年版，第38～39頁。

〔註47〕 《易林·明夷之艮》：「鵾鵾取婦，深目窈（窅）身，折腰不媚，與伯相背。」又《復之蒙》：「鵾鵾娶婦，深目窅身，折腰不媚，與伯相背。」

〔註48〕 王筠《說文解字句讀》，中華書局1988年版，第495頁。

〔註49〕 蕭旭《敦煌賦校補》，收入《群書校補》，廣陵書社2011年版，第865頁。《說文》：「嫛，不媚，前卻嫛嫛也。」《繫傳》：「嫛，乍進乍退，無姿製也。」P.2011王仁昫《刊謬補缺切韻》卷3、《廣韻》並云：「嫛，不媚。」指女子在人前躲閃，忽進忽退，亦是媚好的姿勢。俗作陵，亦作㑫，《篆隸萬象名義》卷9：「陵，女子態，不媚。」《廣韻》：「陵，女子態，又前卻陵媚也。」P.2011王仁昫《刊謬補缺切韻》卷5：「㑫，女子態。」

子‧弱民》：「民善之則親，利之用則和。」是其確證。《治要》卷 45
引《政論》：「夫民善之則畜，惡之則讎。」皆足以印證。陳氏誤以爲
是君畜養其民，未達厥誼。

（3）務除其災，思致其福

按：蔣維喬等曰：「《治要》、《御覽》卷 602 無『思』字。」《御覽》見卷 620，
蔣氏誤記。「思」是「事」音誤，事亦務也〔註 50〕。《韓子‧解老》：「務
致其福，則事除其禍。」

（4）若璽之於塗也，抑之以方則方，抑之以圜則圜

按：徐時棟曰：「按今日印泥，塗猶泥也。」〔註 51〕許維遹曰：「《淮南‧齊
俗篇》云：『若璽之抑埴，正與之正，側與之側。』許注云：『埴，泥也。』」
《淮南》「側」作「傾」，許氏誤記。《御覽》卷 620 引「圜」作「圓」，
餘同；又卷 682 引作「印方則方，印圓則圓」。二「抑」字，孔本《書
鈔》卷 27 引同，又卷 131 引作「仰」，陳本二卷並作「印」；《六書故》
卷 29「印」字條引作「印」。王利器謂「印」是「抑」誤。「仰」亦是
「抑」形譌〔註 52〕。《文苑英華》卷 514 鄭璐《獻賢能書判對》：「既受
其法，如璽印塗；將教所理，猶金在鑄。」上句顯用本書之典〔註 53〕，
字亦誤作「印」。

（5）若五種之於地也，必應其類，而蓄息於百倍

按：本書《用民》：「夫種麥而得麥，種稷而得稷，人不怪也。」此即「應其
類」之說也。

（6）驟戰而驟勝

高誘注：驟，數也。

按：陳奇猷曰：「《韓詩外傳》、《淮南》、《新序》並作『數』。案數又與速通，

〔註 50〕參見蕭旭《淮南子校補》，花木蘭文化出版社 2014 年版，第 85～86 頁。
〔註 51〕徐時棟《煙嶼樓讀書志》卷 15，收入《續修四庫全書》第 1162 冊，上海古籍
　　　　出版社 2002 年版，第 586 頁。
〔註 52〕參見《書鈔》卷 27 孔廣陶校語，收入《續修四庫全書》第 1212 冊，上海古
　　　　籍出版社 2002 年版，第 136 頁。
〔註 53〕下句典出《漢書‧董仲舒傳》：「夫上之化下，下之從上，猶泥之在鈞，唯甄
　　　　者之所爲；猶金之在鎔，唯冶者之所鑄。

然則驟與數皆速之假字，猶言速戰而速勝也，亦通。」陳氏讀爲速非是，下文云「驟戰則民罷，驟勝則主驕」，速戰不致民罷，故高注不誤。《鹽鐵論・論功》：「戰勝而不休，身死國亡者，吳王是也。」此言不休，尤爲數讀如字之切證。《文子・道德》：「夫甌戰而數勝者，則國必亡。甌戰則民罷，數勝則主驕。」甌亦數也。

（7）東野稷以御見莊公，進退中繩，左右旋中規

按：《莊子・達生》同。《御覽》卷 746 引《莊子》作「進退中繩，周旋中規」，《嬾眞子》卷 5 引《莊子》作「進退中繩，左右旋中矩」。「左右旋中規」當補作「左右旋〔中矩，周旋〕中規」，今本脫四字。《莊子・徐無鬼》：「吾相馬，直者中繩，曲者中鉤，方者中矩，圓者中規，是國馬也。」左右旋即折旋，指轉彎，即指「方者中矩」而言。周旋即指「圓者中規」而言。《禮記・玉藻》：「周還中規，折還中矩。」《釋文》：「還，音旋，本亦作旋。」《說苑・辨物篇》：「行步中規，折旋中矩。」《中論・法象》：「周旋中規，折旋中矩。」

（8）以爲造父不過也，使之鉤百而少及焉

高誘注：不達也。

按：孫鏘鳴曰：「《莊子・達生篇》作『使之鉤百而反』，《釋文》：『司馬云：「稷自矜其能圜而驅之，如鉤復跡，百反而不知止。」』」章太炎曰：「『百』即『阡陌』之陌字。鉤百謂盤旋陌上一周也。」馬敍倫曰：「『鉤百』即《左傳二十八年傳》『距躍三百』之『距百』。杜注：『距躍，超越也。』《說文》：『距，一曰超距。』百者，超之省，《玉篇》云『走貌』。則距百猶躍走也。」金其源曰：「高注『不達也』，非善御之謂。鉤，規也。《莊子》司馬云云。然則『鉤百』者，循環百次也。『少及』者，少選輒及也。」陳奇猷曰：「諸說皆未得。『及』當從《莊子》作『反』。『鉤百』即『奏百』，亦即『走百』、『趨百』，義爲趨走百里。『少』爲『少頃』之省。《史記・叔孫通傳》：『臚句傳。』《索隱》：『蘇林曰：「上傳語告下爲臚，下傳語告上爲句。」』下傳語告上正是『奏』字之義，明『臚句』即『臚奏』矣。高注『不達』者，謂不通達此文之義也。高誘質樸，於所不知，直言『不達』。」徐仁甫曰：「『及』爲『反』字之誤。」王利器曰：「百讀爲趙，《廣韻》：『趙，趨越。』……『鉤百』

即「鉤趎」也。鉤、奏、趨，俱一聲之轉也。」司馬彪說是，金其源解「鉤百」爲循環百次，陳奇猷、徐仁甫謂「及」當作「反」，皆是也，餘說皆誤。此文當據《莊子》校正，「少」字衍文。「鉤」即「規」，指周旋中規而言。「鉤百」指馬周旋百次，轉了一百個圈子，故司馬云「圓而驅之，如鉤復跡」。《左傳》「距躍三百」，距踊，直跳也，今言跳高；「百」借爲「騫」，俗作超、趠、趱，越也，跳也，用爲動量詞。距躍三百，是說直跳了三百跳〔註 54〕。馬敘倫引之，殊爲失當。高注「不達」者，是解釋「少及」，高氏所見本已誤。此注「不達」，不是表示高氏不解其義。陳奇猷讀鉤爲奏，無據。所引《史記》「臚句」，「臚句」是「果臝」轉語，程瑤田曰：「臚句，形聲相轉；匈奴山名『盧朐』（見《武帝紀》），則又言其形矣。」〔註 55〕

（9）煩爲教而過不識

高誘注：過，責。識，知。

按：《莊子·則陽》作「匿爲物而愚不識」，《釋文》：「愚，一本作遇。」俞樾謂「遇」是「過」形誤〔註 56〕。

（10）子陽極也好嚴，有過而折弓者，恐必死，遂應獗狗而弑子陽

高誘注：子陽，鄭君也，一曰鄭相也。好嚴猛，於罪刑無所赦。家人有折弓者，恐誅，因國人有逐狡狗之擾，而殺子陽。

按：「應」當作「因」，高注可證。本書《首時》：「鄭子陽之難，獗狗潰之；齊高國之難，失牛潰之。眾因之以殺子陽、高國。」《淮南子·氾論篇》：「鄭子陽剛毅而好罰，其於罰也，執而無赦，舍人有折弓者，畏罪而恐誅，則因獗狗之驚以殺子陽。」亦皆作「因」字。獗，字亦作瘛、狾、猘、喇、狛，謂狂犬，其語源是「趨」，取跳走爲義〔註 57〕。注「狡」，《廣韻》：「狡，狂也。」王利器曰：「『狡』當作『狂』，形近之誤也。」非是。

〔註 54〕 參見蕭旭《「蝗蟲」名義考》，收入《群書校補（續）》，花木蘭文化出版社 2014年版，第 2187～2188 頁。

〔註 55〕 程瑤田《果臝轉語記》，收入《續修四庫全書》第 191 冊，上海古籍出版社 2002年版，第 523 頁。

〔註 56〕 俞樾《莊子平議》，收入《諸子平議》卷 19，中華書局 1954 年版。第 375 頁。

〔註 57〕 參見蕭旭《〈爾雅〉「獒㺄」名義考》，收入《群書校補（續）》，花木蘭文化出版社 2014 年版，第 1825～1826 頁。

（11）周鼎有竊，曲狀甚長，上下皆曲，以見極之敗也

　　　高誘注：未聞。

　　　舊校：「竊」一作「窮」。

　按：孫鏘鳴曰：「『竊』未詳何物。『有』必是『著』之誤。」金其源曰：「竊
　　　之轉訓爲缺。謂周鼎有缺文。」陳直曰：「竊一本作窮是也。窮，
　　　極也。謂周鼎之三層紋，曲折之狀，圍遶甚長也。」聞一多曰：「『竊』當從
　　　一本作『窮』。『曲』當爲『回』。窮回即窮奇，一曰康回……疑窮奇亦
　　　蚼犬之類，或竟同物。蚼之言鉤也，其狀鉤曲，故名。」〔註58〕陳奇
　　　猷曰：「孫謂『有』爲『著』之誤，是。舊以『竊曲』爲讀，誤。『竊』
　　　乃『离』之重文。《說文》：『离，蟲也。』舊校云『竊一作窮』，是以
　　　『窮曲』爲讀。曲、奇雙聲，窮曲即窮奇。窮奇在書傳中有三說：（a）
　　　國名。（b）如虎形之神。（c）狀如牛之獸。第一義爲國名，顯與此文
　　　不合。第二、三義如虎、如牛皆不長不曲，亦不合。明『窮』字必是
　　　誤文。」王利器亦謂「竊」借爲「离」。孫、陳校「有」爲「著」叵從。
　　　舊校作「窮曲」小是。「窮曲」即「窮奇」轉音。陳氏所列「窮奇」三
　　　說，是其具體所指，故皆與本書不合。「窮奇」取義於險惡，故惡神、
　　　惡人、惡獸、惡地皆得稱爲「窮奇」，雖所指各異，而語源則同。此文
　　　則指貪食之獸，字亦作「豹埼」〔註59〕。

《爲欲》校補

（1）誠無欲，則是三者不足以勸

　　　高誘注：勸，樂也。

　按：蔣維喬等曰：「《御覽》卷 625『勸』作『動』。」陳奇猷曰：「『勸』與
　　　下文『禁』對文。『動』字誤。高訓勸爲樂，亦非。」景宋本《御覽》
　　　卷 625 引作「勸」，蔣氏乃據誤本。王利器曰：「由《御覽》所引，則注
　　　文當作『勸，動也』，『動』爲『勉』字形近之誤。」據誤本因生誤說，
　　　而失檢不誤之宋本。高誘訓樂者，蓋所見本誤作「歡」。

〔註58〕聞一多《璞堂雜業・呂氏春秋》，收入《聞一多全集》卷10，湖北人民出版社
　　　　1994 年版，第 457 頁。
〔註59〕參見蕭旭《「窮奇」名義考》，收入《群書校補（續）》，花木蘭文化出版社 2014
　　　　年版，第 2195～2202 頁。

（2）會有一欲，則北至大夏，南至北戶，西至三危，東至扶木，不敢
　　亂矣

　　　　高誘注：亂，猶難也。

　按：「亂」疑「辭」形誤，猶言推辭，故高注訓難也。陳奇猷解爲「不敢爲
　　　亂」，非是。不敢，猶言不肯、不願〔註60〕。

（3）晨寤興，務耕疾庸，糢爲煩辱，不敢休矣

　　　　高誘注：糢，古耕字。

　按：畢沅曰：「上既云『務耕疾庸』，則糢必非耕字。又似屬下句，闕疑可
　　　也。」梁玉繩曰：「《廣雅》：『糢，耕也。』《五音集韻》作『穤』，疑
　　　與『糢』是一字。然上下必有脫文。」惠棟亦引《廣雅》說之。于鬯
　　　曰：「此文本作『務糢疾庸』，故解云『糢，古耕字』。庸讀爲傭。」譚
　　　戒甫曰：「此疑讀三字爲句，中有譌衍字耳。此或作『晨寤興，疾庸糢，
　　　爲煩辱』。《爾雅》：『庸，勞也。』疏：『謂勞苦。』辱，『耨』省。《說
　　　文》：『耨，薅器也。』則『庸糢』、『煩辱』義正一貫。」蔣禮鴻曰：「『糢
　　　古耕字』疑爲後人校語，非必高注舊文。糢當爲粗之異文，即耒粗之
　　　粗。又《說文》以梩爲粗之或體，則糢又或梩字形近之誤。檢許氏《集
　　　釋》，曰：『王念孫校本，改注糢古粗字。』今存之。」〔註61〕王利器
　　　謂「糢」必「穤」之誤無疑，又謂「庸」讀爲「傭」，以「務耕疾庸穤
　　　爲煩辱」爲句。陳奇猷曰：「『糢』字當連下『爲煩辱』爲讀。『糢』即
　　　『分異』之初文。《釋名》：『異者，異於常也。』即今語所謂『特殊』。
　　　『爲』有役作之意。『煩辱』係古人恒言，有勞苦之義。務，專力也。
　　　疾亦力也。庸，蓋即勞作之意。高誘不識『糢』字，誤以爲『穤』，因
　　　謂爲古『耕』字。」譚說全誤，陳氏得其句讀，解「煩辱」及「務」、
　　　「力」、「庸」亦是，餘說則誤。糢，讀爲翼，謹敬也。言謹爲煩辱勞
　　　苦之事，故云不敢休矣。亦借廙字爲之，《玉篇》：「廙，謹敬也，亦作
　　　翼。」《廣韻》：「廙，恭也，敬也。」

（4）逆而不知其逆也，湛於俗也，久湛而不去則若性

〔註60〕參見蕭旭《古書虛詞旁釋》，廣陵書社 2007 年版，第 131〜132 頁。
〔註61〕蔣禮鴻《義府續貂》，收入《蔣禮鴻集》卷2，浙江教育出版社 2001 年版，第
　　　65〜66 頁。

按：陳奇猷曰：「湛讀爲淫。」《說文》：「湛，沒也。」字亦作沈。言沈溺於俗世。《淮南子‧齊俗篇》：「人之性無邪，久湛於俗則易，易而忘本，合於若性。」此文「則」下脫「合於」而字《文子‧道原》、《下德》作「即合於若性」，亦可證。《史記‧滑稽傳》：「（東方朔）據地歌曰：『陸沈於俗。』」

（5）無以去非性，則欲未嘗正矣。欲不正，以治身則夭，以治國則亡

按：《淮南子‧齊俗篇》：「夫縱欲而失性，動未嘗正也，以治身則危，以治國則亂，以入軍則破。」《文子‧下德》作「夫縱欲失性，動未嘗正，以治生則失身，以治國則亂人」，《文子‧道原》作「夫人從欲失性，動未嘗正也，以治國則亂，以治身則穢」。「動」當作「欲」，「危」、「夭」當作「失」，皆字之誤也。

（6）性異非性，不可不熟

按：王念孫改「異」作「與」〔註62〕。孫鏘鳴曰：「『異』疑『與』。」陶鴻慶說同孫氏，陳奇猷從其說，謂「二字易誤」。「異」讀爲「與」，上古之、魚二部可通〔註63〕，不必改字。

（7）聖王執一，四夷皆至者，其此之謂也

按：王念孫曰：「至讀爲質，與『一』爲韻。」〔註64〕陳奇猷曰：「《用民》云：『壹引其紀，萬目皆起；壹引其綱，萬目皆張。爲民綱紀者何也？欲也，惡也。』即此文所謂『一』者，蓋指『綱紀』也。」陳說非是，本書有《執一篇》，陳氏彼注：「一者道也。」則得之。

（8）執一者至貴也，至貴者無敵

按：「執」字衍文。《淮南子‧齊俗篇》：「夫一者至貴，無適（敵）於天下。」《文子‧下德》同。本書《圜道》：「一也齊（者）至貴。」〔註65〕亦無

〔註62〕 王念孫《呂氏春秋校本》，轉引自張錦少《王念孫〈呂氏春秋〉校本研究》，《漢學研究》第28卷第3期，2010年出版，第316頁。
〔註63〕 例證詳見蕭旭《「首鼠兩端」解詁》，收入《群書校補（續）》，花木蘭文化出版社2014年版，第2255頁。
〔註64〕 王念孫《呂氏春秋校本》，轉引自張錦少《王念孫〈呂氏春秋〉校本研究》，《漢學研究》第28卷第3期，2010年出版，第316頁。
〔註65〕 《文選‧雜體詩》李善注引作「一也者至貴也」。

「執」字，另詳彼篇校補。

（9）群狗相與居，皆靜無爭，投以炙雞，則相與爭矣

　　高誘注：炙雞，狗所欲之，故鬪爭之。

按：丁聲樹曰：「正文及注『炙雞』當作『雞炙』。炙與跖通，雞足跖也。」
　　陳奇猷曰：「丁說雖辯，但此作『炙雞』自可通。」陳說是，《御覽》卷
　　625、《黃氏日抄》卷 56 引同今本。

（10）七日而原不下

　　高誘注：下，降。

按：下，《韓子·外儲說左上》同，《左傳·僖公二十五年》、《國語·晉語四》、
　　《淮南子·道應篇》、《新序·雜事四》作「降」。下文「原將下矣」，同。

《貴信》校補

（1）故信之為功大矣

按：功，《御覽》卷 430 引誤作「政」。

（2）信立則虛言可以賞矣，虛言可以賞，則六合之內皆為己府矣

按：虛言可以賞，謂不必以實物賞賜，故云六合之內皆為己府也。陳奇猷讀
　　賞為償，解為「賠償」、「兌現」，非是。

（2）天行不信，不能成歲；地行不信，草木不大

　　舊校：下「行」一作「安」。

按：蔣維喬等曰：「《御覽》卷 19『地行』作『地安』，又卷 430『大』作
　　『茂』。」《御覽》卷 19、430 引作「地安」，又卷 19 引「大」作「茂」，
　　卷 430 引仍作「大」，蔣氏誤記。

（3）春之德風，風不信，其華不盛，華不盛，則果實不生

　　高誘注：在木曰果，在地曰蓏。

按：德，《演繁露》卷 1 引作「得」。其華不盛，《緯略》卷 6、《說郛》卷
　　23 引袁桷《澄懷錄》引作「則花不成」，《演繁露》卷 1 引作「則其花
　　不成」。《書鈔》卷 154 引作「春之德風，風不信，則果寔不成」。《劉

子‧履信》：「故春之得風，風不信，則花萼不茂，花萼不茂，則發生之德廢。」即本此文。得，讀爲德。譚戒甫曰：「據注，疑正文『果實』本作『果蓏』。」陳奇猷引《仲夏》「果實早成」以證此文不誤。陳說是也，《御覽》卷 19 引同今本，《書鈔》引作「果寔（實）」，皆足證其說。

（4）夏之德暑，暑不信，其土不肥，土不肥，則長遂不精

　　高誘注：遂，成也。

　按：遂，育也。《劉子‧履信》：「夏之得炎，炎不信，則草木不長，草木不長，則長嬴之德廢。」即本此文。

（5）秋之德雨，雨不信，其穀不堅，穀不堅，則五種不成

　　高誘注：堅，好。成，熟也。

　按：《劉子‧履信》：「秋之得雨，雨不信，則百穀不實，百穀不實，則收成之德廢。」即本此文。

（6）冬之德寒，寒不信，其地不剛，地不剛，則凍閉不開

　　高誘注：不開，氣不通也。

　按：王念孫曰：「『開』當爲『關』，注同。」〔註66〕俞樾曰：「《孟冬紀》曰：『孟冬行春令，則凍閉不密。』疑此文『開』字亦『密』字之誤。高注本已誤。」孫詒讓曰：「俞校是也。但『開』當爲『閟』，即『密』之假字。」蔣維喬等曰：「《御覽》卷 430 作『冬寒不信，其地不閉』，與今本文義爲背。俞說甚是，則《御覽》引文旨甚當，但俞氏校『開』爲『密』則非也。孫詒讓云云，甚是。《書鈔》卷 156、《御覽》卷 27 引俱作『凍閉不開』，則唐、宋時已有誤矣。」楊樹達曰：「盛、生、精、成，古青部韻。『開』字不爲韻，《呂》書往往有此。」陳奇猷曰：「『開』字本從开聲，开隸青部，故《呂氏》以開與盛、生、精、成相協。楊氏失之未考。冬凍甚則地剛，地剛則開坼，若凍不甚則地不開坼，故此文云然。」《御覽》卷 37 引亦作「凍閉不開」。《書鈔》卷 156 引「不信」上有「生」字，孔廣陶謂今本脫〔註67〕，非是。《書鈔》

〔註66〕 王念孫《呂氏春秋校本》，轉引自張錦少《王念孫〈呂氏春秋〉校本研究》，《漢學研究》第 28 卷第 3 期，2010 年出版，第 316 頁。

〔註67〕 《書鈔》卷 156 孔廣陶校語，收入《續修四庫全書》第 1213 冊，上海古籍出版社 2002 年版，第 114 頁。

卷 156、《御覽》卷 27、37 引二「剛」上有「成」字;《御覽》卷 430 引作「多寒不信,其地不閉」,「閖」是「閉」俗字。《禮記·月令》:「孟冬行春令,則凍閉不密,地氣上泄。」本書《孟冬紀》、《淮南子·時則篇》「上泄」作「發泄」,餘同。孔疏:「凍閉不密,地氣上泄,地災也。」寒信,則其地剛,凍閉堅密,地氣不上泄;反之,寒不信,則其地不剛,凍閉不堅密,地氣上泄。《爾雅》:「春爲發生,夏爲長嬴,秋爲收成,冬爲安寧。」冬之德寒,取其安寧,地氣不上泄。《劉子·履信》:「冬之得寒,寒不信,則水土不堅,水土不堅,則安靜之德廢。」即本此文。此文自當從孫校,陳氏以開坼說之,地開坼則地氣上泄,豈冬之德乎?《說文》:「開,張也,從門,從开。閛,古文開。」段玉裁曰:「一者,象門閉。從収者,象手開門。」〔註68〕楊樹達曰:「按古文從一從収。一者,象門關之形。『關』下云『以木橫持門戶』,是也。從収者,以兩手取去門關,故爲開也。小篆變古文之形,許君遂誤以爲從开爾。」季旭昇取楊說〔註69〕。其字從収得聲〔註70〕,不從开得聲,「収」隸變作「廾」,因與「一」誤合作「开」。陳氏誤考。

(7)百工不信,則器械苦僞,丹漆染色不貞

高誘注:貞,正也。

按:《御覽》卷 430 引「貞」作「眞」,無「染色」二字。王念孫曰:「苦,讀爲盬。」〔註71〕王志平曰:「銀雀山竹簡《王兵篇》云:『官府毋(無)長,器戒(械)苦俴(窳),朝廷無正,民幸生。』與此對應的是《管子》的兩段文字。《管子·七法》:『官無常,下怨上而器械不功;朝無政則賞罰不明,賞罰不明則民幸生。』又《管子·兵法》:『官無常則下怨上,器械不巧則朝無定,賞罰不明則民輕其產。』其中對應簡文『器戒(械)苦俴(窳)』的分爲『器械不功』和『器械不巧』,恐以『不功

〔註68〕段玉裁《說文解字注》,上海古籍出版社 1981 年版,第 588 頁。

〔註69〕楊樹達《釋「開」、「關」、「閉」》,收入《積微居小學述林》卷 3,中華書局 1983 年版,第 83 頁。季旭昇《說文新證》,福建人民出版社 2010 年版,第 871 頁。

〔註70〕另參見何琳儀《戰國古文字典》,中華書局 1998 年版,第 775 頁;又參見黃德寬主編《古文字譜系疏證》,商務印書館 2007 年版,第 2928 頁。二氏說與楊樹達同,而皆不引楊說,未知何故?

〔註71〕王念孫《呂氏春秋校本》,轉引自張錦少《王念孫〈呂氏春秋〉校本研究》,《漢學研究》第 28 卷第 3 期,2010 年出版,第 316 頁。

（工)』爲正。整理小組注云：『「苦伇」當讀爲「苦窳」，意爲不精緻，與《管子》之「不功」同義。』……『伇』字簡文與『偽』形近。『苦偽』顯係『苦伇』之誤，當讀爲『苦窳』或『苦瓜』，苦窳即粗劣、不精巧之意。」〔註72〕余謂「苦偽」不是誤字，《御覽》卷430引仍作「苦偽」。陳奇猷引《季夏紀》「莫不質良，勿敢偽詐」以明此文，是也，亦可見「偽」字不誤。「苦」謂器物不牢固，王念孫說是也；「偽」指器物不眞，今稱作假貨。「偽」古音讀如訛，音轉則作鴈，俗字作贋、傄、諺、嗁、彥。蔣斧印本《唐韻殘卷》：「贋，偽物，又作傄。」〔註73〕「苦偽」與「苦伇」義近，不煩改字。《類聚》卷22引魏・阮瑀《文質論》：「麗物苦偽，醜器多牢。」〔註74〕

（8）以此治人，則膏雨甘露降矣，寒暑四時當矣

高誘注：當，猶應也。

按：治，《御覽》卷430引作「君」。馮振曰：「當，正也。高注未切。」〔註75〕

（9）莊公左搏桓公，右抽劍以自承

高誘注：承，佐也。

按：梁履繩曰：「注非也。《左氏昭二十一年傳》：『子皮承宜僚以劍。』《哀十六年傳》：『承之以劍。』杜注云：『拔劍指其喉。』」朱駿聲申高注，云：「承，叚借爲丞。」〔註76〕陳奇猷曰：「高訓承爲佐不誤。佐，助也。此文謂莊公左手搏桓公，右手抽劍以自助。」梁說是，陳說非也。何九盈申梁說，謂「承」有「指向」義〔註77〕。《管子・大匡》作「（莊公）左摵桓公，右自承」。《廣韻》：「摵，擬擊也。」字本作扰，《說文》：「扰，深擊也。」謂莊公以左手擊桓公，右手抽劍以自指。

〔註72〕王志平《〈呂氏春秋〉中的「苦偽」》，《中國語文》1999年第1期，第62～63頁。
〔註73〕參見蕭旭《韓非子校補》，花木蘭文化出版社2015年版，第115～116頁。
〔註74〕《類聚》據南宋紹興本，《記纂淵海》卷59引同，嘉靖天水胡纘宗刊本、四庫本《類聚》並誤作「若偽」。
〔註75〕馮振《呂氏春秋高注訂補（續）》，《學術世界》第1卷第10期，1935年版，第92頁。
〔註76〕朱駿聲《說文通訓定聲》，武漢市古籍書店1983年版，第65頁。
〔註77〕何九盈《詞義瑣談》，《古漢語研究》1988年第1期，第37～38頁。

（10）鈞其死也，戮於君前

　　　高誘注：鈞，等也。

　按：陳奇猷曰：「鈞，今假『均』字爲之。」《御覽》卷 430 引作「均」，《管子·大匡》同。

《舉難》校補

（1）孔子曰：「龍食乎清而游乎清，螭食乎清而游乎濁，魚食乎濁而游乎濁。」

　按：《論衡·龍虛》引孔子語：「龍食於清游於清，龜食於清游於濁，魚食於濁游於清。」〔註 78〕疑「魚」當據《論衡》，言「食乎濁游乎清」。

（2）甯戚欲干齊桓公，窮困無以自進，於是為商旅將任車以至齊

　　　高誘注：任亦將也。

　按：《淮南子·道應篇》「至」作「商」，「商」是「適」脫誤，許愼注：「任，載也。」故與此篇高說不同。《新序·雜事五》作「賃車以適齊」，「賃」是「任」借字，脫「將」字，當據此文補。畢沅曰：「注非是，與下『辟任車』不可通。《淮南·道應訓》注云：『任，載也。《詩》曰：「我任我輦。」』此則是已。」惠士奇曰：「《詩》曰：『我任我輦。』任者任車，即《牛人職》所謂牽傍，轅外輓牛，已載公任器者也。載任器，故曰任車。甯戚將任車云云。《詩》所云『我任』者，謂此車，一名牛車，即庶人之役車。康成謂負任者，高誘云任猶將也，皆失之。」〔註 79〕范耕研曰：「高此注固非，即其注《淮南》亦未是。任蓋借爲賃，《說文》：『庸也。』言爲他商賈旅人傭車，乃得至齊。」石光瑛曰：「畢校斷從《淮南》注，雖是，然《說文》：『賃，庸也。』此賃之本義。本書字作賃，若訓爲載，則是任之叚字，不如訓庸賃尤通。安知《呂子》、《淮南》不用叚字乎？（《治要》引本書亦作賃）《列女傳》云『將車宿齊東門之外』，彼上文云爲人僕，故文有不同，高誘

〔註 78〕龍谿精舍叢書本、漢魏叢書本、四庫全書本、四部叢刊本、百子全書本、世界書局本《論衡》皆作「魚食於濁游於清」，黃暉《論衡校釋》本誤作「魚食於濁游於濁」，中華書局 1990 年版，第 285 頁。

〔註 79〕惠士奇《禮說》卷 9，收入《叢書集成三編》第 24 冊，新文豐出版公司 1997 年版，第 390 頁。

殆據此而誤。」〔註80〕尚秉和曰：「《說苑》：『甯戚爲商旅，賃車以適齊。』賃者，雇也。雇即傭也。」〔註81〕王叔岷曰：「任即賃之借。」陳奇猷曰：「畢說是。『任車』係一名詞，猶言載物之車。將任車以至齊猶言送載物之車至齊。」許愼注是，畢沅、惠士奇並從其說。王利器曰：「《詩·無將大車》鄭玄箋：『將，猶扶進也。』任車即役車，亦即大車。」其說亦是。字本作牂，章太炎曰：「《說文》：『牂，扶也。』今浙江謂小兒相扶曰牂，音如將。《詩》言『福履將之』、『無將大車』，箋皆訓將爲扶，則古衹作將也。」〔註82〕《玉篇》：「牂，扶也，今作將。」陳奇猷解「將」爲「送」，非是。

（3）爝火甚盛，從者甚眾

按：爝火，《淮南子·道應篇》、《冊府元龜》卷241同，許愼注：「爝，炬火也。」《冊府》注：「爝，熒也。」爝指火炬，亦是小火，故又訓熒。字本作燋，《說文》：「燋，所以然持火也。」《玉篇》：「燋，炬火也，所以然也。」《新序·雜事五》作「執火」，石光瑛曰：「此作『執』，義別，言從人執火隨君迎客者。」〔註83〕

（4）桓公反，至，從者以請，桓公賜之衣冠，將見之

按：《新序·雜事五》「桓公」下有「曰」字。石光瑛曰：「將，領也，傳也，謂傳領見於桓公也。《呂》書奪『曰』字，畢校仍之，非是。『賜之衣冠將見之』七字，乃桓公之語，蓋從者以請，而桓公答之如此。奪『曰』字，失其義矣。」〔註84〕賜，《新序》同，《淮南子·道應篇》作「贛」，《御覽》卷444引《淮南》亦作「賜」。《說文》：「贛，賜也。」《淮南子·詮言篇》：「直己而足物，不爲人贛。」《文子·符言》作「賜」，亦其例。字亦作貢，《爾雅》：「貢，賜也。」《史記·仲尼弟子傳》：「端木賜，字子貢。」

〔註80〕 石光瑛《新序校釋》，中華書局2001年版，第677頁。
〔註81〕 尚秉和《歷代社會風俗事物考》，江蘇古籍出版社2002年版，第313頁。所引《說苑》，當是《新序》誤記。
〔註82〕 章太炎《新方言》卷2，收入《章太炎全集（7）》，上海人民出版社1999年版，第69頁。
〔註83〕 石光瑛《新序校釋》，中華書局2001年版，第677頁。
〔註84〕 石光瑛《新序校釋》，中華書局2001年版，第679頁。

《恃君覽》卷第二十校補

《恃君》校補

（1）制禽獸，服狡蟲

高誘注：狡蟲，蟲之狡害者。

按：陳奇猷曰：「狡，戾也。《戰國策‧秦策》：『虎者戾蟲。』則狡蟲小指虎豹之類耳。高注未得其義。」王利器曰：「《墨子‧節用中》：『爲猛禽狡獸，暴人害民。』猛即狡也。狡，健也，勇也。蟲，有足謂之蟲。」《淮南子‧覽冥篇》：「狡蟲死，顓民生。」高誘注：「蟲，狩也。」「狩」是古「獸」字。狡之言狂戾。狡蟲、狡獸指猛獸。

（2）此國〔之〕所以遞興遞廢也，亂難之所以時作也

高誘注：不得常，施時盜作耳。

按：陳奇猷乙注文作「施盜時作耳」，云：「施與邪同。高意蓋謂國不得常存者，以邪盜時作耳。」陳說非是。施，讀爲弛，毀廢。謂國遞興遞廢，不得常存，國家毀廢時盜即作耳。

（3）豫讓欲殺趙襄子

按：王利器曰：「《淮南子‧主術篇》：『豫讓欲報趙襄子。』高注：『欲爲智伯報讎，殺趙襄子。』《史記‧刺客傳》《正義》引《呂氏》作『報』。」《正義》未引《呂氏》，王氏誤記。《御覽》卷 374、620、871 引「殺」

亦作「報」。下文「是〔爲〕先知報後知也」，亦作「報」字。

（4）（豫讓）又吞炭以變其音

按：馬敘倫曰：「《史記·刺客傳》：『吞炭爲啞。』炭借爲歎，啞借爲喝。」
陳奇猷曰：「《趙策》云：『又吞炭爲啞，變其音。』疑此脫『爲啞』二
字，而《趙策》則脫『以』字。《說文》云：『啞，笑也，《易》曰「笑
言啞啞。」』是『啞』本係形容喀喀之音。《史記·刺客傳》《索隱》云：
『啞音烏雅反，謂瘖病。』謬甚。蓋瘖病不能言，安可又與其友對答
乎？馬亦以不知啞字之本義，因以爲喝之假字，非。」王利器曰：「馬
說非是。《索隱》云云。則瘖有變音一義，非不能言者也。瘖有不多言
一義，所謂要言不煩也……瘖非啞而不能言明矣。」陳、王說誤。此
文不必據《策》補「爲啞」，《賈子·階級》：「豫讓釁面變容，吸炭變
聲。」亦無「爲啞」。馬氏讀炭爲歎，誤；而讀啞爲喝，不誤。啞、喝
指聲破，聲音嘶啞，是一種病態，故《索隱》云「啞，謂瘖病」。字本
作嗄，俗作歎，音轉又作沙、聲、嘶〔註1〕。

（5）以子之材而索事襄子，襄子必近子

高誘注：索，求也。

按：《戰國策·趙策一》「索」作「善」，「必近」下有「幸」字。

（6）柱厲叔事莒敖公

按：蔣維喬等曰：「《御覽》卷23『敖』作『閔』，又卷975『敖』誤『陽』。」
景宋本《御覽》卷975引亦作「閔」，蔣氏所據爲誤本。《類聚》卷
82、《御覽》卷23、《古今合璧事類備要》別集卷44引「柱」誤作「杜」。

（7）所以激君人者之行，而厲人主之節也

高誘注：激，發也。所以發起君人之行。厲，高也。人君務在知人，知
人則哲，所以厲人主之志節也。

按：畢沅曰：「人主，《御覽》卷621作『人臣』，非是。下云『行激節厲，
忠臣幸於得察』，則『節厲』正指人主言。」陳奇猷曰：「畢說是。厲即
砥礪字。節與約同義，《論人》『主道約』即此所云『人主之節』。主道

〔註1〕 參見蕭旭《敦煌寫卷 P.2569、P.5034V〈春秋後語〉校補》，收入《群書校補
（續）》，花木蘭文化出版社2014年版，第1697～1700頁。

約者，謂人主之道在於無爲。此文蓋謂激發君人者之行，而砥礪人主無爲之道。高訓厲爲高、節爲志節，非是。人主高其志節乃是敗亡之本，如《韓非子・飾邪》謂『國亂節高』爲趙代失敗之因即其例也。」高注不誤，本書《離俗》：「高節厲行，獨樂其意。」是「厲節」即「高節」也。《文選・演連珠》：「是以名勝欲，故偶影之操矜；窮愈達，故凌霄之節厲。」李善注引《廣雅》：「矜，急也。厲，高也。」畢說誤，王利器指出《資治通鑑外紀》卷 7、《冊府元龜》卷 880 亦作「人臣」。柱厲叔死莒公之難，所以激厲君臣之行節，不是只激君。下文「行激節厲」亦就君臣而言，言君行激、臣節厲，則忠臣幸於得察也。陳氏皆牽附之說，「厲約」不辭，「節與約」只在竹節的意義上相同。

《長利》校補

（1）協而耰，遂不顧

高誘注：協，和悅也。耰，覆種也。顧，視也。

按：《莊子・天地》作「俋俋乎耕而不顧」，《新序・節士》作「耕而不顧」。劉師培曰：「『協』即《莊子》之『俋俋（俋俋）』。協又訓和。」馬敘倫曰：「協、俋並𠃛之借。《說文》：『俋俋，勇壯也。』」楊昭儁曰：「《說文》：『協，同心之龢也。』同心之龢則非一人可知，此『協而耰』即《論語》之『耦而耕』矣。」譚戒甫曰：「《莊子釋義》：『俋俋，李云耕貌，一云耕人行貌。《字林》云勇壯貌。』大氐以耕貌爲是。協、俋音近，故可通用。」陳奇猷曰：「『協』甲骨文象手持力之形。力者田器。此文謂手持田器而覆種耳。」馬、譚說是。俋俋，用力貌。音轉亦作「傑傑」、「偈偈」、「朅朅」、「勖勖」等〔註2〕。

（2）昔者太公望封於營丘，之渚海阻山高險固之地也

按：孫志祖曰：「李善注《文選・子虛賦》引『太公望封於營丘，渚海阻山』，無『之』字『高』字。『渚』屬下讀，是。」梁履繩曰：「《賦》云『齊東陼鉅海』，注引此，則『渚』當爲『陼』。」盧文弨曰：「韋昭注《越語》云：『水邊曰陼。』此正言邊海耳。『山高』疑本是一『嵩』字誤

〔註2〕參見蕭旭《象聲詞「札札」考》，收入《群書校補（續）》，花木蘭文化出版社 2014 年版，第 2206～2207 頁。

分。」陳奇猷曰：「『高』字當衍。『之』爲『此』義。渚，遮也。『遮海』與『阻山』文正相對。」李善注引《聲類》：「陼，或作渚。」又引蘇林曰：「小洲曰陼。」又引司馬彪曰：「齊東臨大海爲渚也。」胡紹煐曰：「按諸說並以陼爲小洲之名，非也。善引《呂氏春秋》得其解矣，而又引《聲類》『陼或爲渚』，則仍沿諸家之誤。今按：陼，猶邊也，謂東邊鉅海也。猶《左僖四年傳》云『東至於海』耳。《越語》韋昭注：『水邊亦曰陼。』水邊曰陼，故借陼爲邊。《呂覽》『渚海阻山』，亦謂邊海恃山，故云險固之地。今《長利篇》作『封於營邱之渚（句），海阻山高（句），險固之地也（句）』，皆後人不解『渚』字之義而妄加之。本書《齊故安陸昭王碑文》『東渚鉅海，南望秦稽』，正用《子虛賦》語，『渚』與『望』對言，益知非小洲曰渚矣。」〔註3〕小洲曰陼，水邊曰陼，都是名詞，其義一也，胡紹煐強生分別，非是。此文及《文選》二例「渚（陼）」用作動詞，司馬彪解爲「齊東臨大海爲渚」，至確。「之」、「高」皆衍文。《資治通鑑外紀》卷10「渚」作「濱」，亦無「之」、「高」二字。

（3）其所求者，瓦之間隙，屋之翳蔚也

按：《御覽》卷915引「瓦之間隙」作「瓦孔之間隟」。

（4）解衣與弟子，夜半而死，弟子遂活

按：蔣維喬等曰：「《類聚》卷5『半』作『坐』。」《類聚》誤，《書鈔》卷129、156、《御覽》卷486、689引並作「半」，《冊府元龜》卷909亦作「半」；《水經注・泗水》引作「半夜而死」。

《知分》校補

（1）禹仰視天而歎曰

按：孫蜀丞曰：「『歎』當作『笑』，此顯禹從容之狀，無取於歎也。《御覽》卷82、929引並作『笑』。《淮南子・精神篇》作『禹乃熙笑而稱曰』。」蔣維喬等曰：「孫說疑非。《御覽》所引與《淮南子・精神篇》相似爲多，疑《御覽》誤引耳。李善注《文選・江賦》引亦作『歎』。」陳奇猷曰：

〔註3〕胡紹煐《文選箋證》卷9，黃山書社2007年版，第250～251頁。

「《說文》：『歎，吟也。』『歎』字不誤。」楊明照駁孫說，謂《選》注、《事類賦注》卷 16 引作「歎」，《御覽》卷 60 引《新序》同。《御覽》卷 929、《記纂淵海》卷 99 引作「禹笑曰」，《水經注·江水》、《宋書·符瑞志上》、《冊府元龜》卷 22 並同；《御覽》卷 82、《路史》卷 47 引作「禹仰而笑曰」；《記纂淵海》卷 7 引作「禹仰天嘆曰」。《吳越春秋·越王無余外傳》作「禹乃啞然而笑曰」，《論衡·異虛》作「禹乃嘻笑而稱曰」。孫說當作「笑」，是也。古書「歎」、「笑」每相混。

（2）龍俛耳低尾而逝

高誘注：逝，去也。

按：許維遹曰：「《事類賦》卷 28 引『低尾』作『曳尾』，《竹書紀年》注同。」《事類賦注》卷 16 引此文，許氏誤記。蔣維喬等曰：「《選》注『低』作『曳』。」陳奇猷曰：「『俛耳』當作『俛首』。《說文》無『低』字，此文『低』蓋音假為『曳』耳。《說文》：『曳，臾曳也。』段注：『臾曳猶牽引也。』」《類聚》卷 98 引作「龍俛而去」，《文選·江賦》李善注引作「龍俛耳曳尾而逃」，《御覽》卷 82 引作「龍弭耳低尾而逃」，《御覽》卷 929 引作「龍弭耳而逃」〔註4〕，《事類賦注》卷 16 引作「龍弭耳曳尾而逝」，《記纂淵海》卷 7 引作「龍俛首曳尾而逝」，《記纂淵海》卷 99 引作「龍弭首而逝」，《路史》卷 47 引作「龍乃弭耳而逝」。《淮南子·精神篇》作「龍乃弭耳掉尾而逃」，《吳越春秋·越王無余外傳》作「龍曳尾舍舟而去」，《水經注·江水》作「于是二龍弭鱗掉尾而去」，《宋書·符瑞志上》、《竹書紀年》卷上注作「龍於是曳尾而逝」，《冊府元龜》卷 22 作「龍於是曳尾而逃」。「俛耳」即「弭耳」，不必改作「俛首」。「低」疑是「拽」形譌，「拽」同「曳」。「曳尾」與《淮南》「掉尾」義同，猶言搖尾。《拾遺記》卷 2：「禹盡力溝洫，導引川夷嶽〔註5〕，黃龍曳尾於前，玄龜負青泥於後。」亦作「曳尾」。

（3）天固有衰嗛廢伏，有盛盈坌息

按：畢沅曰：「坌，梁仲子疑『坴』。」孫鏘鳴曰：「『坌』、『坴』通，猶墳起也。息，生也。」于省吾曰：「梁說非也。坌應讀作墳。」楊樹達曰：「梁、

〔註4〕《御覽》卷 60 引《新序》同，蓋誤記出處。
〔註5〕「引」字衍，《太平廣記》卷 472 引無「引」字。

孫說非也。畓讀爲憤。憤，盈也。」陳奇猷曰：「諸說皆非也。『畓息』無疑即是『蕃息』。『畓』爲本字，『蕃』乃假字也。其後『蕃』字行而『畓』字廢，《呂氏》此文乃本字之僅存者，良可貴也。」考《子華子・孔子贈》：「有無以相反也，高下以相傾也，盛盈畓息以相薄也，厖洪蘆符以相形也。」〔註6〕諸說皆與「相薄」不合。「息」疑是「晶」誤字。「畓晶」即「紛緼」、「氛氳」、「葐蒀」、「芬菎」，盛貌，亂貌。

（4）人亦有困窮屈匱，有充實達遂

高誘注：達，通。遂，成。

按：遂，順也。陳奇猷曰：「匱，藏也。或讀匱爲潰，非。」屈、匱皆訓盡，亦困窮義，陳訓藏非是。

（5）晏子授綏而乘，其僕將馳

按：畢沅改「授」作「援」，云：「『援』舊多作『授』，汪本作『受』，按《意林》作『援』，今從之。」蔣維喬等曰：「《晏子春秋・雜上》、《韓詩外傳》卷2、《新序・義勇篇》俱作『授』，與舊作同，是也。汪本、朱本、日刊本作『受』，《意林》作『援』，皆形似而譌，而畢氏從之，疑非是。」陳奇猷曰：「《貴生》云『王子搜援綏登車』，與此同例，則畢校得其例矣。然『援』之本字作『爰』……『爰』、『受』本係一字，『受』、『授』乃古今字。則此『授』即『援』也，不煩改字。」王利器引《禮記・曲禮上》以證畢說，是也。其僕可言授綏，晏子必是援綏，參見《貴生篇》校補。

（6）晏子無良其僕之手曰：「安之，毋失節。」

按：畢沅曰：「『撫』舊本作『無良』，訛。案《晏子・雜上》及《韓詩外傳》卷2俱作『撫』，《新序・義勇篇》作『拊』，俱無『良』字，今據刪正。」陳奇猷曰：「畢改『無』爲『撫』，是。『良』字無緣致衍，畢刪之，未可從。『無良』當本作『撫順』。『順』、『循』同。」定州漢簡《儒家者言》簡1888+661作「晏子曰：『□之。』安之成節」，整理者括注「安」作「按」〔註7〕。《晏子・雜上》作「晏子撫其手曰：

〔註6〕此據道藏本，四庫本「厖」誤作「寵」。
〔註7〕定州漢簡《儒家者言》釋文》，《文物》1981年第8期，第18頁。

『徐之……』按之成節而後去」,《新序・義勇》作「晏子拊其手曰……按之成節然後去之」。

（7）疾不必生,徐不必死

按:《晏子春秋・內篇襍上》同,《御覽》卷 906 引作「疾必不生,徐必不死」,二「必」字誤倒。《新序・義勇》作「馳不益生,緩不益死」,益亦必也。

《召類》校補

（1）兵所自來者久矣,堯戰於丹水之浦,以服南蠻;舜却苗民,更易其俗

> 高誘注:丹水,在南陽。浦,岸也,一曰崖也。苗民,有苗也。却,猶止。更,改。

按:范耕研曰:「此云丹水、南蠻,蓋即亦水、三苗也。」陳奇猷曰:「下文云『舜却苗民』,《韓非子・五蠹》、本書《上德》亦載舜以德服三苗事,則二苗與南蠻顯非一民族……范以南蠻即三苗,非是。」陳說非是,考《初學記》卷 9、《類聚》卷 11、《御覽》卷 80 並引《帝王世紀》:「諸侯有苗氏處南蠻而不服,堯征而克之于丹水之浦。」《文選・應詔樂遊苑餞呂僧珍詩》李善注引《六韜》:「堯與有苗戰于丹水之浦。」〔註 8〕則「南蠻」不是一個民族的名稱,南蠻是南方各少數民族的總稱,「有苗氏」僅是南蠻的一個種族。此文南蠻即指有苗氏。至舜時,有苗氏不服,舜復以德服之。《廣弘明集》卷 11 釋法琳《對傅奕廢佛僧表》引《汲冢竹書》:「舜又與有苗戰於丹水之浦。」雖誤屬舜,然亦可證南蠻即指有苗也。

（2）聖人不能為時,而能以事適時,事適於時者其功大

按:《戰國策・秦策三》:「聖人不能為時,時至而弗失。」〔註 9〕《管子・霸言》:「聖人能輔時,不能違時。」可互相參證。

〔註 8〕《御覽》卷 63 引《六韜》:「堯伐有扈,戰於丹水之浦。」《路史》卷 20 羅苹注:「《六韜》乃謂堯伐有扈,戰於丹浦。」「有扈」是「有苗」之誤。

〔註 9〕馬王堆帛書《戰國縱橫家書》同。

（3）南家之牆，犫於前而不直

高誘注：犫，猶出。曲出子罕堂前也。

按：洪頤煊曰：「『犫』當作『讐』，當也。」王引之曰：「犫之爲出，古無此訓。《新序・刺奢篇》『犫』作『擁』。疑疑擁字隸作『犚』，因誤爲犫也。」朱駿聲曰：「犫，叚借爲搖。」〔註10〕石光瑛曰：「徐友蘭曰：『犫無出義，實搖叚。搖故（詁）引，引申爲出。字亦爲抽。《新序》作擁，蓋搖之譌。』按徐說頗覺傅會，《呂》作犫，蓋讐之借字，讐俗作售，售有出義，展轉相通。本書作擁，又別一義，不當以爲搖誤也。搖、擁音遠，何緣致譌？但當云遮擁之在己室前耳。」〔註11〕陳奇猷曰：「劉師培與王說同〔註12〕，疑皆非也。『犫』本有匹敵之意也。又高注訓『不直』爲曲，非也。《說文》：『直，正見也。』此文猶言當於子罕堂前而目不能見正面之遠方，則此『直』字正係用本義也。」「不直」的主詞是「南家之牆」，陳奇猷引《說文》不當，陳氏至又謂下文高注「不直牆」不通，欲改作「不徙牆」，殊誤。犫，《御覽》卷419、《黃氏日抄》卷56、《文章正宗》卷22引同，《冊府元龜》卷735亦同，《文選・雜詩》李善注引作『犚』，引注作「犚，出也」。《玉篇》：「犚，出也。犫，同上。」則「犫」決非誤字，王引之說失考。朱駿聲、徐友蘭讀犫爲搖，是也。「搖（搖）」同「抽」，猶言拔出。言南家之牆拔出於子罕堂前而不直，言其牆斜出也。石光瑛讀爲售，是「賣出」義，石氏謂展轉相通，無此相通之法。

（4）西家之潦，徑其宮而不止

高誘注：西家地高，潦東流經子罕之宮而不禁。

按：畢沅曰：「徑，《新序》、《御覽》作『經』（引者按：指《御覽》卷419）。舊校云：『一作注。』孫云：『李善注《文選・雜詩》作「注於庭下而不止」。』」蔣維喬等曰：「《御覽》卷305作『經其庭而不禁』。」陳奇猷曰：「下文亦云『經吾宮』。徑、經字通，橫絕也。此『宮』當指宮之庭，而不是宮之室。」《文章正宗》卷22引同《選》注。楊明照謂

〔註10〕 朱駿聲《說文通訓定聲》，武漢市古籍書店1983年版，第250頁。

〔註11〕 石光瑛《新序校釋》，中華書局2001年版，第822頁。

〔註12〕 引者按：劉氏曰：「《新序・刺奢篇》作『擁』，則『犫』係『壅』訛。」劉師培《呂氏春秋斠補自序》，《國粹學報》第5卷第11期，1909年版，第5頁。

「注」是「經」形誤，石光瑛說同〔註13〕。潦，行潦，指道旁雨水。

（5）南家，工人也，為鞔百（者）也

高誘注：鞔，履也，作履之工也。一曰：鞔，靼也，作車靼之工也。

按：畢沅曰：「『者』舊本作『百』，訛，今改正。《說文》：『鞔，履空也。』徐曰：『履殼。』」段玉裁曰：「空、腔古今字。『履空』猶今人言『鞵幫』也。」畢改是，《說文繫傳》「鞔」字條引作「鞔者」，《新序・刺奢》、《冊府元龜》卷735同。惠棟曰：「高誘讀鞔爲璊。『空』當作『工』，徐說誤。《呂氏春秋》高誘注云云，然則鞔爲工人明矣。『工』誤爲『空』，字之誤也，徐鍇以空爲殼，又何據乎？一說：《曲禮》：『屨不上於堂。』注云：『屨賤空。』不知足而爲之，故曰空。」〔註14〕王鳴盛曰：「『履空』當作『履工』。《呂氏春秋》高誘注云云，則鞔爲工人明矣，『空』乃『工』字之誤。徐氏以空爲殼，何據？」其說全同惠氏，吳江迮鶴壽案語駁之云：「『履空』即『履腔』。鞔謂以革幫于屨底耳。高誘但言『作履之工』，蓋從略也。小徐言『履殼』，未嘗不是，而欲改『空』爲『工』，謬矣。」〔註15〕

（6）士尹池歸荆，荆王適興兵而攻宋

按：而，猶欲也，《御覽》卷305引作「欲」，《新序・刺奢》同。《漢書・遊俠傳》：「子欲爲我，亦不能；吾而效子，亦敗矣。」而、欲互文，《漢紀》卷18正作「吾欲」，亦其例。

（7）西家高，吾宮庳

按：楊樹達曰：「《說文》云：『庳，一曰屋卑。』」陳奇猷曰：「庳與卑同，低下之義。地基低下，何關於屋之高卑？楊說非。」陳說是也，《文選・雜詩》李善注、《御覽》卷305引作「卑」，《新序・刺奢》、《冊府元龜》卷735、737同。

（8）子罕之時，無所相侵，邊境四益

〔註13〕石光瑛《新序校釋》，中華書局2001年版，第822～823頁。
〔註14〕惠棟《惠氏讀說文記》卷3，收入《叢書集成初編》第1081頁，中華書局1985年影印，第76頁。
〔註15〕王鳴盛《蛾術編》卷21《說字七》，收入《嘉定王鳴盛全集》第7冊，中華書局2010年版，第439頁。其書小字附載吳江人迮鶴壽案語。

高誘注：四境不侵削則爲益。

按：于鬯曰：「此當謂四境荒地多墾闢耳。」王利器從其說。陳奇猷曰：「益與翳通。翳，蔽也、障也。猶言邊境四面障蔽，蓋謂子罕之德障蔽四境，敵不敢來侵也。高注顯係望文生義。」高注固誤，于、陳說亦非。徐仁甫曰：「益，當作『謐』，平靜。」張富祥曰：「益，疑本作『盜』，通『謐』，即安寧，或傳抄誤爲『益』。」〔註16〕二氏得其義，然不必視爲誤字，可徑讀爲謐。字亦作謚、溢，《爾雅》：「謚、溢、謐，靜也。」郝懿行謂本字爲𧗱，字亦作恤，《說文》：「𧗱，靜也。」〔註17〕

（9）謀利而得害，猶弗察也

高誘注：察，知。

按：《說苑‧奉使》作「由不察」。由，讀爲猶，今言仍然。陳奇猷於「弗察也」後施問號，非是。

《達鬱》校補

（1）故水鬱則爲污，樹鬱則爲蠹，草鬱則爲蕢

高誘注：蕢，穢。

按：梁履繩曰：「《續漢書‧郡國志三》注引《爾雅》『木立死曰菑』，又引此『草鬱即爲菑』。疑『蕢』本是『薔』字，即『菑』也，因形近而訛。」王念孫曰：「《治要》引亦作『菑』，注同。」沈欽韓曰：「按《呂覽‧達鬱篇》『草鬱則爲蕢』，高誘注：『蕢，穢。』與此所引異，漢隸如《謁者景君墓表》齊國臨菑之菑皆作薔，或《呂覽》訛薔爲蕢也。」〔註18〕朱駿聲曰：「蕢，叚借爲殨。」〔註19〕陳奇猷曰：「疑蕢爲殨之同音借字。《說文》：『殨，爛也。』經傳多假『潰』爲之。」朱、陳說是，陳景元（碧虛子）《南華眞經章句音義》卷11、《六書故》卷24「蕢」字條引同今本作「蕢」。《亢倉子‧君道》：「草鬱則爲腐，樹鬱則爲蠹，人鬱則爲病。」

〔註16〕張富祥《呂氏春秋》校釋札記（二）》，《古籍整理研究學刊》2008年第5期，第28頁。

〔註17〕郝懿行《爾雅義疏》，上海古籍出版社1983年版，第66頁。

〔註18〕沈欽韓《後漢書疏證》卷16，上海古籍出版社2006年版，第329頁。

〔註19〕朱駿聲《說文通訓定聲》，武漢市古籍書店1983年版，第596頁。

（2）國鬱處久，則百惡並起而萬災叢至（生）矣

按：《亢倉子·君道》：「國鬱則百慝並起，危亂不禁。」慝亦惡也。

（3）防民之口，甚於防川，川壅而潰，敗人必多

按：二「川」字，《國語·周語上》、《金樓子·箴戒》同，《史記·周本紀》
作「水」。《御覽》卷68引《國語》，《治要》卷11、《御覽》卷367引
《史記》，並同今本。「水」、「川」形近，疑「川」字是。《左傳·襄
公三十一年》：「子產曰：『我聞忠善以損怨，不聞作威以防怨。豈不
遽止？然猶防川，大決所犯，傷人必多。』」〔註20〕是子產所聞古語，
亦作「川」字也。《漢書·溝洫志》賈讓奏言：「大川無防，小水得入……
夫土之有川，猶人之有口也。治土而防其川，猶止兒啼而塞其口，豈
不遽止？然其死可立而待也。故曰善為川者決之使道，善為民者宣之
使言。」（上二例王利器已引）《初學記》卷12漢·崔寔《諫議大夫
箴》：「防人之口，譬諸防川。」《晉書·孔嚴傳》：「古人為政，防人
之口，甚於防川。」《御覽》卷229引《三國典略》哀聿修《與邢邵
書》：「多言可畏，譬之防川。」敗，《國語》、《史記》、《金樓子》作
「傷」。

（4）夫厚於味者薄於德，沈於樂者反於憂

按：孫蜀丞曰：「『德』疑當作『行』。《管子·中匡篇》作『沈於樂者洽於
憂，厚於味者薄於行』，《御覽》卷565引《子思子》曰：『繁於樂者
重於憂，厚於味者薄於行。』並其證。」陳奇猷謂「德」字不誤。德、
行是內外之別，德是行的內在，行是德的外表，皆可通。沈，讀為湛。
下文「沈於酒」亦同。《白氏六帖事類集》卷5、《古今合璧事類備要》
外集卷44引《管子》作「湛於樂」〔註21〕。王利器曰：「淫、沈古
通，凡事之過度者皆可謂之淫。」「淫」亦同源。《孔叢子·抗志》子
思曰：「厚於財物必薄於德，自然之道也。」「味」音誤為「物」，故
《孔叢子》作「財物」，一本作「財色」，亦非。傅亞庶謂「財色」不
誤〔註22〕，失考。此文「反」當作「及」，形之誤也。《管子》作「洽」，

〔註20〕《新序·雜事四》同。
〔註21〕《白帖》在卷15。
〔註22〕傅亞庶《孔叢子校釋》，中華書局2011年版，第206頁。

及、洽一聲之轉耳。《資治通鑑外紀》卷 5、《皇王大紀》卷 41 皆作「反」，是宋人所見本已誤。

（5）凡行之墮也於樂，今樂而益飭；行之壞也於貴，今主欲留而不許
　高誘注：墮，壞。
按：墮，讀爲惰，高注未是。

（6）善衣束布衣，白縞冠
按：陳昌齊曰：「疑『善』爲『嘗』之訛。」江紹原曰：「東衣，余以爲『柬衣』或『練衣』之訛。『練布衣』與『白縞冠』像是尚時的一種服裝。」譚戒甫曰：「『善』疑『喜』字誤文。」許維遹曰：「『善衣束布衣』當作『著束布衣』。《御覽》引正作『著布衣』，省『束』字。」蔣維喬等曰：「《御覽》引作『着布衣』，疑『善』爲『着』之誤，上『衣』字亦衍文。『東』當爲『柬』。」聞一多曰：「『東』疑當爲『棘』，『棘』古『曹』字。《淮南子·說林篇》注：『楚人名布爲曹，今俗間以始織布繫著其傍謂之曹布。』棘布即曹布也。」〔註23〕陳奇猷曰：「『善』疑『亶』之同音假字。亶，猶但也。『東』當作『柬』，同『練』。」「東布」當作「緇布」，已詳《離俗篇》校補。上「衣」字非衍文，《御覽》卷 382 引作「着布衣」，「着」是原文上「衣」字的同義替換。「善」當從譚氏校作「喜」。「緇布衣，白縞冠」皆儉者所服。

（7）頯推之履
　高誘注：頯推之履，弊履也。
按：頯推，《黃氏日抄》卷 56 引同。畢沅曰：「鄭注《禮記》：『深衣曰善衣，朝祭之服也。』然則頯推之履必非弊履可知。高不能注，不若闕諸。」梁玉繩曰：「頯推，蓋履之名狀，非弊履也。」李寶洤曰：「下云『窺井粲然惡丈夫』及『夫何阿哉』之歎，則弊履爲近。」章太炎曰：「『推』當借爲『頔』。《說文》：『頔，出額也。』謂額突出，今人所謂『衝額角』也。《史記》：『魋顏蹙齃。』魋即頔，顏者額也。履頭突出者如頯之頔之履，今人猶有衝頭履，謂之京式鞵。」江紹原曰：

〔註23〕聞一多《璞堂雜業·呂氏春秋》，收入《聞一多全集》卷 10，湖北人民出版社1994 年版，第 458 頁。

「『纇推之履』會不會就是『鞻鞮』？」〔註24〕譚戒甫曰：「《說文》：
『纇，顡也。』『推』疑當作『堆』，其本字爲『𠂤』，亦假爲『追』。
履前𠂤𠂤然者，殆即所謂突頭鞋，古名『纇堆履』也。」許維遹曰：
「《墨子·兼愛下》云：『晉國之士，大布之衣，牂羊之裘，練帛之冠，
且苴之履。』此云『纇推之履』即彼云『且苴之履』。高訓弊履，殆
亦指粗惡言……畢氏失之遠矣。」高亨曰：「推借爲顡，《說文》云云。
纇顡之履者，履之前額突出而高者也。本書《遇合篇》『椎纇廣顔』，
則借椎爲顡。」陳奇猷曰：「『纇推之履』當如章、高所說，蓋高頭鞋
也。」王利器曰：「『纇推』者聯緜字耳，義與『且苴』同，謂其粗惡
也。」章太炎、高亨說至確。纇顡，猶言高額。《吳越春秋·王僚使
公子光傳》：「碓纇而深目。」《御覽》卷 436 引作「推纇深目」。「推
纇」即此文「纇推」的倒言。又同音借作「頽」，《類聚》卷 75 引梁·
劉孝標《相經序》：「及其深目長頸，頽顔顑（顲）䐔，蚯行鷙立，猨
喙烏味。」「頽顔」即「䫪顔」〔註25〕。

（8）萬乘之主，人之阿之亦甚矣，而無所鏡

按：《白氏六帖事類集》卷 4 引「人之阿之亦甚矣」誤作「人何以堪矣」
〔註26〕

（9）得其細，失其大，不知類耳

按：得猶知也，《亢倉子·君道》正作「知」。

（10）鐸之諫我也，喜質我於人中，必使我醜

高誘注：質，正。醜，惡。

按：畢沅曰：「醜當訓恥。」畢說是。醜，《說苑·臣術》同，讀爲愧，下文
二「醜」同，《御覽》卷 457 引《諫木孔叢子》並作「愧」字。

（11）臣嘗聞相人於師，敦顔而土色者忍醜

〔註24〕 江紹原《讀呂氏春秋雜記（二）》，《中法大學月刊》第 5 卷第 3 期，1934 年版，
第 7 頁。

〔註25〕 參見蕭旭《〈史記〉校札》，收入《群書校補（續）》，花木蘭文化出版社 2014
年版，第 1983～1984 頁。

〔註26〕 《白帖》在卷 13。

高誘注：敦，厚也。土色，黃色也。土為四時五行之主，多所戴愛，故能（耐）辱忍醜也。

按：馬敘倫曰：「敦借為頵。《說文》曰：『出頟也』。」陳奇猷曰：「『敦』、『惇』同，《說文》：『惇，厚也。』『敦顏』蓋即所謂忠厚相。」王力亦說此例「敦」與「惇」同源〔註27〕。王利器曰：「《素問‧五常政大論》：『土曰敦阜。』疑『阜』字為『白』字之誤。敦顏謂其顏如土之敦白也，與下『土色』互文見義，一言其狀，一言其色。」高注是，《逸周書‧祭公解》：「厚顏忍醜。」《荀子‧解蔽》：「厚顏而忍詬。」此其確證。《書‧五子之歌》：「郁陶乎予心，顏厚有忸怩。」忸怩即愧色。潘岳《閒居賦》：「雖吾顏之云厚，猶內愧於甯、蘧。」二例亦足證敦當訓厚。「忍醜」即「忍詬」，「敦顏」猶今言臉皮厚。「惇」訓厚指誠信，非此文之誼。敦，當讀為黗。《說文》：「黗，黃濁黑。」《廣雅》：「黗，黑也。」《廣韻》：「黗，黃黑色。」敦顏即黗顏，指面皮黃黑色，故又以「土色者」申言之。字亦作黖、黇，《廣雅》：「黖，黃也。」《玉篇》：「黇，黃色。」《集韻》：「黇、黖：黃色，或從屯。」音轉又作黮、黮，《說文》：「黮，黃黑色也。」《玉篇》：「黮，黃黑色，或作黮。」音轉又作黮，本書《任地》：「草黮大月。」洪誠讀黮為黮〔註28〕。

《行論》校補

（1）執民之命，執民之命，重任也，不得以快志為故

按：松皋圓曰：「『執民之命』疑衍一句。」陳奇猷曰：「松說非。上『執民之命』上當有『人主』二字。『執民之命，重任也』在文法上係穿插句。」陳說是，《治要》卷39引正有「人主」二字。

（2）得天之道者為帝，得地之道者為三公

按：蔣維喬等曰：「《御覽》卷889『三』作『王』。」陳奇猷曰：「《論衡‧率性》亦作『三公』。堯、舜時未有王爵，《御覽》誤也。」景宋本、四庫本《御覽》引並作「三公」，蔣氏所據乃誤本。

〔註27〕王力《同源字典》，商務印書館1997年版，第512頁。
〔註28〕洪誠《洪誠文集‧訓詁學》，江蘇古籍出版社2000年版，第83～84頁。

（3）怒甚猛獸，欲以為亂

按：王念孫曰：「《論衡·率性篇》作『怒其猛獸』，當從之。」《御覽》卷889引作「乃使猛獸」。

（4）仿佯於野以患帝

按：仿佯，《御覽》卷889、《資治通鑑外紀》卷1引作「彷徉」，《路史》卷22作「彷徨」，音之轉耳。

（5）舜於是殛之於羽山

按：殛，《路史》卷22作「遏」，《韓子·外儲說右上》作「殺」。《楚辭·天問》：「永遏在羽山。」王逸注：「遏，絕也。」

（6）副之以吳刀

按：《初學記》卷22引《歸藏》：「大副之吳刀，是用出禹。」〔註29〕《路史》卷22《歸藏·啟筮》：「（鯀）殛死，三歲不腐，副之以吳刀，是用出啟。」《山海經·海內經》郭璞注引《開筮》：「鯀死，三歲不腐，剖之以吳刀，化為黃龍也。」副、剖一聲之轉。《漢書·揚雄傳》《解嘲》：「四分五剖，並為戰國。」宋祁曰：「剖，章本作㨐，《字林》：『㨐，判也。』」「㨐」同「副」。《史記·楚世家》：「陸終生子六人，坼剖而產焉。」「坼剖」出《詩·生民》「不坼不副」。工力謂「剖」、「副」同源〔註30〕，是也。陳奇猷謂「『副』本是剖判之義，《啟筮》作『剖』，乃以義改之也」，未達音通之指也。

（7）顏色黎黑

按：黎，本書《求人》同，《資治通鑑外紀》卷1引作「黧」。

（8）步不相過

按：陳奇猷曰：「《荀子·非相》云『禹跳湯偏』，楊注引《尹子》曰：『禹之勞，十年不窺其家，手不爪，脛不生毛，偏枯之病，步不相過，人曰禹步。』（今《尹文子》無此文）。步不相過者，乃雙足跳躍而進也。」楊注所引《尹子》，當是《尸子》之誤。《御覽》卷82引《尸子》：「古者

〔註29〕《玉海》卷151引「禹」誤作「焉」。
〔註30〕王力《同源字典》，商務印書館1997年版，第102～103頁。

龍門未闢，呂梁未鑿，禹於是疏河決江，十年不闚其家，生偏枯之病，步不相過，人曰禹步。」《世說新語・言語》劉孝標注引《帝王世紀》：「禹治洪水，手足胼胝，世傳禹病偏枯，足不相過，〔至〕今〔巫〕稱禹步是也。」〔註31〕禹患偏枯之病，步不相過，謂兩足牽連拖行，不能相跨而過。步不相過，近似於一足之行，故《荀子》稱作「禹跳」。「跳」同「趡」，《說文》：「趡，雀行也。」雀行謂一足行。這種跛行的步法，也稱作「連步」或「連行」，《禮記・曲禮上》：「主人與客讓登，主人先登，客從之，拾級聚足，連步以上。」鄭玄注：「拾當為涉，聲之誤也。級，等也。涉等聚足，謂前足躡一等，後足從之并。連步，謂足相隨不相過也。」《周禮・冬官・考工記》：「郤行、仄行、連行、紆行。」鄭玄注：「連行，魚屬。」孔疏：「連行魚屬者，以其魚唯行相隨，故謂之連行也。」睡虎地秦簡《日書》甲種：「鬼之所惡，彼窋（屈）臥箕坐，連行奇（踦）立。」這種跛行的步法，又稱作「輒（踂）」或「蹇」，《穀梁傳・昭公二十年》：「輒者何也？曰兩足不能相過，齊謂之蹇，楚謂之踂，衛謂之輒。」《釋文》：「劉兆云：『蹇，連併也。』踂，劉兆云：『聚合不解也。』輒，本亦作縶，劉兆云：『如見絆縶也。』」《廣雅》：「蹇、尳、踦，蹇也。」《玉篇》：「踂，兩足不相過，楚謂之踂。」「縶」讀為蟄，連蹢也，劉兆解為絆縶，非是。《說文》：「蟄，蟄足也。」《繫傳》：「足變蟄然連蹢也。顏延之《赭白馬賦》曰：『望朔雲而蟄足。』今俗作蹀。」巫術家、道士所踏的步法仿佛似之，因此亦稱作「禹步」，秦漢竹簡、帛書已有記載。《御覽》卷363引《尚書大傳》：「禹其跳，湯扁。其跳者，踦也（注：「其，發聲也。踦，步足不能相過也。」）。扁者，枯也（注：「言湯體半小家（象）。扁，枯。」）。言皆不善也。」《大傳》「其」當是「蹇」借字〔註32〕。

（9）文王曰：「父雖無道，子敢不事父乎？君雖不惠，臣敢不事君乎？孰王而可畔也？」

按：上博楚簡（二）《容成氏》簡46：「文王聞之，曰：『唯（雖）君亡（無）

〔註31〕 據《類聚》卷11引補「至」、「巫」二字。
〔註32〕 王念孫曰：「其、蹇古字通，即《穀梁傳》所云『兩足不能相過，齊謂之蹇』也，鄭以『其』為發聲，失之。」王念孫《廣雅疏證》，收入徐復主編《廣雅詁林》，江蘇古籍出版社1992年版，第209頁。

道，臣敢勿事乎？唯（雖）父亡（無）道，子敢勿事乎？箮（孰）天子而可反？」劉樂賢引本書爲證〔註33〕。

（10）使者行至齊

高誘注：行，還也。

按：孫鳴鑣曰：「此燕所遣之使至齊也。行訓還，何邪？」馮振曰：「行當訓往。」〔註34〕陳奇猷曰：「還與旋通，疾也。然則高以還訓行，正得其義。孫氏未得『還』字之義。」王利器曰：「還音旋，有速、疾義。行訓還，謂疾行也。」陳、王說非是，「旋」訓疾是時間副詞，非疾行之義。「還」當同「趮」，《說文》：「趮，疾也。」《玉篇》：「趮，疾行也。」

（11）湣王以大齊驕而殘，田單以即墨城而立功

高誘注：田單以即墨市民大破燕軍，故曰而立功也。

按：陳奇猷曰：「高注以市民訓城字。考城無市民之訓，高注非是。《墨子·七患》：『城者，所以自守也。』則城有守義。」陳說殊誤，「城」無守義，高注不是訓城爲市民。《戰國策·齊策六》：「田單以即墨之城破亡餘卒，破燕兵，紿騎劫，遂以復齊。」「城」即城市之城，文中指即墨城的人員物質。王利器指出《淮南子·氾論篇》「趙襄子以晉陽之城霸，智伯以三晉之地擒，湣王以大齊亡，田單以即墨有功」本此義，彼高注云：「燕伐齊而滅之，得七十城，唯即墨未下，田單以市吏率即墨市民以擊燕師，破之。」

（12）詩曰：「將欲毀之，必重累之；將欲踣之，必高舉之。」其此之謂乎

高誘注：累之重，乃易毀也。踣，破也。舉之高，乃易破也。

按：畢沅曰：「據注，踣當讀剖。」馬敘倫曰：「《說文》：『踣，僵也。』與『仆』爲一字。」陳奇猷謂「馬說義長」。馬王堆帛書《十六經·正亂》：「纍而高之，部而弗救也。」整理者引本書證之，讀部爲踣

〔註33〕劉樂賢《讀上博簡〈容成氏〉小箚》，《上博館藏戰國楚竹書研究續編》，上海書店出版社 2004 年版，第 356 頁。

〔註34〕馮振《呂氏春秋高注訂補（續）》，《學術世界》第 1 卷第 11 期，1935 年版，第 55 頁。

〔註 35〕。部、踣，並當讀為攴、扑，畢沅據注讀為剖，非是。剖破，不必高舉之也。《說文》:「攴，小擊也。」又「擊，攴也。」《廣韻》:「扑，打也。」字亦作撲。字亦作掊，打破。《莊子·逍遙遊》:「吾為其無用而掊之。」《釋文》引司馬彪曰:「掊，擊破也」成玄英疏:「掊，打破也。」又《胠篋》:「掊擊聖人。」成玄英疏:「掊，打也。」掊亦擊也，同義連文。

（13）莊王方削袂，聞之曰:「嘻!」投袂而起

按:《左傳·宣公十四年》作「楚子聞之，投袂而起」。孔廣森曰:「投袂者，投其所削之袂也（削，裁也。）此傳文未備，杜遂以投為振，壹若拂袖之義，誤矣。」畢沅、洪亮吉、馬宗璉從其說〔註 36〕。于鬯曰:「『削袂』當是『卷袂』耳。袂卷則有削弱之意。今俗謂卷袂作秋宵反音，蓋即削字之音轉。或謂其本字當作掔，《說文》:『掔，人臂貌。』袂卷則臂見，其說亦可備。蓋手有所事，則卷其袂，所以便事。」于說大誤，「掔」是形容詞，手臂長兒。陳奇猷曰:「削之本義為刀室，所以套刀者，引申其義則以物套入某物之中謂之削。削袂者，謂兩手套入衣袖之中。投，擲也。」陳氏臆說無據，陸丙甫等謂「陳說見解精當」〔註 37〕，既未說明如何精當，又不知清人及近人成果，妄言耳。王引之曰:「削者，縫也。」〔註 38〕其說是也，楊樹達、姜亮夫、高亨、蔣禮鴻、符定一皆從其說〔註 39〕。字亦作絜、綃、帩、峭、悄、俏、

〔註35〕《馬王堆漢墓帛書〔壹〕》，文物出版社 1980 年版，第 68 頁。

〔註36〕孔廣森《經學卮言》卷 6，收入《續修四庫全書》第 173 冊，上海古籍出版社 2002 年版，第 306 頁。洪亮吉《春秋左傳詁》卷 10，中華書局 1987 年版，第 426 頁。馬宗璉《春秋左傳補注》卷 2，收入《續修四庫全書》第 124 冊，第 735 頁。下引馬說亦見此。

〔註37〕陸丙甫、李勝梅等《語言研究論集》，中國社會科學出版社 2001 年版，第 325 頁。

〔註38〕王引之說轉引自王念孫《荀子雜志》，收入《讀書雜志》卷 11，中國書店 1985 年版，本卷第 39 頁。

〔註39〕楊樹達《長沙方言續考》，收入《積微居小學金石論叢》卷 4，上海古籍出版社 2007 年版，第 277 頁。姜亮夫《昭通方言疏證》，收入《姜亮夫全集》卷 16，雲南人民出版社 2002 年版，第 326 頁。高亨《韓非子補箋》，收入《諸子新箋》，《高亨著作集林》第 6 卷，清華大學出版社 2004 年版，第 222 頁。蔣禮鴻《讀〈韓非子集解〉之餘》，收入《蔣禮鴻集》第 3 卷，浙江教育出版社 2001 年版，第 315 頁。符定一《聯緜字典》子集、申集，中華書局 1954 年版，本集第 473、265 頁。

鞘、捎、稍、繑，其本字當爲敹，《說文》：「敹，繫連也。」《書·費
誓》：「善敹乃甲冑，敹乃干。」孔疏：「鄭云：『敹，猶繫也。』王肅
云：『敹楯當有紛繫持之。』是相傳爲此說也。」《玉篇》：「敹，擊連
也。」「擊」是「繫」形聲之誤〔註40〕。莊王方削袂，蓋其侍者正爲
楚王縫袖，非莊王自爲之也。杜預投訓振不誤，馬宗璉、王利器皆引
《淮南子·主術篇》「楚莊王傷文無畏之死於宋也，奮袂而越（起），
衣冠相連於道」以證，是也。奮亦振也。字亦音轉作揄〔註41〕，《莊
子·漁父》：「被髮揄袂。」成玄英疏：「揄，揮也。袂，袖也。」《釋
文》：「揄，音遙，又音俞，又褚由反，謂垂手衣內而行也。李音投。
投，揮也。」揄古音投〔註42〕，李、成說是。《集韻》：「揄，垂也。《莊
子》『揄袂』。」朱駿聲曰：「揄，叚借爲舁。」〔註43〕二說皆誤。《史
記·貨殖傳》：「揄長袂，躡利屣。」《說苑·善說》：「於是鄂君子晳乃
搇（揄）脩袂行而擁之，舉繡被而覆之。」〔註44〕揄脩袂而擁之，則
顯非垂手衣內而行也。

（14）宋人易子而食之，析骨而爨之

按：王利器曰：「爨，《左傳》、《韓詩外傳》同，《公羊·宣十五年》作『炊』。」
《史記·宋微子世家》、《楚世家》並作「炊」；《御覽》卷854引《春
秋後語》：「邯鄲之民，析骨而炊，易子而食。」亦作「炊」。「爨」是
齊方言。《說文》：「爨，齊謂之炊爨。」又「炊，爨也。」

（15）宋公肉袒執犧，委服告病

高誘注：犧，牲也。病，困。

〔註40〕 以上參見蔣宗福《四川方言詞語考釋》，巴蜀書社2002年版，第558～561頁；
其說又見蔣宗福《中古近代漢語文獻詞語札記》，收入《語言文獻論集》，巴
蜀書社2002年版，第241～244頁。又參見蕭旭《韓非子校補》，花木蘭文化
出版社2015年版，第228～229頁。余作《韓非子校補》時，未見蔣氏二書，
詳略亦有不同，附識於此。

〔註41〕 參見郭鵬飛《洪亮吉〈左傳詁〉斠證》，（香港）商務印書館有限公司1996年
版，第119～120頁。

〔註42〕 詳見蕭旭《淮南子校補》，花木蘭文化出版社2014年版，第616～617頁。

〔註43〕 朱駿聲《說文通訓定聲》，武漢市古籍書店1983年版，第359頁。

〔註44〕 《類聚》卷71引作「揄袂」，《御覽》卷771引作「榆袂」，《樂府詩集》卷83
引作「榆脩袂」，《類說》卷30引作「揄脩袂」。「行」字衍文。

按：余舊說謂「犧」音轉亦作獻、戲，酒樽，是一種禮器〔註45〕。馬敘倫曰：「『委服』借爲『夗兔』，猶屈伏，當連上爲句。」尹仲容從其說〔註46〕。陳奇猷曰：「投降屈伏者，必委棄其固有之服色而服縞素布總，故云『委服』。」二氏說皆誤，下文云「宋公服以病告而還師」，即承此而言，「服」顯是屈服義，不是服指色。許維遹、陳奇猷於下文「服」上補「委」字，則無必要。委，順從、付屬之義。委服，猶言服從。朱起鳳謂「委服」是「匍匐」、「蒲服」、「蒲伏」、「扶服」、「匍伏」、「俯伏」、「匍匐」、「蒲望」聲轉〔註47〕。1988 年版《辭海》：「委服，猶言匍匐。」〔註48〕《漢語大詞典》：「委服，俯伏。」〔註49〕韓陳其說同朱起鳳〔註50〕，而未指明。王利器引《後漢書·楊賜傳》「委伏畎畝」，謂「委伏」同，亦失之。

《驕恣》校補

（1）亡國之主，必自驕，必自智，必輕物

按：《治要》卷 39 引「自驕」作「驕」，下同。陳奇猷曰：「驕與矯通。《漢書·敘傳》顏師古注云：『矯矯，高舉之貌也。』此文『自驕』猶言自高舉也，即自我誇獎。《治要》不知驕之爲矯，讀爲驕傲之驕，宜其不可通而刪去『自』字也。」陳說殊誤。自驕即自傲，有何不通？《後漢書·陳元傳》元上疏曰：「故人君患在自驕，不患驕臣；失在自任，不在任人。」正作「自驕」。《管子·形勢解》：「亂主自智也，而不因聖人之慮；矜奮自功；而不因眾人之力；專用己，而不聽正諫。」「矜奮自

〔註45〕 蕭旭《賈子校補》，收入《群書校補（續）》，花木蘭文化出版社 2014 年版，第 679 頁。

〔註46〕 尹仲容《呂氏春秋校釋》，臺北國立編譯館 1958 年排印本，第 111 頁。

〔註47〕 朱起鳳《辭通》卷 21，上海古籍出版社 1982 年版，第 2262～2263 頁。

〔註48〕 《辭海》（語詞分冊），1988 年版，第 1541 頁。

〔註49〕 《漢語大詞典》（縮印本），漢語大詞典出版社 1997 年版，第 2284 頁。

〔註50〕 韓陳其《中國古漢語學（上）》，新文豐出版公司 1995 年版，第 95 頁。韓氏引崔駰《博徒論》「蒲望瓏畝，汗出調泥」，謂「蒲望」亦同，所據蓋《漢魏六朝百三家集》卷 12，或《東漢文紀》卷 10，或《全後漢文》卷 44，或《全上古三秦漢三國六朝文》第 2 冊。其出處皆是《御覽》卷 382 所引，尋景宋本《御覽》引作「蒲伏」；其說又見韓陳其《漢語詞匯論稿》，江蘇古籍出版社 2002 年版，第 172 頁。其誤仍同。

功」即所謂自驕也。

（2）自多則辭受，辭受則原竭

高誘注：不受謀臣之言而自謀之，則謀慮之言竭盡也。

按：盧文弨曰：「原，水之原也。川仰浦而後大，君受言而後聖，原豈可竭乎？」畢沅從其說。陳奇猷曰：「『原』疑『願』之壞字。竭，滅也。辭受則願竭，謂辭受則國治身安、名號顯榮之願望滅也。盧說誣矣。」盧說是，陳氏妄改妄釋，殊不足信。此文以「原（源）」作比喻，指群臣謀慮的諫言。

（3）宣王為太（大）室，大益百畝，堂上三百戶

按：畢沅曰：「益，《新序》作『蓋』，《御覽》卷 174 引同。」松皋圓口：「益，『蓋』字訛。覆蓋百畝，言其廣大。」將維喬等從松說，彭鐸、石光瑛說同〔註51〕。陳奇猷曰：「大益百畝猶言大愈百畝，義自通。《新序》自作『蓋』，不必同。」劉如瑛口：「益，通『溢』，超過。原文自通。」《七國攷》卷 4 引本書、隋杜公瞻《編珠》卷 2 引《新序》皆作「蓋」。是宋、明人所見本書仍作「蓋」，今本作「益」，形之誤耳。

（4）春居問於宣王曰：「荊王釋先王之禮樂而樂為輕，敢問荊國為有主乎？」

按：陳奇猷曰：「輕，易也。以禮言，輕是簡慢；以樂言，輕是淫侈。《新序》改『輕』為『淫樂』二字，義有所偏。」《新序·刺奢》作「荊王釋先王之禮樂而為淫樂」，陳氏失校，所釋亦非。石光瑛、徐仁甫指出「輕」是「淫」形誤，本書「樂」字誤置於上，當乙正〔註52〕，是也。

（5）吾嘗好良馬善御矣，而鸞徼來之

按：畢沅曰：「《說苑》『來』作『求』。」《治要》卷 39、《御覽》卷 647 引同今本作「來」，《資治通鑑外紀》卷 10、《太平寰宇記》卷 46 作「求」，《金樓子·雜記上》作「致」。本書《不侵》：「尊貴富大不足以來士矣。」高誘注：「來，猶致也。」「求」疑「來」形誤。

〔註51〕石光瑛《新序校釋》，中華書局 2001 年版，第 811 頁。
〔註52〕石光瑛《新序校釋》，中華書局 2001 年版，第 812 頁。

《觀表》校補

（1）**徵雖易，表雖難，聖人則不可以飄矣，衆人則無道至焉**

　　高誘注：飄，疾也。必翔而後集，故不可以疾也。

　按：馬敍倫曰：「飄疑借爲趬，輕行也。或借爲僄，輕也。」王利器從其說。
　　陳奇猷曰：「疑飄爲要之同音假字。要，遮也。謂表雖難察，然聖人明
　　察秋毫，不可以遮蔽也。」高、馬固非，陳說亦誤，「要」訓遮是阻攔
　　義，而不是遮蔽義，且其說又遺漏了「徵雖易」。徐仁甫曰：「飄，通『漂』，
　　謂動搖也。道，由也。」徐說是，《說文》：「漂，浮也。」以聲爲訓，
　　言漂浮，漂動。字亦省作票，《漢書・揚雄傳》：「票崑崙。」顏師古注：
　　「票，猶言搖動也。」言不管徵表難易，聖人都不爲之移動。無道，猶
　　言無由、無從。道、由音之轉耳。范耕研曰：「道，術也，由也。」其
　　前說非是。

（2）**右宰穀臣止而觴之**

　按：止，《孔叢子・陳士義》同，《風俗通義・過譽》作「留」，義同。

（3）**陳樂而不樂，酒酣而送之以璧**

　按：陳奇猷曰：「《孔叢子・陳士義》作『陳樂而不作』，下同。考《大樂》
　　云『亡國戮民，其樂而樂』，《侈樂》云『樂不樂者，其生必傷』。今右
　　宰穀臣陳樂而不樂，故邴成子知其將有死難也。《孔叢》非也。」王利
　　器曰：「不樂，《孔叢子》、《逸語》卷 9 作『不作』。」《逸語》10 卷，
　　清人曹庭棟輯注孔子事語，曹氏指明此條錄自本書，作「不作」蓋據《孔
　　叢》而改。陳說殊誤。上「樂」是名詞，音樂；下「樂」是動詞，奏樂、
　　作樂。徐仁甫謂當從《孔叢》作「不作」，亦無必要。《風俗通義・過譽》
　　作「陳樂而不樂，酒酣而不飲，送以璧」。盧文弨謂「不飲」是衍文，
　　王利器從其說〔註53〕。陳氏所引《大樂》、《侈樂》二文，與此無涉。

（4）**今侯渫過而弗辭**

　　高誘注：侯，何也。重過爲渫過。何爲不辭右宰。

　按：惠棟曰：「侯訓何，音義皆同也。侯古音讀爲胡。」〔註54〕孫詒讓曰：

〔註53〕王利器《風俗通義校注》，中華書局 1981 年版，第 197 頁。
〔註54〕此李芝綬過錄惠棟《呂氏春秋》校語，轉引自王利器《注疏》。惠士奇《禮說》

「侯，與『胡』通。」〔註55〕馬敘倫曰：「『渫』字如高說，當是『媟』之借字。」陳奇猷曰：「侯即何音近之假字。渫與喋同音，皆爲疊之同音假字。」王利器曰：「凡從枼得聲之字，都有重疊、積累之意。」《孔叢子‧陳士義》作「今過而不辭何也」，可證「何」確當訓何。渫，余讀爲蹀、跕，踰也，越也。

（5）至，使人迎其妻子，隔宅而異之，分祿而食之

按：隔宅而異之，《類聚》卷 84、《御覽》卷 806、《古今合璧事類備要》外集卷 62 引作「隔宅居之」，《淮南子‧泰族篇》作「割宅而異之」，《風俗通義‧過譽》作「隔宅而居之」，《孔叢子‧陳士義》作「隔宅而居之」。（a）盧文弨曰：「兩書皆作『隔』，『鬲』疑字誤。」王利器從其說〔註56〕。考《玉篇殘卷》：「隔，《說文》古文𨻶字也。隔，塞也。」又「廅，《字書》亦障字也。障，𨻶也。」又「障，《說文》：『障，𨻶也。』或爲廅字。」「鬲」非古文，是「隔」字的俗書「𨻶」的形誤〔註57〕。鮑鼎《玉篇誤字考》：「『障』注：『𨻶也。』𨻶誤隔。」〔註58〕這個字形在佛經中大量存在，《可洪音義》卷 2：「上𨻶：古厄反，胸𨻶也，正作膈、隔二形也。」「膈」是「隔」的分別字。又卷 6「𨻶以」條，卷 15：「別𨻶：音革。」又卷 10：「障𨻶：古尼（厄）反。」《可洪音義》卷 11「𨻶於」條，卷 15「𨻶壁」條，卷 17「𨻶馱」條，卷 18「途𨻶」、「𨻶麼」條，卷 19「𨻶越」、「𨻶絕」條，卷 24「悠𨻶」條，並指出「古厄反，正作隔」。《毗耶娑問經》卷下：「彼四大王子，𨻶宮殿周匝常有妙好華蔓，多饒妙花莊嚴殿柱。」元、明、宮本「𨻶」作「隔」。《出三藏記集》卷 15：「雖晨祈云同，夕歸悠𨻶。」宋、元、明本「𨻶」作「隔」。《可洪音義》卷 1：「搹，音厄，經音是攝。」又卷 16：「轅輄：音隔，或作輄。」「搹」是「攝」形誤，「輄」是「輄」的俗書形誤，正可比例。另外，敦煌寫卷中，「攝」誤作「搹」，

卷 13 亦云「古音侯讀爲胡」，收入《叢書集成三編》第 24 冊，新文豐出版公司 1997 年版，第 447 頁。則惠棟乃承其父說耳。
〔註55〕孫詒讓《籀廎讀書錄‧呂氏春秋》，收入《籀廎遺著輯存》，中華書局 2010 年版，第 350 頁。
〔註56〕王利器《風俗通義校注》，中華書局 1981 年版，第 197 頁。
〔註57〕「𨻶」字形見黃征《敦煌俗字典》，上海教育出版社 2005 年版，第 128 頁。
〔註58〕鮑鼎《玉篇誤字考》，《學衡》第 44 期，1925 年版，第 8 頁。

佛經中「攝」譌作「楄」〔註59〕，亦其例。(b) 馬敘倫曰：「『異』蓋『廙』之省文。《說文》：『廙，行屋也。』」聞一多曰：「『異』與『廙』同。《說文》云云。變名詞爲動詞，則居亦謂之廙。」〔註60〕許維遹曰：「《類聚》卷84引『異』亦作『居』，然『異』非誤文，《淮南子·泰族篇》有『割宅而異之』語。」蔣維喬等曰：「馬說是也。《日抄》引亦作『異』，《淮南·泰族》云『割宅而異之』可證。《類聚》卷84、《御覽》卷806作『居』，或誤引。」陳奇猷曰：「許說是。本書《愼大》高注亦有『清靜其宮以異之』之語，亦可證『異』非誤字。『異』實爲『御』之假借字。古者進用物件皆謂之御。」考《淮南子》云：「乃裂地而州之，分職而治之，築城而居之，割宅而異之，分財而衣食之。」已有「築城而居之」語，則「異」不得再訓居。曹庭棟曰：「異，猶別也。」其說是也。異，別之也，正與「隔宅」相應。廙訓行屋者，是帳篷之類，如今之蒙古包是也。廙之言趣，《說文》：「趣，行聲也。」《玉篇》：「趣，走貌。」其核心詞義是行，不得轉訓居，馬氏、聞氏說非是。陳奇猷說皆誤，所引高注「清靜其宮以異之」之「異」是表異義，與此不同；讀異爲御，音理雖有可能，然未見用例；又謂「御，進用」，所引例證均誤，所引《詩》「飲御諸友」，「御」是進獻義；所引《禮記》、《獨斷》，「御」皆指天子服習，不得用於臣下；所引《韓子》「今返而御」，亦誤，《韓子》「御」當訓侍食。

(6) 孔子聞之曰：「夫智可以微謀，仁可以託財者，其邧成子之謂乎！」

按：「智仁」二句，《資治通鑑外紀》卷7同，《孔叢子·陳士義》作「智可與微謀，仁可以託孤，廉可以寄財者」，一本「微」作「徵」。錢熙祚據本書校作「微」，傅亞庶曰：「錢說是。微謀，猶藏謀。」〔註61〕曹庭棟曰：「微謀者，不俟明言，而能喻其意。」陳奇猷曰：「『財』與『仁』義不相蒙，當據《孔叢》補正。」徐仁甫說同陳氏。曹、陳、徐說是，傅釋誤。微謀，猶言密謀。《管子·君臣下》：「牆有耳者，微謀外泄之

〔註59〕參見曾良《俗字及古籍文字通例研究》，百花洲文藝出版社2006年版，第282～283頁。

〔註60〕聞一多《璞堂雜業·呂氏春秋》，收入《聞一多全集》卷10，湖北人民出版社1994年版，第455～456頁。

〔註61〕傅亞庶《孔叢子校釋》，中華書局2011年版，第350頁。

謂也。」右宰穀臣陳樂而不樂，酒酣而送之以璧，以暗示邸成子，而不明說託孤，而邸成子也領會其意，此即可以微謀者也。

（7）寒風是相口齒

按：王叔岷曰：「《御覽》卷 896 引『相』上有『能』字，下同。」寒風，各書引同。《廣川畫跋》卷 5《書伯時馬圖》作「寒同相口」。「同」是「風」形誤。

（8）麻朝相頰

按：麻朝，《御覽》卷 896、《事類賦注》卷 21、《玉海》卷 148、《藝文志考證》卷 10、《姓氏急就篇》卷上王應麟注引同，《愛日齋叢抄》卷 5 引作「麻衣」，《廣川畫跋》卷 5 作「史朝」。

（9）子女厲相目

按：《御覽》卷 896 引作「女厲能相目」，「口」是「目」脫誤。

（10）衛忌相髭

按：王利器曰：「髭，《藝文志考證》卷 10 引作『髦』，誤。」《愛日齋叢抄》卷 5 引作「髭」，《玉海》卷 148 引作「髭」，《說郛》卷 17 引《愛日齋叢抄》作「髥」，《廣川畫跋》卷 5 作「鬚」。「髭」足口上鬚，其餘各字皆形誤。

（11）許鄙相朏姝姝

高誘注：朏，後竅也。「朏」字讀如「窮穹」之穹。

按：畢沅曰：「朏乃尻之俗，《玉篇》『苦刀切』，此音讀未詳。」王念孫乙注「窮穹」作「穹窮」〔註62〕。吳承仕曰：「尻從九聲，本屬幽部，與侯部近，故對轉東，音穹。」黃侃曰：「窮、穹、究本一語之變，則從九聲者無妨讀穹，此蕭、登相通也。尻之語亦與孔相依，此則蕭、東之通。」〔註63〕吳、黃說是，今本不誤。朏，《玉海》卷 148、《藝文志考證》卷 10 引同，《愛日齋叢抄》卷 5 引作「尻」，《廣川畫跋》

〔註62〕王念孫《呂氏春秋校本》，轉引自張錦少《王念孫〈呂氏春秋〉校本研究》，《漢學研究》第 28 卷第 3 期，2010 年出版，第 317 頁。
〔註63〕黃侃《經籍舊音辨證箋識》，附於吳承仕《經籍舊音辨證》，中華書局 2008 年版，第 352、408 頁。

卷 5 亦作「尻」,字同。音轉又作州、醜,《爾雅》:「白州,驠。」郭璞注:「州,竅。」邢疏:「謂馬之白尻者名驠。」《說文》:「驠,馬白州也。」王念孫曰:「《廣雅》:『尻、州,臀也。』故馬尻亦謂之州。《北山經》曰:『倫山有獸焉,其州在尾上(今本州譌作川)。』郭彼注亦曰:『州,竅也。』《內則》曰:『鼈去醜。』鄭注:『醜,謂鼈竅也。』醜與州聲近而義同。」〔註64〕黃生曰:「凡事物難過目者,俱可借此稱。故人貌陋者為醜,男女所諱處亦謂之醜。兼羞惡二義,貌陋則可惡,此本義也。男女所諱處,則羞於言,此可羞義也。」〔註65〕王念孫說是,黃生說非也。《山海經‧北山經》:「倫山有獸焉,其狀如麋,其川在尾上,其名曰羆。」郭璞注:「川,竅也。」楊慎曰:「《伯樂相馬經》有『馬白州』,當是『川』字,以此可証。」〔註66〕楊說憒矣。郝懿行曰:「《爾雅》注云云,是『州』、『川』其義同。王引之曰:『川似當為州字,形相近而誤。』」〔註67〕王引之說是,郝說非也。

(12)投伐褐相胸脅

按:伐,《御覽》卷 896、《玉海》卷 148、《藝文志考證》卷 10、《姓氏急就篇》卷上王應麟注引同,《愛日齋叢抄》卷 5 引作「代」,《廣川畫跋》卷 5 亦作「代」,疑是脫誤。

(13)管青相瀆肳

按:畢沅曰:「李善註《文選‧七命》作『脣吻』,《御覽》卷 896 同。」桂馥曰:「《說文》:『瀆,一曰鼓鼻也。』或借瀆字,《呂氏春秋》云云。」〔註68〕松皋圓說同桂氏。蔣維喬等曰:「松說疑非。朱起鳳據《御覽》,以『瀆』乃『脣』字之譌,是也。今《選》注及《事類賦》卷 21 正作『脣吻』。惟《玉海》、《志證》卷 10 引亦作『瀆肳』,則南宋已譌矣。」陳奇猷曰:「瀆從賣聲,脣從辰聲,皆隸諄部,則『瀆』乃『脣』之別

〔註64〕王引之《經義述聞》卷 28,江蘇古籍出版社 1985 年版,第 681 頁。
〔註65〕黃生《字詁》,《字詁義府合按》,中華書局 1954 年版,第 22 頁。
〔註66〕楊慎《山海經補注》,收入《叢書集成新編》第 90 冊,新文豐出版公司 1985 年版,第 267 頁。
〔註67〕郝懿行《山海經箋疏》卷 3,收入《續修四庫全書》第 1264 冊,上海古籍出版社 2002 年版,第 165 頁。
〔註68〕桂馥《說文解字義證》,齊魯書社 1987 年版,第 131 頁。

構，非誤字也。」《玉海》見卷 148，《愛日齋叢抄》卷 5 引同，《廣川畫跋》卷 5 亦同，《玉海》有注：「膪肕，一作『脣吻』。」《實賓錄》卷 12 引作「脣吻」。朱起鳳說是；蔡偉曰：「疑膪當作膹，而讀爲脣。」〔註 69〕亦是也。桂、松說不通，非是。「膪」、「脣」雖同部，但聲母不通，陳說亦非。

（14）秦牙相前，贊君相後

按：劉釗指出「前」指馬的陰部，「後」指馬的肛門，並列舉了大量的傳世文獻及出土文獻作證〔註 70〕。

（15）皆天下之良工也

按：工，《玉海》卷 148、《藝文志考證》卷 10 引同，《廣川畫跋》卷 5 亦同，《文選‧七命》李善註、《實賓錄》卷 12 引誤作「士」。

（16）見馬之一徵也

高誘注：徵，驗也。

按：《御覽》卷 896、《事類賦注》卷 21 引作「並知其一也」，脫「徵」字。見，猶知也。

（17）而知節之高卑，足之滑易，材之堅脆，能之長短

按：《釋名》：「錫纊，錫，治也，治其麻，使滑易也。」《周禮‧春官‧司服》鄭玄注引鄭司農曰：「錫，麻之滑易者。」《儀禮‧喪服》鄭玄注：「謂之錫者，治其布，使之滑易也。」「滑易」是光滑、平滑之義，同義連文，易者平也；結構與「高卑」、「堅脆」、「長短」正反連文不同。王利器曰：「《說文》：『滑，利也。』本書《明理篇》有『滑馬』。」王氏訓滑爲利是也，而引《明理》「滑馬」則誤，另詳彼篇校補。徐仁甫拘於對句，云：「滑，借爲屈，字亦作掘，謂拙也。『滑』非取滑利，與『易』亦當相反。」《漢語大詞典》：「滑易，便捷與遲滯。」〔註 71〕

〔註 69〕 蔡偉《誤字、衍文與用字習慣——出土簡帛古書與傳世古書校勘的幾個專題研究》，復旦大學 2015 年博士學位論文，第 113 頁。

〔註 70〕 劉釗《讀〈呂氏春秋〉箚記一則》，收入《〈長沙馬王堆漢墓簡帛集成〉修訂研討會論文集》，會議 2015 年 6 月 27～28 日在上海舉行，第 141～150 頁。

〔註 71〕 《漢語大詞典》（縮印本），漢語大詞典出版社 1997 年版，第 3360 頁。

皆非是。張富祥曰：「『足』疑爲『生』字之誤。『生』則讀作『性』。滑，通『猾』，引申爲亂。本書《明理篇》記雲狀『滑馬』，是其義。」〔註72〕逞臆妄改，全無足取。

〔註72〕張富祥《呂氏春秋》校釋札記（二）》，《古籍整理研究學刊》2008 年第 5 期，第 29 頁。

《開春論》卷第二十一校補

《開春》校補

（1）天大雨雪，至於牛目

按：王利器曰：「牛目，《合璧事類》前集卷61、《古今事文類聚》前集卷50
引作『牛月』，《冊府元龜》卷242同，卷743作『牛目』。《古文苑》卷
11董仲舒《雨雹對》：『雪至牛目。』鮑彪注：『駕車用牛，故以及其目
為深候。』」《合璧事類》當是卷62，董仲舒《雨雹對》亦見《西京雜
記》卷5引。「牛目」是，《書鈔》卷92引此文作「牛目」，《戰國策・
魏策二》、《孟子》佚文、敦煌寫卷P.2589《春秋後語》亦同〔註1〕，《說
郛》卷27引楊奐《山陵雜記》亦同。于鬯引戴文光曰：「牛目，離地約
四尺，故舉為雪深之證。」〔註2〕鮑、戴說是也。金正煒曰：「鮑說理
不可通。『牛目』疑是『牛月』之譌。雨雪及十五日之久。」〔註3〕金
氏自誤耳，沈延國已駁其說〔註4〕。

〔註1〕 韓鄂《歲華紀麗》卷4、《書鈔》卷152、《類聚》卷2、《白氏六帖事類集》卷
1、《御覽》卷12、555、《事類賦注》卷3引《孟子》佚文。
〔註2〕 于鬯說轉引自范祥雍《戰國策箋證》，上海古籍出版社2006年版，第1320頁。
〔註3〕 金正煒《戰國策補釋》卷5，收入《續修四庫全書》第422冊，上海古籍出版
社2002年版，第544頁。
〔註4〕 沈延國《〈呂氏春秋・開春論〉集解初稿》，《制言》第37、38期合刊，1937
年版，本文第7頁。

（2）群臣皆莫敢諫，而以告犀首

按：諫，敦煌寫卷 P.2589《春秋後語》同，《戰國策・魏策二》作「言」。

（3）昔王季歷葬於渦山之尾

按：梁履繩曰：「《魏策》作『楚山』，《論衡・死僞篇》作『滑山』，《初學記》卷 14 引作『渦山』。」《初學記》卷 14 引作「渦水」，梁氏失檢。渦山，《文選・祭古冢文》李善注引同，《孟子》佚文、《冊府元龜》卷 743 亦同〔註 5〕；《錦繡萬花谷》後集卷 22、《古今事文類聚》前集卷 50、《古今合璧事類備要》前集卷 62 引作「渦水」，《御覽》卷 555 引《孟子》作「滑山」，《說郛》卷 27 引楊奐《山陵雜記》亦作「渦水」，敦煌寫卷 P.2589《春秋後語》作「楚山」。《魏策》姚宏注：「皇甫謐云：『楚山，一名潚山，鄀縣之南山也。』縱有楚山之名，不宜得蠻水所齧。」吳師道《補注》：「《呂氏春秋》作『渦水之尾』，《初學記》引一作『渦山』，《論衡》作『滑山』。」孫蜀丞曰：「疑『渦』即『滑』字之譌，『楚山』其別名也……潚、滑音近。」〔註 6〕「渦」、「滑」同從呙得聲，當是一字異體，而非譌字。「禍」古字作「䄆」，是其比也。《國語・晉語一》：「齒牙爲猾。」《淮南子・泰族篇》許慎注引「猾」作「禍」，《史記・晉世家》同。《淮南子・詮言篇》：「有滑則詘，有福則贏。」一本「滑」作「禍」，《御覽》卷 739 引亦作「禍」。皆是其證。孫氏謂「潚、滑音近」是也，《莊子・至樂》：「支離叔與滑介叔觀於冥伯之丘。」《釋文》：「滑，音骨，崔本作潚。」《史記・秦本紀》：「其玄孫曰中潚。」《集解》引徐廣曰：「潚，一作滑。」《正義》引宋忠注《世本》：「仲滑生飛廉。」《文選・辨命論》李善注引作「仲喬」。皆是其證。沈延國曰：「『渦』字作『滑』或作『楚』者，皆誤。」失考矣。

（4）水齧其墓

按：齧，《戰國策・魏策二》、《孟子》佚文同〔註 7〕，《論衡・死僞篇》作「擊」。王利器曰：「《周禮・考工記》：『善溝者水漱之。』鄭玄注：『漱，

〔註 5〕《類聚》卷 2、《御覽》卷 12、《事類賦注》卷 3 引《孟子》佚文。
〔註 6〕孫人和（蜀丞）《論衡舉正》，上海古籍出版社 1990 年版，第 104 頁。
〔註 7〕《類聚》卷 2、《御覽》卷 12、555 引《孟子》佚文。

猶齧也。』《文選‧長笛賦》：『秋潦漱其下趾兮。』《水經‧穀水注》：『泄水南注瀉下，加歲久漱齧，每潦即壞。』亦謂水漱土謂之齧，義與此同。」王說是也。齧，侵蝕。《水經注‧濟水》：「大河衝塞，侵齧金隄，以竹籠石葺土而爲堨。」又《穀水》：「石人東脅下文云：『太始七年六月二十三日，大水迸瀑，出常流上三丈，蕩壞二堨五龍。泄水，南注瀉下，加歲久漱齧，每潦即壞，歷載捐棄大功，故爲今遏……由其卑下，水得踰上漱齧故也。』」《周禮‧考工記》：「梢溝三十里而廣倍。」鄭玄注引鄭司農曰：「梢謂水漱齧之溝。」齧亦漱也，謂水盪之也。擊，讀爲激。《莊子‧逍遙遊》：「水擊三千里。」《慧琳音義》卷87、《御覽》卷927引「擊」作「激」。《淮南子‧齊俗篇》：「故水擊則波興。」《治要》卷41引「擊」作「激」，《文子‧下德》同；《淮南子‧氾論篇》：「水激興波。」《列子‧湯問》：「以激夾鍾。」《釋文》：「激音擊。」《論衡‧雷虛》：「雷者，太陽之激氣也。」《玉燭寶典》卷11引「激」作「擊」。皆其證也。

（5）見棺之前和

高誘注：棺頭曰和。

按：畢沅曰：「注『題』舊作『頭』，據李善注《文選‧祭古冢文》所引改。《說文》：『題，額也。』」桂馥曰：「《廣雅》：『棺當謂之㮰。』又云：『㮰，棺頭。』《玉篇》作『枡』。」章太炎曰：「今浙江猶謂棺之前端曰『前和頭』，音如華。淮南謂題字於棺前端曰『題和』，音如壺。」蔣維喬等曰：「畢改『頭』作『題』，疑非。考吳師道《戰國策補校》：『《玉篇》：「枡，胡戈、戶臥二反。」《廣韻》作㮰，皆云「棺頭也」，此作和，蓋音通。』㮰，棺頭。可證棺頭曰和。蓋棺之橫木爲桓，桓、和相轉也。題、頭雖聲轉，義實略別。章炳麟云云，是頭、題義異，猶存於方言。」于省吾曰：「和乃桓之假字。棺題曰桓者，謂棺之前端特出者爲桓也。」陳奇猷曰：「于先生說至確。此注當作『題』訓爲額。若作『棺頭曰和』，則非其旨矣。《廣雅》、《廣韻》以和爲棺頭，皆非也。」王利器曰：「《冊府元龜》卷743亦作『題』。」《小爾雅》：「題，頭也。」「棺題」即「棺頭」，指棺之二頭，俗稱作「前和」、「後和」。棺題之題不是題字之題，章太炎所說的「題字棺前端曰題和」，「題和」之題亦前端之義，蔣維喬

誤解其義。蔣維喬、于省吾讀和爲桓，亦非創見，明清人早有此說。方以智曰：「棺前曰和，《文選・弔古冢文》『見棺前和』，《水經注》『見胡公棺前和』，《呂覽》『見棺之前和』是也。蓋謂橫木爲桓，桓、和相轉。」〔註8〕阮元曰：「元謂前和即前桓，桓、和古同聲，其通借之迹多矣。」〔註9〕翟灝曰：「今人稱棺前後曰和頭，亦轉音曰桓頭。」〔註10〕《漢書・酈商傳》：「攻其前垣。」《史記》作「攻其前拒」，《集解》引徐廣曰：「拒，一作和。」王念孫曰：「史記作拒，漢書作垣，皆桓字之譌也。垣與桓聲相同，拒與桓字相近……軍前門謂之前和，猶棺前蔽謂之前和。《呂氏春秋》云云。和與桓聲相近，軍門兩出謂之和，猶木雙植謂之桓也；軍門四出謂之和，猶木四植謂之桓也。軍門四出謂之和，而字或爲桓，猶木貫柱四出謂之桓，而聲或爲和也。」〔註11〕沈延國引方以智、章太炎等說〔註12〕，如此爲學，方不誣前人矣。

（6）於是出而爲之張朝，百姓皆見之，三日而後更葬

按：張朝，《論衡・死僞篇》同，《戰國策・魏策二》「張」下有「於」字。敦煌寫卷 P.2589《春秋後語》作「乃出棺張幕，朝以百姓，而更葬之」，《孟子》佚文作「乃出爲帳，三日後葬」〔註13〕。姚宏注：「《後語》：『張帳以朝。』」鮑彪注：「張幕帟如朝廷然。」此文「張」是「帳帷」的本字，此作動詞用〔註14〕；當據《策》補「於」字。張於朝，謂在朝廷張設帳帷也。沈延國曰：「張，設帳也。」〔註15〕徐仁甫曰：「『張』借爲『帳』。『帳朝』即張帳以朝。」其說皆是也。陳奇猷曰：「『張朝』

〔註8〕 方以智《通雅》卷 34，收入《方以智全書》第 1 冊，上海古籍出版社 1988 年版，第 1057 頁。所引《水經注》見《穀水注》。

〔註9〕 阮元《與王西沚先生書》，《揅經室集三集》卷 3，《四部叢刊》初編本集部。

〔註10〕 翟灝《通俗編》卷 26，收入《續修四庫全書》第 194 冊，上海古籍出版社 2002 年版，第 537 頁。

〔註11〕 王念孫《漢書雜志》，收入《讀書雜志》卷 5，中國書店 1985 年版，本卷第 50～51 頁。

〔註12〕 沈延國《呂氏春秋開春論集解初稿》，《制言》第 37、38 期合刊，1937 年版，本文第 10～11 頁。

〔註13〕 《御覽》卷 12 引同，又卷 555 引「帳」作「張」。

〔註14〕 參見范祥雍《戰國策箋證》，上海古籍出版社 2006 年版，第 1322～1323 頁。

〔註15〕 沈延國《呂氏春秋開春論集解初稿》，《制言》第 37、38 期合刊，1937 年版，本文第 11 頁。

即『設朝』，謂佈置朝見之所。詳《本味》注。《國策》衍『於』字。」
陳氏《本味篇》「明日設朝而聽之」注云：「設朝者，佈置朝廷行禮也。
《韓非子・外儲說右下》：『於是明日張朝而聽子之。』本書《開春》
云云，張、設同義。」王利器說同陳氏，又曰：「《類聚》引《孟子》
作『乃出爲帳』，蓋不得其意而妄改。」所不取也。

（7）唯先生能活臣父之死

按：《御覽》卷 462 引無「之死」二字。

（8）晉誅羊舌虎，叔嚮為之奴而腏

高誘注：奴，戮也。律：坐父兄沒入爲奴。腏，繫也。

按：畢沅曰：「字書無『腏』，疑是『脧』，縮肉之意也。」朱駿聲曰：「『艐』
字亦誤作『腏』。」孫鏘鳴曰：「腏，注訓係，再考。」〔註16〕吳承仕
曰：「《書序》：『遂伐三艐。』字從舟，葵聲，此『艐』字之見於經者。
《說文》：『葵，斂足也。』《周禮》注：『稷，束也。』是葵聲之字本
有繫縛之義。此文假『腏』爲之。高訓爲繫，正與許、鄭合。畢校失
之。」馬敘倫曰：「『腏』疑『竣』字之譌。蓋叔嚮爲奴，事已而竣也。」
孫蜀丞曰：「『腏』疑即『葵』字。《說文》云云，高訓爲繫，義正相成。
朱駿聲說亦通。」譚戒甫曰：「『腏』即『艐』字，非誤也。蓋舟旁之
字，後人多寫作月。《說文》：『艐，船著沙不行也。』引申凡著皆曰艐。
《方言》：『艐，宋語也。』《釋文》：『艐，古屆字。』《說文》：『屆，
行不便也。』此二義皆與正文相會。」沈延國曰：「諸說疑皆非。《說
苑・善說篇》『而腏』作『既而』，屬下句，是也。高注疑後人羼入。」
陳奇猷曰：「吳、譚說近是。『繫』蓋繫囚之繫。《說文》：『葵，斂足也。』
斂足，蓋以刑具斂足之意，此文之『腏』即此義。是『腏』爲以刑具
斂足之本字，而《說文》作『葵』者乃省文也。高注『奴，戮也』，疑
當作『奴，戮人也』，今本脫『人』字，不可通。」王利器曰：「『腏』
當作『傶』，形近而誤。」「腏」、「傶」形本近，王說無據。今本《書
序》作「遂伐三腏」，字從月，黎本《玉篇殘卷》「艐」字條引作「艐」。
《方言》卷 1：「戾、艐，至也。戾，楚語也。艐，宋語也。」郭璞注：

〔註16〕孫鏘鳴《呂氏春秋高注補正》，《國故》1919 年第 4 期，第 12 頁。

「艎,古屈字。」《釋文》引孫炎說同。此明是「屈」古字,音義與《說文》之「艎」全異,譚戒甫牽附爲一,亦失考矣。《說文》:「夑,斂足也。鵲鶋醜,其飛也夑。」《爾雅》:「鵲鶋醜,其飛也翪。」《玉篇》:「夑,飛而斂足也。」「夑」同「翪」,指鳥類飛行時收攏其足。吳承仕引《說文》以證「夑」聲字有繫縛之義,固可;陳奇猷失考,謂「夑」指以刑具斂足,則大誤。腏訓繫者,腏之言總,俗作總,夑聲字有繫縛之義,皆然。《說文》:「總,聚束也。」《漢書・司馬相如傳》顏師古注引張揖曰:「總,係也。」高注「奴,戮也」者,言刑戮之使爲奴也。《書・湯誓》:「予則孥戮女。」《史記・殷本紀》引作「帑僇」。又《甘誓》:「予則孥戮汝。」《史記・夏本紀》引作「帑僇」。「孥」、「帑」並讀爲「奴」。《漢書・季布欒布田叔傳贊》:「及至困戹奴僇。」顏師古注:「僇,古戮字也。奴僇,謂髡鉗爲奴而賣之也。」陳奇猷補「人」字亦誤。

(9) 聞善為國者,賞不過而刑不慢

按:王利器曰:「《左傳・襄公二十六年》:『善爲國者,賞不僭而刑不濫。』《正義》:『僭謂僭差,濫謂濫佚。』《荀子・致仕篇》:『賞不欲僭,刑不欲濫。』」慢,《左傳》、《說苑・善說》作「濫」。《詩・殷武》:「不僭不濫。」毛傳:「賞不僭,刑不濫也。」慢之言漫,實爲滿,與「濫」義相會。《說文》:「滿,盈溢也。」

《察賢》校補

(1) 今夫塞者,勇力、時日、卜筮、禱祠無事焉,善者必勝

按:畢沅曰:「『塞』舊本作『寒』。趙云:『當作塞。』今從之。『塞』亦作『簺』,《說文》云『行棊相塞也。』」陳奇猷從其說改。《喻林》卷66引正作「塞」。《廣韻》:「簺,格五戲。」《莊子・駢拇》:「問臧奚事?則挾筴讀書;問穀奚事?則博塞以遊。」《管子・四稱》:「流於博塞。」又《四時》:「禁博塞。」博謂六博,塞謂簺戲,又稱作格五戲。《漢書・吾丘壽王傳》:「吾丘壽王以善格五召待詔。」顏師古注:「孟康曰:『格音各。行伍相各,故言各。』劉德曰:『格五棊行。』《簺法》曰:『簺

白乘五，至五格不得行，故云格五。師古曰：『即今戲之簺也。』」《後漢書・梁冀傳》：「（梁冀）能挽滿、彈棊、格五、六博、蹴鞠、意錢之戲。」李賢注引鮑宏《簺經》曰：「簺有四采塞白乘五是也。至五即格，不得行，故謂之格五。」〔註17〕

（2）立功名亦然要在得賢

高誘注：要，約也。

按：松皋圓曰：「要，本也。」本書《本味》：「功名之立，由事之本也，得賢之化也，非賢其孰知乎事化？故曰其本在得賢。」《初學記》卷 20 引《白虎通》：「治國之道，本在得賢。得賢則治，失賢則亂。」〔註18〕《越絕書・外傳記地傳》：「治道萬端，要在得賢。」可以證此文之義。下文「執其要而已矣」，「要」即承此而言。

（3）故曰堯之容若委衣裘，以言少事也

按：松皋圓曰：「委猶置也。」沈延國從其說。陳奇猷曰：「『委蛇』、『委佗』同，亦作『委隨』，皆消閒自得之貌。長言之曰『委隨』，促言之曰則曰『委』。容猶言儀表。若猶乃也。謂堯之時，天下無事，堯之儀表，乃委曲其衣裘，消閒自得。『以言』猶此言。」王利器曰：「『委衣裘』一作『委衣』。《淮南子・原道篇》：『其縱之也若委衣，其用之也若發機。』《春秋繁露・立元神》：『故爲人君者，謹本詳始，敬小愼微，志如死灰，形如委衣，安精養神，寂寞無爲。』又作『委裘』……又作『安裘』……《易・繫辭下》：『黃帝堯舜垂衣裳而天下治。』亦言其無爲而治也，與此文『委衣裘』同義。」王利器說是。委，垂也。委衣裘，言垂拱而治。《晏子春秋・內篇諫下》：「是以雖事惰君，能使垂衣裳，朝諸侯。」《荀子・王霸》：「垂衣裳而天下定。」《新序・雜事四》：「舜舉眾賢在位，垂衣裳恭己無爲而天下治。」《論衡・自然》：「《易》曰：『黃帝堯舜垂衣裳而天下治。』垂衣裳者，垂拱無爲也。」皆其證。《易・繫辭下》孔疏：「垂衣裳者，以前衣皮，其制短小，今衣絲麻布帛所作衣裳，其制長大，故云垂衣裳也。」《集解》

〔註17〕《古今合璧事類備要》前集卷 57 引「塞白」作「塞四」，《冊府元龜》卷 869 注引作「四塞」。「四」字蓋誤。

〔註18〕《御覽》卷 632 引二「則」作「即」。

引九家易曰：「黃帝以上，羽皮革木以禦寒暑，至乎黃帝，始制衣裳，垂示天下。」

（4）我之謂任人，子之謂任力

按：「我之」、「子之」，承上文指治單父而言。謂，猶今語叫做、稱作。陳奇猷曰：「謂、爲古通，爲猶治也。」劉如瑛曰：「兩『謂』字並讀作『爲』。」解爲『所爲』。皆非是。

《期賢》校補

（1）當今之時世闇甚矣

按：陳奇猷謂「時」字衍，是也，《類聚》卷 88 引正無「時」字。《御覽》卷 952 引已衍。

（2）凡國不徒安，名不徒顯，必得賢士

按：本書《謹聽》：「名不徒立，功不自成，國不虛存，必有賢者。」

（3）魏文侯過段干木之閭而軾之

高誘注：閭，里也。《周禮》：「二十五家爲閭。」軾，伏軾也。

按：閭，《淮南子・修務篇》、《新序・雜事五》同，《高士傳》卷中作「廬」。《新語・本行》：「段干木，徒步之士，修道行德，魏文侯過其閭而軾之。」《史記・魏世家》：「（文侯）客段干木，過其閭未嘗不軾也。」《鹽鐵論・貧富》：「魏文侯軾段干木之閭，非以其有勢也。」《孟子・公孫丑下》趙氏《章指》：「是以臧武仲雨行而不息段　干木偃寢而式閭。」《文選・魏都賦》：「千乘爲之軾廬，諸侯爲之止戈。」劉淵林注引《呂氏》作「廬」。《水經注・河水》：「干木，晉之賢人也，魏文侯過其門，式其廬。」《白氏六帖事類集》卷 7：「式廬：魏文侯過段干木之廬，必式之。」又卷 8：「軾廬：魏文侯軾段干木之廬，止戈於秦。」[註19] 皆未列出處。是秦漢人作「閭」，六朝以後人作「廬」，二字古通。考《禮記・曲禮上》：「入里必式。」則「閭」正字，「廬」借字。

〔註19〕卷 8 二引同。《白帖》分別在卷 22、27。

《史記・魏世家》《正義》引《高士傳》作「闈」。

（4）且吾聞段干木未嘗肯以己易寡人也，吾安敢驕之

　　高誘注：驕，慢之也。

　按：驕，《新序・雜事五》作「高」。石光瑛曰：「『高』正字，『驕』通叚字。高注似失其旨。」〔註20〕高注不誤，「驕」正與上文「軾之」對文，石說傎矣。

（5）則君乃致祿百萬，而時往館之

　　高誘注：時往詣其館也。

　按：楊樹達曰：「『館』有饋饗之義。高注恐非。」沈延國從其說。陳奇猷曰：「『館』為動詞，高以名詞為解，顯與此文不洽。楊以館有饋饗之義，亦未聞。『館』之本字為『官』，《說文》：『官，吏事君也。』此文謂時往事之，如吏事君耳。《新序》作『問』。問與官義亦近。」高注不誤，高云「詣其館」，正是以為動詞也。王利器曰：「《禮記・儒行解》：『孔子至舍，哀公館之。』注：『哀公就而禮館之。』《家語・儒行解》：『孔子既至舍，公館焉。』注：『就孔子舍。』《戰國策・燕策》：『武安君從齊來，而燕王不館。』尋《儀禮・聘禮》：『公館賓。』《釋文》：『主君就舍，拜謝聘君使臣來禮己國之事。』則館者，就賓館存問之也。」王說是也，所引《戰國策》見《燕策一》，《史記・蘇秦傳》作「不復官」。金正煒曰：「按：館、官古通用。《呂覽》高注云云。此云不館，亦謂不一臨存之耳。」〔註21〕

（6）秦君以為然，乃按兵輟不敢攻之

　　高誘注：輟，止也。

　按：馬敍倫曰：「『輟』字乃衍文也。」陳奇猷曰：「輟當讀輒，遂也。馬說非。」馬說固誤，陳氏尤為妄說通借，不合音理。此文不誤，高注得之。《淮南子・修務篇》作「於是秦乃偃兵輟不攻魏」，《新序・雜事五》作「乃案兵而輟不攻魏」。句首有「乃」字，則「輟」決不作「遂」用。

〔註20〕石光瑛《新序校釋》，中華書局 2001 年版，第 686 頁。
〔註21〕金正煒《戰國策補釋》卷 6，收入《續修四庫全書》第 422 冊，上海古籍出版社 2002 年版，第 575 頁。

本書《召類》：「解在乎史墨來而輟不襲衛趙。」又《愛類》：「故荊輟不攻宋。」《韓子‧說林下》：「郭君曰：『善！』乃輟不城薛。」又《外儲說右上》：「乃輟不殺客。」《淮南子‧修務篇》：「於是乃偃兵輟不攻宋。」《漢書‧揚雄傳》：「於是輟不復爲。」句法皆同。

（7）扶傷輿死

按：畢沅曰：「死與尸同。」沈延國從其說。馮振曰：「死與屍同，不與尸同。」〔註22〕陳奇猷曰：「畢說是。松皋圓以『死』爲『屍』之誤，非。」《新序‧雜事五》作「扶傷舉死」。石光瑛曰：「畢校云云，盧文弨亦謂當從《呂》作『輿』，死即屍字。案《書鈔》、《治要》引亦作『舉』。舉，猶援也。『輿』乃『與』之誤，古『與』、『舉』字通。《漢書‧司馬遷傳》：『救死扶傷。』救死即舉死。」〔註23〕石說非也，《管子‧輕重甲》、《淮南子‧兵略篇》、《文子‧上義》並有「輿死扶傷」語。

（8）履腸涉血

按：《新序‧雜事五》同。《淮南子‧兵略篇》：「涉血屬（履）腸」。石光瑛曰：「涉，與『喋』同，以口微吸。」〔註24〕石說非也。涉，讀爲蹀，亦履也，王利器引顏師古說是。

《審爲》校補

（1）冠所以飾首也，衣所以飾身也

按：首，《意林》卷2、《御覽》卷364引作「頭」。

（2）太王亶父可謂能尊生矣

高誘注：尊，重也。

按：尊，《莊子‧讓王》同，《淮南子‧道應篇》作「保」。保，讀爲寶，

〔註22〕馮振《呂氏春秋高注訂補（續）》，《學術世界》第1卷第11期，1935年版，第56頁。
〔註23〕石光瑛《新序校釋》，中華書局2001年版，第689頁。
〔註24〕石光瑛《新序校釋》，中華書局2001年版，第690頁。

寶亦重也。沈延國解「保生」爲「全生」〔註25〕，非是。

（3）君固愁身傷生以憂之臧不得也

高誘注：臧，近也。

按：《莊子・讓王》作「君固愁身傷生以憂戚不得也」。畢沅據《莊子》校
「臧」作「戚」，王念孫據刪「之」字，吳闓生、劉師培說同王氏。
孫鏘鳴曰：「『固』、『顧』通，戚亦憂也。『也』讀曰邪。」馬敍倫從
孫說，沈延國從王、孫說。馮振曰：「戚借爲慼，憂也。『也』讀爲邪。」
王叔岷曰：「畢本改『臧』爲『戚』，是也。王念孫云：『之字衍，《莊
子》無。』非也。『之戚』乃『戚之』之誤到，古鈔卷子本《莊子》
正作『以憂戚之不得也』。今本挩『之』字。」馮振、王叔岷說是。
孫氏讀固爲顧，則是訓爲反。裴學海曰：「胡，何也。字或作故，字
又或作固。」引《莊子》爲證〔註26〕。徐仁甫曰：「『固』通『故』，『故』
通『胡』。」裴氏、徐氏讀爲胡亦通。馬敍倫又曰：「愁讀爲撽，『臧』
當從舊本作『臧』，借爲將。『將不得也』猶言將弗得也，謂失之也。」
馮振、陳奇猷已駁其說。陳奇猷又曰：「『臧』字不誤，但當作『臧之』，
今本誤倒。『臧』即『贓』。凡侵奪而來之財物皆謂之臧。此文謂君顧
愁身傷生以憂侵地之不得邪？諸說皆非也。」陳說殊誤，侵地不得稱
爲臧。高注以「近也」爲解雖誤，然可證高氏所見本必是「戚」，「臧」
不能訓近。《愛日齋叢抄》卷5引已誤同今本。王利器曰：「諸說都未
考慮高誘『近』字之訓，未安。竊以爲『臧』蓋『幾』字形近之誤。」
王說非是，二字形遠，不得據高氏誤說改作「幾」。

（4）重傷之人無壽類矣

高誘注：言人不能自勝其情欲而不放之，則重傷其神也。神傷則夭殤札
瘥，故曰無壽類也。重讀「復重」之重。

按：《莊子・讓王》、《淮南子・道應篇》、《文子・下德》同。章太炎曰：「壽
借爲疇。無疇類，言殃及子孫。漢人多作『嚋類』，嚋亦疇字。」馬敍
倫從其說。馬敍倫又曰：「章氏云云。倫按：無壽類，猶言無遺類。壽

〔註25〕 沈延國《〈呂氏春秋・開春論〉集解初稿》，《制言》第37、38期合刊，1937
年版，本文第37頁。
〔註26〕 裴學海《古書虛字集釋》，中華書局1954年版，第266～267頁。

借為繢，織餘也。」〔註27〕譚戒甫曰：「壽當讀儔，義與類同。《淮南·道應篇》作『疇』，亦儔之借。高讀如字，文義似可承接，然實非也。」沈延國曰：「章說云云。譚氏『壽當讀儔』亦是。《管子·樞言篇》作『疇類』，《淮南》、《文子》皆作『壽類』（譚氏以《淮南》作『疇』，誤。），疇、儔同音通叚，壽乃儔之省。」〔註28〕朱起鳳曰：「疇、儔同音通用，壽乃儔字之省。儔字叚作僑，此方音之變。」〔註29〕陳奇猷曰：「『壽』字當從高說，讀『長壽』之壽。傷神之殃，止於本人夭死，與子孫無關。章、譚說雖辯，然非此文之義。」王利器亦說是「壽命」之「壽」。章說是，《管子·樞言》：「十日不食無疇類，盡死矣。」言人十日不食則死，無有疇類。此文言無有疇類，則無有子孫，此章氏言「殃及子孫」之義。非謂子孫亦受神傷之殃也。「疇」是本字，「儔」是分別字，譚戒甫以「儔」為本字，僨矣。朱起鳳謂「叚作僑」，非是。許維遹曰：「『無疇類』與『盡死』同義，疑『盡死』二字為校者旁注而誤入正文。《莊子·讓王篇》：『重傷之人無壽類矣。』《呂氏春秋·審為篇》同。『壽』即『疇』之借字，『疇』亦作『噍』，《漢書·高帝紀》：『襄城無噍類矣。』注：『青州俗呼無子遺為無噍類。』青州古屬齊國，此齊言也。」〔註30〕許說亦是，但「盡死」非衍文。北大藏漢簡《蒼頡篇》簡 8：「胡無噍類。」〔註31〕字亦作醜，《爾雅》：「醜，眾也。」《廣雅》：「醜，類也。」《賈子·耳痹》：「放此類者，鳥獸之儔徒，狐狸之醜類也。」

《愛類》校補

（1）公輸般為高雲梯，欲以攻宋

按：陳奇猷曰：「『高』字疑後人旁注而誤入正文者（雲梯即高梯，故旁注

〔註27〕 馬敘倫《莊子義證》卷 28，收入《民國叢書》第 5 編，（上海）商務印書館 1930 年版，本卷第 10 頁。
〔註28〕 沈延國《〈呂氏春秋·開春論〉集解初稿》，《制言》第 37、38 期合刊，1937 年版，本文第 44 頁。
〔註29〕 朱起鳳《辭通》卷 16，上海古籍出版社 1982 年版，第 1676 頁。
〔註30〕 郭沫若《管子集校》，收入《郭沫若全集·歷史編》卷 5，人民出版社 1984 年版，第 325 頁。
〔註31〕 《北京大學藏西漢竹書（壹）》，上海古籍出版社 2015 年版，第 77 頁。

『高』字），《墨子·公輸》、《淮南·修務》皆言『雲梯』，無作『高雲梯』者。」徐仁甫說同。《御覽》卷 320 引同今本，《冊府元龜》卷 908 同，《世說新語·文學》劉孝標注引《墨子》亦作「高雲梯」。

（2）王曰：「必不得宋，且有不義，則曷為攻之？」

　　舊校：「必」一作「既」。

按：上二句，《淮南子·修務篇》作「必不得宋，又且為不義」，「必」字是。彭鐸曰：「有猶為也。」彭說是，「為」讀平聲。且，猶又也，複言則曰「又且」。范耕研、馮振、許維遹、王利器並讀「有」為「又」，沈延國、陳奇猷從其說，非是。王叔岷曰：「『且有』當作『有且』，『有』讀為『又』，《淮南》是其塙證。」亦非是。

（3）昔上古龍門未開，呂梁未發

　　高誘注：發，通也。

按：《淮南子·本經篇》同，《水經注·河水》、《御覽》卷 40 引《淮南》、又卷 82 引《尸子》作「龍門未闢，呂梁未鑿」，《莊子·達生》《釋文》引《淮南》作「龍門未鑿」。《御覽》卷 40 引《尸子》作「古者龍門未鑿，呂梁未闢。」「闢」、「鑿」二字互倒。

（4）所活者千八百國

按：活，《御覽》卷 61、《事類賦注》卷 6 引誤作「治」。

《貴卒》校補

（1）所為貴鏃矢者，為其應聲而至，終日而至，則與無至同

　　高誘注：鏃矢輕利也。小曰鏃矢，大曰篇矢。射三百步，終一日乃至，是為與無所至同也。

按：梁玉繩曰：「《淮南·兵略》：『疾如錐矢。』注：『錐，金蔟箭羽之矢也。』《史·蘇秦傳》《索隱》引此作『錐』字。」馬敘倫曰：「《說文》：『鏃，利也。』高蓋據此。然《周禮·司弓矢》有錞矢，無鏃矢。錞者，《說文》云：『金錞翦羽謂之錞。』此『鏃』當作『錞』，形近而譌。《莊子·天下篇》：『鏃矢之疾而有不行不止之時。』『鏃』亦『錞』

之譌。」沈延國指出馬氏說本王念孫《淮南子雜誌》所引王引之說：「『錐』當爲『鏃』，注內『箭羽』當爲『翦羽』，皆字之誤也。《爾雅》：『金鏃翦羽謂之鏃。』（《說文》同，《方言》曰：『箭，江、淮之閒謂之鏃。』《大雅·行葦篇》曰：『四鏃既鈞。』《周官·司弓矢》曰：『殺矢、鏃矢，用諸近射田獵。』《考工記·矢人》曰：『鏃矢參分，一在前，二在後。』《隱元年穀梁傳》曰：『聘弓鏃矢，不出竟場。』『鏃』字亦作『㠯』，《士喪禮記》曰：『㠯矢一乘，骨鏃短衛。』）是其明證矣。下文云『疾如鏃矢』，『鏃』亦『鏃』之誤。（『鏃矢』之字，非誤爲『錐』，即誤爲『鏃』。《齊策》：『疾如錐矢。』文與此同，則『錐矢』亦是『鏃矢』之誤。高注以錐矢爲小矢，非也。《史記·蘇秦傳》又誤作『鋒矢』，《索隱》引《呂氏春秋》：『所爲貴錐矢者，爲其應聲而至。』今本《呂氏春秋》誤作『鏃矢』。《莊子·天下篇》：『鏃矢之疾。』『鏃』亦『鏃』之誤，郭象音族，非也。《鶡冠子·世兵篇》：『發如鏃矢。』『鏃』本或作『鏃』，亦當以作『鏃』者爲是。）」王叔岷、彭鐸從王氏說。陳奇猷曰：「諸書『鏃』未必爲『鏃』字之誤。『鏃』字從金從族，族《說文》訓矢鏠（鋒），則族矢係以金屬爲鋒之矢。鏃與鋒義同，故《史記》別名爲『鋒矢』。《周官》、《爾雅》所謂之『鏃矢』，疑別是一名，形制未必相同。即使形制相同，而『鏃』屬尤部，『鏃』屬侯部，二部本相通，則『鏃矢』謂之『鏃矢』，僅係語音轉變耳，必非誤字。王氏必改諸書『鏃矢』爲『鏃矢』，何以見得『鏃矢』則是，『鏃矢』則非？又何以見得《周官》、《士喪禮記》、《爾雅》爲是，而諸子爲非？豈以彼爲經，而此爲子歟？此迷經之過也。」王引之說至確，陳奇猷所駁，極盡牽強之能事，而又好譏前人。《淮南子·兵略篇》是許慎注，注云「金蔟（鏃）箭（翦）羽之矢也」，正與《爾雅》、《說文》合，日本古鈔本《淮南子》正作「鏃」（王利器已引），不誤。是今本《淮南》「疾如錐矢」當是「疾如鏃矢」之誤，可以無疑矣。《戰國策·齊策一》：「疾如錐矢。」是《淮南》、《史記·蘇秦傳》所本，吳師道《補注》引本書作「錐矢」相證，然則《齊策》、《史記》及本書亦當作「鏃矢」也。《渚宮舊事》卷 2：「故當時稱吳起之智，所速於鏃矣。」〔註 32〕所據即本書，「矣」是「矢」之誤，

〔註 32〕據《四庫全書》本、《叢書集成初編》本，《叢書集成新編》本「鏃矣」作「鏃矣」。

而「鏃」字不誤，此又其旁證。「族」訓矢鋒，指箭頭，金屬箭頭則作專字「鏃」，《說文》「鏃」訓利者，指鋒利，而不是輕利、輕捷，馬敘倫混二義爲一，非是。《說文》：「鍭，矢金鏃翦羽謂之鍭。」《爾雅》邢昺疏：「鏃，箭頭也。翦，齊也。以金爲鏃，齊羽者名鍭。孫炎曰：『金鏃斷羽，使前重也。』」《方言》卷9：「箭，自關而東謂之矢，江淮之閒謂之鍭，關西曰箭。」然則鍭亦矢也，箭也。「鍭矢」是同義複詞，《劉子·貴速》：「箭所以爲貴者，以其弦釋而至也，窮日而取至者，則與不至者同矣。」本於此書，徑改作「箭」。諸書言疾者，皆指箭之疾，何得獨言矢鋒之疾？陳奇猷又謂「鍭」、「鏃」是語音轉變，亦是妄說音轉。「鏃」精母屋部，「鍭」匣母侯部，韻部雖近，聲母遠隔，絕無音轉之理。

（2）於是令貴人往實廣虛之地，皆甚苦之

按：王念孫曰：「廣讀曰曠。」吳闓生說同，陳奇猷從其說。沈延國曰：「《漢書·鼂錯傳》：『臣聞古之徙遠方以實廣虛也。』師古云：『所以充實寬廣空虛之地。』」王利器曰：「《管子·五輔篇》：『實壙虛（《荀子·議兵篇》注：『壙與曠同。』），墾田疇。』義同。」二王氏說是也，沈氏引《漢書》亦是，但從顏師古解爲「寬廣」則誤。《漢紀》卷8「廣虛」作「空虛」，可證廣當讀爲曠，空也。

（3）吳起號呼曰：「吾示子吾用兵也。」

按：孫鏘鳴曰：「『示』字未詳，或『禦』字爛脫其半。『也』字亦讀曰邪。」沈延國曰：「『也』當讀本字。『子』指貴人言。其意言吾將示汝等以吾用兵之術也。此『示子吾用兵』即下『拔矢而走』事。孫氏殊失本意。」蔣禮鴻曰：「謂令子知我之用兵耳。『示』字不誤，『也』字亦不讀邪。」陳奇猷曰：「下『吾』字疑『無』字音近又因上『吾』字而誤。示猶語也。此文猶言吾語汝等無用兵。」沈、蔣說是，孫、陳皆誤。《渚宮舊事》卷2引亦作「吾示子吾用兵也」。

（4）管仲扞弓射公子小白，中鉤

按：楊樹達謂扞當作扜，叚爲弙，沈延國、王利器從之。陳奇猷指出楊說本於王引之，而謂「其說似未可從。扞、關、貫皆彎之通假字」。王

引之曰：「當作『扞弓』。扞弓，引弓也。《說文》：『玗，滿弓有所鄉也。』字或作扞，《大荒南經》『有人方扞弓射黃蛇』，郭注曰：『扞，挽也，音紆。』《呂氏春秋・壅塞》：『因扞弓而射之』，高注曰：『扞，引也。』《淮南子・原道篇》：『射者扞烏號之弓』，高注曰：『扞，張也。』今本《呂覽》、《淮南》『扞』字皆誤作『扞』，唯《山海經》不誤，則賴有郭音也。」段玉裁、王念孫、陶方琦說皆同〔註33〕。《列子・仲尼》：「引烏號之弓，綦衛之箭。」正作「引」字，可爲段氏、二王說佐證。

（5）公子小白僵

高誘注：僵，猶偃也。

按：松皋圓曰：「下『伶悝僵』，注：『僵，斃也。』得之。此云『猶偃也』，非。」陳奇猷曰：「僵，僨死也，如屍勁硬也。高此訓爲偃，下訓爲斃，義均未洽。」高注不誤。《說文》：「偃，僵也。」又「僵，僨也。」謂仰臥。仰臥即指僨死。斃亦指僨死。沈延國亦指出「僵」訓仆倒〔註34〕。

（6）其智若鏃矢也

高誘注：鏃矢，言其捷疾也。

按：「鏃」亦「鍭」形誤。

（7）中山之人多力者曰吾丘鳩，衣鐵甲，操鐵杖以戰，而所擊無不碎，所衝無不陷，以車投車，以人投人也

按：畢沅曰：「『吾丘』即『虞丘』。『鳩』當即『駇』之或體，《集韻》音戎用切，從冗得聲，未必然也。孫云：『《御覽》卷313、356並作鳩。』」蔣維喬等從畢說，陳奇猷謂人名「殊難遽斷」。吾丘鳩，《冊府元龜》卷845同，《書鈔》卷118引作「吾丘鳩」，《御覽》卷313引作「五兵

〔註33〕 段玉裁《說文解字注》，上海古籍出版社1981年版，第641頁。王念孫《廣雅疏證》，收入徐復主編《廣雅詁林》，江蘇古籍出版社1992年版，第28頁。陶方琦《許君〈說文〉多採用〈淮南〉說》，收入《漢學室文鈔二》，《清經解續編》，鳳凰出版社2005年版，第7146頁。

〔註34〕 沈延國《〈呂氏春秋・開春論〉集解初稿》，《制言》第37、38期合刊，1937年版，本文第67頁。

鳩」，又卷 356 引作「丘鳩」，又卷 386 引作「吾兵」，《元和姓纂》卷 3、《古今合璧事類備要》續集卷 30 引作「吾丘象」。松皋圓引《子華子・虎會問》：「吾丘鳩，年十有五，而始以勇力聞。及其壯佼也，四鄰畏之，能以人投人，以車投車。」「兵」是「丘」譌。古人或以「鳩」取名，如「田鳩」、「州鳩」，無以「鴀」爲名者。「鳩」字或是，「鴀」、「鴀」皆形譌。碎，《書鈔》卷 118 引作「破」。

《慎行論》卷第二十二校補

《慎行》校補

(1) 荊平王有臣曰費無極，害太子建，欲去之

按：害，讀為妎，字亦作娾，忌恨也〔註1〕。下文「知害人而不知人害己也」，同。

(2) 無極說王曰：「晉之霸也，近於諸夏，而荊僻也，故不能與爭。不若大城城父而置太子焉，以求北方，王收南方，是得天下也

按：《左傳·昭公十九年》「霸」作「伯」，「近」作「邇」，「僻」作「辟陋」，「不若」作「若」，「置」作「寘」，「求」作「通」；《淮南子·人間篇》「霸」作「伯」，「僻」作「僻遠」，「求」作「來」。此文「求」是「來」形譌。陳奇猷曰：「求猶招來也。」未得其字。

(3) 國人大怨，動作者莫不非令尹

按：《左傳·昭公二十七年》作「國言未已，進胙者莫不謗令尹」，杜預注：「進胙，國中祭祀也。謗，詛也。」梁玉繩曰：「『胙』即古文『作』字。進胙猶動作也。杜注非。」王念孫曰：「『動作』二字於義無取。疑『胙』、『作』古字通。本作『進胙』，而後人妄改之也。」王利器曰：「作『進胙』是，『動』者『進』之誤，『作』、『胙』古通。《詩·

〔註1〕 參見蕭旭《〈慧琳音義〉「誡講」正詁》。

蕩》：『侯作侯祝。』毛傳：「作、祝，詛也。」《釋文》：『作，本或作
詛。』則進胙以詛，爾時固然也。」陳奇猷曰：「『動作』當作『動胙』。
『胙』與『作』形近又因『動作』常連文而誤。動蓋爲董之假字。董
胙者蓋即董督進胙者。」陳氏臆說，文獻無「董胙」的記載。「動」
當作「進」，後人不達其義而妄改。胙、作，並讀爲詛。進胙者，指
進祝詛之辭於上帝者。《晏子春秋‧內篇諫上》：「百姓之咎怨誹謗，
詛君於上帝者多矣。」王利器讀「胙」爲本字，猶隔。

（4）患幾及令尹

高誘注：幾，近也。

按：幾，讀爲其，表示推測判斷的副詞。

（5）於是豙崔杼之子，令之爭後

按：畢沅曰：「豙與椓同，《左傳‧哀十七年》：『太子又使椓之。』舊訓訴，
於此不切。義當與嗾同，今人言挑撥，意頗近之。」文廷式曰：「豙讀
如『謠諑』之諑。」〔註2〕馬敘倫曰：「畢說亦通。然倫又疑椓借爲歎
（陳奇猷引此字誤其旁『欠』作『攵』），《說文》：『盛氣怒也。』」陳
奇猷曰：「『豙』字雖不見於《說文》，然見於《方言》、《玉篇》。《玉篇》
云：『刺木也。』《方言》云：『鐫，豙也，秦、趙謂之鐫。』〔註3〕是
鐫、豙同義，僅方音之異。鐫爲以刀刻刺之意，則豙亦是刺義。刺之
引申義則爲『諷刺』。諷刺本含有挑撥之意。豙蓋挑撥、嗾使之意，今
以『嗾』字爲之。《說文》：『嗾，使犬聲。』則『嗾』非『嗾使』本字，
『嗾』假借爲『豙』也。畢、馬皆未審『豙』爲『嗾』本字耳。」陳
說殊誤。嗾訓使犬聲，故引申即有嗾使義。《說文》：「鐫，一曰琢石也。」
《方言》卷2郭璞注：「豙謂鑿鐫也。」「豙（琢）」與「鐫」同義，指
鑿刻石頭，其本字是「敤」、「毃」、「椓」，取椎擊爲義。畢沅謂「豙義
當與嗾同」，猜測之詞耳。馬氏讀爲歎，亦非。文廷式讀豙爲諑，是也，
王利器說同。《方言》卷10：「諑，愬也，楚以南謂之諑。」郭璞注：
「諑，譖，亦通語也。」「譖」是說壞話誣陷人，毀謗之義。「愬」亦

〔註2〕文廷式《純常子枝語》卷15，收入《續修四庫全書》第1165冊，上海古籍出
　　　版社2002年版，第215頁。
〔註3〕引者按：《方言》原書「秦趙」作「晉趙」。

此義，《說文》：「譖，愬也。」《玉篇》：「愬，譖也。」畢氏所引《左傳》「太子又使椓之」，「椓」亦「諑」字。杜預注：「椓，訴。」「訴」同「愬」。《廣雅》：「諑，訴也。」又「諑、誹、詆、傷、譖、謗、訴、皋、訕，誙也。」曹憲《音釋》：「誙，音毀，即誙謗之誙，今毀，乃訓壞。」畢氏云「舊訓訴，於此不切」，失之不考。《六書故》卷 11：「椓即諑也。」陸粲《左傳附注》曰：「拺與諑古字通。《楚詞》：『謠諑謂余以善淫。』王逸曰：『《方言》：「楚以南謂愬爲諑。」』又譖也，《呂氏春秋》云云。」顧炎武從陸說〔註4〕。「諑」的語源亦是「敄」、「殺」、「椓」，取擊傷爲義。《說文》：「椓，擊也。」《繫傳》：「《春秋左傳》曰：『太子又使諑之。』《楚辭》曰：『謠諑謂余之善淫。』古皆用此字也。」

（6）景公與陳無宇、公孫竈、公孫蠆誅封

高誘注：公孫竈，惠公之孫，公子欒堅之子子射也。

按：畢沅改注「子射」作「子雅」。陳奇猷曰：「事詳《左傳·襄二十八年》。畢改『子射』作『子雅』，蓋據之《左傳》。考《韓非子·外儲說右上》又作『子夏』。射、雅、夏古音隸魚部，則『射』、『夏』皆假字，非誤字。畢改非是。」畢改是，「夏」、「雅」音轉，未聞可轉作「射」者。三字雖皆隸魚部，而「射」是船母，聲母遠隔，無相轉之理。

（7）（荊靈王）得慶封，負之斧質，以徇於諸侯軍，因令其呼之曰：「毋或如齊慶封，弒其君而弱其孤，以亡其大夫。」

高誘注：亡其大夫，謂崔杼強而死。

按：畢沅曰：「以亡，《左傳·昭四年》作『以盟』。」劉師培曰：「『亡』即《左傳》『盟大夫』之盟，亡、盟音轉。」陳奇猷從劉說，是也。徐仁甫指出劉氏說本王引之《經義述聞》卷 19。《史記·楚世家》亦作「以盟」。《左傳·襄公二十三年》：「毋或如東門遂，不聽公命，殺適立庶，盟叔孫氏也。」亦其比。

〔註4〕顧炎武《左傳杜解補正》卷下，收入《叢書集成新編》第 109 冊，新文豐出版公司 1985 年印行，第 282 頁。

《無義》校補

（1）鄭平於秦王臣也，其於應侯交也，欺交反主，為利故也

按：反，讀爲叛。

（2）趙急求李歁，李言續經與之俱如衛，抵公孫與，公孫與見而與入

高誘注：抵，主也。入，猶納也。

按：畢沅曰：「《史記·張耳傳》《索隱》：『抵，歸也。』此訓最愜。《廣雅》則云『至也』。」許維遹、蔣維喬並謂注「主」是「至」譌。《黃氏日抄》卷 56 述此文大意云：「續經欺公孫與，仕趙，而人莫與同朝。」則讀抵爲詆，故訓欺，蓋謂隱瞞其趙國罪人身份，公孫與不察，因見而與入也。

《疑似》校補

（1）周宅酆鎬近戎人，與諸侯約，為高葆禱於王路，置鼓其上，遠近相聞

按：畢沅曰：「《御覽》卷 338『葆』作『堡』，無下四字。」文廷式曰：「『禱』當作『幬』。」〔註 5〕俞樾曰：「禱，當讀爲壔。《說文》：『壔，保也。』連言之則曰『保壔』。《九章算術》『今有方堢壔』是也。王路者，大路也。《御覽》引『葆』作『堡』，蓋易以今字。無下四字則由不達而臆刪之。」孫蜀丞曰：「此文不當有『禱』字。『葆』即《月令》『四鄰入保』之保。此蓋因注以壔訓葆（《說文》：『壔，保也，高土也。』），混入正文，又誤爲『禱』，故不可說耳。《書鈔》卷 121 兩引此文並無『禱』字。」蔣維喬等曰：「張行孚《說文發疑》云『禱當爲壔譌』，是也。孫說疑非。」陳奇猷曰：「俞說至確。『壔』又作『埫』，《通俗文》云『積土爲埫』是也，與《說文》訓爲保、訓爲高土之『壔』音義均同。」《書鈔》卷 121 二引，皆作「爲高堡於王路」，亦作「堡」。《玉篇》、《集韻》引《說文》：「壔，堡也。」《廣雅》：「壛，隄也。」王念孫曰：「《玉篇》作壔，亦通作禱，《呂氏春秋》云云。《九章算術·商功章》有『方

〔註 5〕文廷式《純常子枝語》卷 15，收入《續修四庫全書》第 1165 冊，上海古籍出版社 2002 年版，第 215 頁。

埒壔』、『圓埒壔』。」〔註6〕此俞樾說所本。松皋圓曰：「川直云：堡，障也。又作堢、葆。《說文》曰：『〔壔〕，保也，一曰高土。』按高葆禱即高堡壔之音通，算家有『直堡壔』之語，其形似方台。」沈延國、王利器引松說、俞說、張說、孫說，並指出孫說非是〔註7〕。黃侃曰：「錢坫曰：『《九章算經》有「方圓埒壔」，《呂氏春秋》「周人爲高葆禱於王路」，即此。』即《左傳》之『倍敦』，後文之『培敦』，『毒天下』、『亭之毒之』皆此字。」〔註8〕胡吉宣亦謂「壔，字亦假禱」〔註9〕，皆是也。亦音轉作敦、埻、鐜、堆〔註10〕，皆土堆之名。《爾雅》：「丘一成爲敦丘。」郭璞注：「今江東呼地高堆者爲敦。」《玉篇》：「埻，《山海經》云：『虢山是埻於四海。』郭璞曰：『埻猶隄也。』」今《西山經》作「鐜於西海」。《集韻》：「埻，壘土也。」張行孚以爲字誤，則未達通借。陳奇猷謂「壔又作堁」，非是。二字雖雙聲，但韻則分屬幽、歌二部，不能通轉。且「堁」取下垂爲義，「壔」取擣築爲義，言築土而高也，雖所指相近，而語源不同。

（2）戎寇當至

按：畢沅曰：「當至，別本作『嘗至』，今從元本。《御覽》卷391作『戎嘗寇周』。」陳奇猷曰：「當、嘗古通。」陳說是也，《類聚》卷19引作「戎常寇關」，《能改齋漫錄》卷10引作「戎常寇周」，「常」亦借字。王利器曰：「作『當』義勝，當，合也。」非是。

（3）褒姒大說

按：畢沅曰：「《御覽》作『大說而笑』。」許維遹曰：「《事類賦》卷19引與《御覽》同。」《類聚》卷19、《御覽》卷391引作「大悅而笑」，《事類賦注》未引，畢氏誤「悅」爲「說」，許氏誤記書名，陳奇猷皆未覆檢。

〔註6〕王念孫《廣雅疏證》，收入徐復主編《廣雅詁林》，江蘇古籍出版社1992年版，第543頁。
〔註7〕沈延國《校書雜錄·呂氏春秋》，《制言》第34期，1937年版，本文第24頁。
〔註8〕黃侃《說文解字斠詮箋識》，收入《說文箋識》，中華書局2006年版，第424頁。
〔註9〕胡吉宣《玉篇校釋》，上海古籍出版社1989年版，第225頁。
〔註10〕《禮記·喪大記》：「大夫殯以幬。」鄭玄注：「幬，或作鐜，或作埻。」此其音轉之證。

（4）幽王之身，乃死於麗山之下

按：麗山，《御覽》卷 338 引作「驪山」。

（5）梁北有黎丘部，有奇鬼焉，喜效人之子姪昆弟之狀

按：孫志祖曰：「章懷注《後漢書・張衡傳》引『部』作『鄉』。李善注《文
選・思玄賦》引『喜』作『善』。」王引之謂「喜」是「善」形譌。
許維遹曰：「《文選・思玄賦》注引作『梁國之北，地名黎丘，有奇鬼
焉』。」王引之說是也，《古今事文類聚》前集卷 48、《古今合璧事類
備要》前集卷 69 引《戰國策》作「善」。《太平寰宇記》卷 12：「黎邱
有奇鬼，善敦人。」亦作「善」字。部，《御覽》卷 883、《困學紀聞》
卷 8 引同。部，讀爲附，部之言部婁、峇嶁，指小土山。《太平寰宇
記》卷 12：「黎邱在縣北二十里，高二丈，梁地。」高二丈者，正小
土山也。《說文》：「附，附婁，小土山也。《春秋傳》曰：『附婁無松
柏。』」今《左傳・襄公二十四年》作「部婁」。《風俗通義・山澤》
引作「培塿」，又解云：「言其卑小。部者，阜之類也。今齊魯之間，
田中少高卬，名之爲部矣。」《御覽》卷 56 引二「部」字作「培塿」。
李賢引「部」作「鄉」，非是。徐鍇《說文繫傳》：「部，屬也。部之
言簿也，分簿之也，故《呂氏春秋》曰：『黎丘北部。』」徐說亦非是。

（6）丈人歸，酒醒而誚其子曰

高誘注：誚，讓。

按：許維遹曰：「《御覽》卷 883 引『誚』作『譙』，聲義俱同。」王利器曰：
「《方言》：『自關而西，秦晉之間，凡言相責讓曰譙。』或《呂氏》原
本用秦晉方言也。」《御覽》卷 883 引注作「譙，責也」。《文選・思玄
賦》李善注亦作「譙」，《古今事文類聚》前集卷 48、《古今合璧事類備
要》前集卷 69 引《戰國策》同；《後漢書・張衡傳》李賢注引作「謂」，
《太平寰宇記》卷 12 同，形之譌也。

（7）孽矣，無此事也

按：無此事也，《御覽》卷 883 引同；《文選・思玄賦》李善注引作「無苦
也」，《古今事文類聚》前集卷 48、《古今合璧事類備要》前集卷 69 引
《戰國策》同。苦，讀爲辜。

（8）遂逝迎之

　　　　高誘注：逝，往也。

　按：《御覽》卷 883 引「逝」作「往」。

（9）疑似之迹，不可不察

　按：許維遹曰：「迹，張本作『間』，《文選・樂府》注引作『道』。」陳奇
　　　猷曰：「張本乃妄改之，作『道』則以形近而誤也。」陳說是也，《子
　　　華子・晏子》：「疑似之迹未明，同異之志未講。」

《壹行》校補

（1）其威不威則不足以禁也，其利不利則不足以勸也

　　　　高誘注：禁，止也。勸，進也。

　按：本書《至忠》高注亦云：「勸，進也。」又《季春紀》高注：「勉，進。」
　　　是進亦勸勉義。《禮記・樂記》鄭玄注：「進，謂自勉強也。」《說苑・
　　　君道篇》：「是進吾過而黜吾善也。」又《臣術篇》：「此所以勸善而黜
　　　惡也。」本書《長見》「是長吾過而紬善也。」《集韻》：「長，進也。」
　　　《韓子・八姦》：「有功者樂進其業。」《商子・農戰》：「壹則可以賞
　　　罰進也。」陳奇猷校此文曰：「勸之確詁當為勉。高訓為進者，蓋謂
　　　勉進其業之意。」又校《季春紀》曰：「此訓進者，蓋謂勉勵之使進
　　　其職，乃高氏輾轉為訓也。」皆未達「進」字之誼。

（2）孔子卜，得賁

　　　　高誘注：賁，色不純也。

　按：李貽芸曰：「《易・賁》《釋文》：『傅氏云：賁，古斑字。』賁讀為斑。」
　　　陳奇猷從其說，是也。惠士奇曰：「傅氏云云。古奔、斑同音，故賁古
　　　作斑，通作般。」〔註11〕

〔註11〕惠士奇《惠氏易說》卷 2，收入景印文淵閣《四庫全書》第 47 冊，臺灣商務
印書館 1986 年初版，第 700～701 頁。

－421－

《求人》校補

（1）傅說，殷之胥靡也

高誘注：胥靡，刑罪之名也。

按：牟庭曰：「胥靡當讀爲鬚眉……亦瓦工之名也。」陳奇猷曰：「牟說非也。『胥靡』即『胥徒』。靡假爲徒也。……皆是跂足而行，人因稱刑罪之人爲『胥徒』也。」陳奇猷又曰：「『胥靡』可能是『胥徒』之別構。或曰：『胥靡』即『胥隨』。」〔註12〕牟說確誤，陳氏駁其說，是也；然陳氏妄說通借，亦不足信。《莊子釋文》：「胥靡，司馬云：『刑徒人也。一云癃人也。』崔〔譔〕云：『腐刑也。』」《漢書·楚元王傳》：「二人諫不聽，胥靡之。」應劭曰：「《詩》云：『若此無罪，淪胥以鋪。』胥靡，刑名也。」晉灼曰：「胥，相也。靡，隨也。古者相隨坐，輕刑之名。」顏師古曰：「聯繫使相隨而服役之，故謂之胥靡，猶今之役囚徒，以鎖聯綴耳。晉說近之，而云隨坐輕刑，非也。」劉敞曰：「胥靡，《說文》作『縃縻』，謂拘束縛之也。」又《賈誼傳》顏注引張晏曰：「胥靡，刑名也。」《史記·儒林傳》、《賈誼傳》《集解》並引徐廣曰：「胥靡，腐刑也。」王觀國《學林》卷1：「胥靡者，服役之刑也。腐刑無役，若以胥靡爲腐刑，則傅說不應有版築之役矣。」「胥靡」是刑名，銀雀山漢簡《尉繚子》：「故今世千金不死，百金不胥靡。」宋本《尉繚子·將理篇》「胥靡」作「刑」。但不是腐刑，亦不是癃人，王觀國說是也。其名義當從劉敞說，取「縃縻」爲義，朱起鳳即從其說〔註13〕。但「縃」字字書未見，吳國泰曰：「胥靡者，索縻之借字，謂以繩索羈縻罪人使不得逸而作役也。《文選·解嘲》注引《墨子》『傅說被褐帶索庸築傅巖』，可證也。」〔註14〕吳說是矣。《荀子·儒效》：「胥靡之人，俄而治天下之大器。」楊倞注：「胥靡，刑徒人也。胥，相。靡，繫也。謂鏁相聯相繫，《漢書》所謂銀鐺者也。顏師古曰：『聯繫使相隨而服役之，猶今囚徒以鏁連枷也。』」王引之曰：「此胥靡非謂刑徒人也。胥靡者，空無所有之謂，故荀子以況貧。胥之言疏也。

〔註12〕陳奇猷《韓非子新校注》，上海古籍出版社2000年版，第410頁。
〔註13〕朱起鳳《辭通》卷2，上海古籍出版社1982年版，第172頁。
〔註14〕吳國泰《史記解詁》第1冊，1933年成都居易簃叢著本，本冊第25頁。

疏，空也。靡，無也。胥靡猶言胥無。《春秋》齊有賓胥無，蓋取此義也。《漢書・楊雄傳》《客難》曰：『胥靡為宰，寂寞為尸。』『胥靡』與『寂寞』相對為文，是胥靡為空無所有之意（張晏曰：『胥，相也。靡，無也。言相師以無為作宰者也。』案張訓靡為無是也，其訓胥為相則失之。）」〔註15〕王引之說亦非，胥靡是刑徒人，故可以況貧，並無不安。「胥靡為宰」之「胥靡」亦是刑徒人，王觀國云「胥靡為宰，無重累也」，是也。顏師古注引張晏曰：「胥，相也。靡，無也。」朱起鳳謂「『須彌』乃虛無之義，『胥靡』、『須彌』同聲通用」〔註16〕，又愈說愈遠，尤不可信。楊慎曰：「胥，隸也。靡，末也。胥靡，末隸微賤之人。腐刑無據。」〔註17〕沙少海曰：「胥借為接。靡借為縻。謂罪人相接而縻之，不械手足，使役作。」〔註18〕三說亦皆未得。

（2）禹東至榑木之地，日出、九津、青羌之野

高誘注：榑木，大木也。津，崖也。《淮南記》曰：「日山陽谷。」青羌，東方之野也。

按：畢沅曰：「榑木即扶木。《為欲篇》：『東至扶木。』」沈祖緜曰：「『九』字疑『之』字之誤。『日出之津』方與上下文合。」陳奇猷曰：「榑木即扶木。日出當即日下。『九津』疑亦是地名。沈說亦通。」《玉海》卷15、《通鑑地理通釋》卷1引同今本，《路史》卷22亦同；景宋本《御覽》卷55引作「禹東至搏（榑）木之地，青羌（羌）之野」，四庫本「搏木」作「扶桑」。「青羌」又稱作「青徼」，《文選・七命》「丹冥投烽，青徼釋警。」李善註：「青徼，東方也。《呂氏春秋》曰：『禹東至青羌之野，南至交阯、丹栗。』」張揖《漢書》注曰：『徼，塞也，以木柵水中為夷狄之界也。」

（3）丹栗、漆樹、沸水、漂漂、九陽之山

按：丹栗，《玉海》卷15引同，《文選・七命》李善註引作「丹栗」，《路史》

〔註15〕王引之說轉引自王念孫《荀子雜志》，收入《讀書雜志》卷10，中國書店1985年版，本卷第97〜98頁。

〔註16〕朱起鳳《辭通》卷2，上海古籍出版社1982年版，第146頁。

〔註17〕楊慎說轉引自《四庫全書史記考證》，收入景印文淵閣《四庫全書》第244冊，臺灣商務印書館1986年初版，第859頁。

〔註18〕沙少海《莊子集注》，貴州人民出版社1987年版，第257頁。

卷 22 亦作「丹栗」。

（4）羽人、裸民之處，不死之鄉

按：《路史》卷 22 作「南娭、黃支之堵，不死之望」。

（5）西至……共肱、一臂、三面之鄉

按：畢沅改「共肱」爲「其肱」，曰：「其肱，疑即《海外西經》之『奇肱』，所謂一臂三目者是也。」譚戒甫曰：「『其肱』即『奇肱』，畢校甚是，惟謂一臂三目者則非也。此當爲三國名，非奇肱一國也。考《海外西經》：『三身國，在夏后啓北，一首而三身。一臂國在其北，一臂、一目、一鼻孔。奇肱之國在其北，其人一臂三目。』《淮南·墜形篇》皆本此經，亦『奇股民、一臂民、三身民』連文。蓋一臂固一臂，而奇肱民亦一臂，不得以一臂民當奇肱民之一臂也。又《大荒西經》云『大荒之山有人焉，三面，是顓頊之子，三面一臂。』郭注正引此文爲釋。」陳奇猷曰：「各本皆作『共肱』，惟凌本作『其肱』，《玉海》卷 15 引亦作『共肱』。畢氏蓋即據凌本所改。共、拱古今字，則『共肱』猶言拱臂，與一臂自不同。畢改作『其肱』反與『一臂』相重複，而譚因又改作『其股』，皆未可從也。」畢校至確，陳氏臆說耳。譚氏引《淮南》亦是，但謂「三面」即「三身」則誤。《路史》卷 22 作「奇肱、三面」，是宋人猶見不誤之本。《大荒西經》：「有人名曰吳回，奇左，是無右臂。」郭璞注：「即奇肱也。」《大荒西經》又曰：「大荒之山，日月所入。有人焉，三面，是顓頊之子，三面，一臂。三面之人不死。」郭璞注：「一臂，無左臂也。三面，言人頭三邊各有面也。《呂氏春秋》曰：『一臂三面之鄉。』」是「奇肱」者無右臂，「一臂」者無左臂，此其不同耳。「三面」者人頭有三面，與三身指一首而三身不同。又此文只是二國名，譚氏謂「三國名」亦誤，「奇肱」是一國；「一臂三面」又是一國，《淮南》省稱作「一臂」，《路史》省稱作「三面」。

（6）偃鼠飲於河，不過滿腹

按：《莊子·逍遙遊》同。陳奇猷曰：「《說文》：『鼢，地中行鼠，一曰偃鼠。』然則因鼢鼠偃伏地中而行而別名之爲偃鼠歟？」陳說是也，「偃

鼠」的語源是匿，取隱匿爲義。專字作「鼺鼠」，音轉又作「隱鼠」
〔註 19〕。

（7）賢者所聚，天地不壞，鬼神不害，人事不謀

高誘注：人不以姦邪謀之也。

按：于鬯曰：「謀蓋讀爲悔，《說文》：『悔讀若侮。』要即讀謀爲侮，亦無
不可。」于省吾曰：「『人事』應作『人吏』，猶言臣吏。」陳奇猷曰：
「謀、牟字通。牟與瞀通，則謀、瞀亦通也。瞀，闇也，亂也。謂人
爲之事不闇不亂也。高以不知謀爲瞀之假字，以本字釋之，遂不得不
增『姦邪』爲解，失之添設。」二于氏說皆誤，陳氏轉展爲說，尤誤。
高注不誤，「謀」當讀如字，謀算、圖謀義。《老子》第 60 章：「以道
莅天下，其鬼不神；非其鬼不神，其神不傷人；非其神不傷人，聖人
亦不傷人。」《論衡·難歲》：「神莫過於天地，天地不害人。人謂百神，
百神不害人。」

（8）晉人乃輟攻鄭

高誘注：輟，止也。

按：「攻」上脫「不」字，另詳《期賢篇》校補。

《察傳》校補

（1）夔於是正六律，和五聲，以通八風而天下大服

按：畢沅曰：「《風俗通·正失篇》引作『和均五聲』，李善注《文選·長笛
賦》亦有『均』字。」蔣維喬等曰：「『和』下當有『均』字，今本皆
脫，《風俗通》及《選》注並有之。」陳奇猷曰：「蔣說非也。和與均
同義，『正六律』與『和五聲』相對爲文，不當多一『均』字。《淮南
子·泰族訓》云『夔之初作樂也，皆合六律，而調五音，以通八風』，
與此文法同，尤爲明證。」陳說是也，蓋一本作「和」，一本作「均」，
而後人誤合之。本書《孝行》：「正六律，和五聲。」《左傳·襄公二十
九年》：「五聲和，八風平。」《禮記·樂記》：「天下大定，然後正六律，

〔註19〕 參見蕭旭《金樓子校補》，收入《群書校補（續）》，花木蘭文化出版社 2014
年版，第 1300 頁。

和五聲。」《孔叢子・論書》:「唯聖人爲能和六律,均五聲,和樂之本,以通八風。」正,《風俗通・正失篇》引作「治」。

（2）至於晉而問之,則曰「晉師已亥涉河」也

按:則,猶果也。《說苑・辨物》:「後三年,則〔有〕越裳氏重譯而朝。」《御覽》卷 839 引《尚書大傳》:「果有越裳氏重譯而來。」《韓詩外傳》卷 5:「比幾三年,果有越裳氏重九譯而至。」《白虎通・封禪》:「以是果有越裳氏重九譯而來矣。」是其證。《晏子春秋・內篇雜下》:「公令人掘而求之,則五頭同穴而存焉。」〔註20〕亦其例。

〔註20〕《說苑・辨物》同。

《貴直論》卷第二十三校補

《貴直》校補

（1）吾今見民之洋洋然東走而不知所處

按：洋洋，讀爲翔翔，字亦作趚趚（蹌蹌）、蹌蹌，張開雙臂趨走貌。《說文》：「趚，行貌。」《玉篇》：「趚，趚趚，行貌。」《廣雅》：「蹌蹌，走也。」俗字作跸，《玉篇》：「跸，趨走。」《集韻》：「跸，趨行也，通作翔。」徐仁甫曰：「或疑『東』爲『奔』之誤。按：《潛夫論》亦作『東走』。『東』蓋取水東流之義，故與『洋洋然』連文。」其說非是，《潛夫論·實邊》「逐道東走，流離分散」，與此文無涉。艾蔭範謂「東」字不是方位詞，而是「外出」、「外逃」義〔註1〕，無據。

（2）狐援聞而蹶往過之

高誘注：蹶，顛蹶走往也。過，猶見也。

按：楊樹達引《說文》「蹶，跳也」云云，馬敘倫說同，陳奇猷從其說。諸說皆本於王念孫〔註2〕。

（3）每斮者以吾參夫二子者乎

高誘注：每，猶當也。斮狐援者，比比干、子胥而三之也，故曰以參夫

〔註1〕 艾蔭範《「東」的「外方」義》，《中國語文》1991 年第 1 期，第 73～74 頁。
〔註2〕 王念孫《廣雅疏證》，收入徐復主編《廣雅詁林》，江蘇古籍出版社 1992 年版，第 168 頁。

二子者。

按：譚戒甫曰：「此疑讀作二句，為『敏斯諸！以吾參夫二子者乎』。每，敏之省文。者、諸古本通用。敏，疾也。敏斯諸猶云速斯之。」許維遹曰：「注『每猶當』，當之為言將也。」于省吾曰：「每應讀作誨。誨，古謀字。」陳奇猷從于說，謂「謀斯者」指齊湣王。王利器曰：「《廣雅》：『每，詞也。』」諸家皆未得「每」字之誼。每，貪也。字亦作拇，《方言》卷 13：「拇，貪也。」音轉作馮，《史記·賈誼傳》《服賦》：「眾庶馮生。」《集解》引孟康曰：「馮，貪也。」《索隱》：「《漢書》作『每生』，今此作馮，馮亦持念之意也。」小司馬未知「馮」是音借字。每斯者，猶言貪殺者，好殺者，指齊湣王。

（4）趙簡子攻衛附郭

高誘注：附郭，近郭也。

按：陳奇猷曰：「《韓非子·難二》作『郛』，『附』與『郛』實為一字。《說文》：『郛，郭也。』高乃順文為解，失之。」高注不誤。《小爾雅》：「附，近也。」朱駿聲申高注，云：「附，叚借為駙。」〔註3〕《說文》：「駙，一曰近也。」王利器曰：「近郭云者，猶今言靠近城郭也。」俱得之。

（5）又居於犀蔽屏櫓之下

按：孫志祖曰：「《御覽》卷 351 作『屏蔽犀櫓』，又卷 313 亦作『犀櫓』。《說文繫傳》『屏』字引『趙簡子立於屏蔽之下』。蓋今本『犀』與『屏』互易也。」畢沅從其說。松皋圓曰：「宜從古本作『屏蔽犀櫓』。」馬敘倫曰：「『又居』、『蔽屏』乃注文誤入。犀櫓，蓋以犀皮蒙櫓也。」許維遹曰：「孫說是。《韓非·難二》載此事亦以『犀櫓』連文。」蔣維喬等曰：「朱起鳳《辭通》證『犀』、『屏』宜互乙，是也。馬說非是。下文『犀蔽屏櫓』，《御覽》引亦作『屏蔽犀櫓』。《韓非·難二篇》作『犀楯犀櫓』。」陳奇猷曰：「當作『犀蔽犀櫓』，『屏』為『犀』形近之譌。諸說皆未得。」景宋本《御覽》卷 351 引作「犀蔽犀櫓」，引下文同；又卷 313 引作「犀櫓」，引下文同今本作「犀蔽屏櫓」；孫

〔註3〕 朱駿聲《說文通訓定聲》，武漢市古籍書店 1983 年版，第 367 頁；其說又見朱駿聲《小爾雅約注》，光緒刻本，第 2 頁。

志祖、蔣維喬皆據誤本。作「犀櫓」是,《國語・吳語》:「奉文犀之渠。」韋昭注:「文犀之渠,謂楯也。文犀,犀之有文理者。」《文選・吳都賦》:「藏鏑於人,去戤自閫。家有鶴膝,戶有犀渠。」劉淵林注:「鏑,矛也。戤,楯也。鶴膝,矛也。犀渠,楯也。」「犀渠」即此所謂犀楯,亦即犀櫓也。王先慎曰:「犀,堅也。」〔註4〕徐仁甫說同。余舊說亦從王氏〔註5〕,皆非是。

(6) 淫色暴慢

按:慢,《御覽》卷313引作「嫚」。

(7) 厎之以勇

按:孫鏘鳴曰:「『厎』、『砥』同。」陳奇猷曰:「此文當作『厎』,今各本作『底』,蓋譌字也。」「厎」是「底(砥)」借字,不必視爲誤字。《御覽》卷313引作「底」。

(8) 秦人襲我,遜去絳卜十〔里〕

按:《御覽》卷313引無「遜」字,《韓子・難二》同。孫鏘鳴曰:「『遜』字疑衍。」許維遹曰:「《廣雅》:『遜,去也。』古人行文,自有複詞。」陳奇猷曰:「遜,《說文》訓遁,《爾雅》訓遯,是遜爲隱遁之意。」《爾雅》郭璞注:「謂逃去。」《說文》:「遁,一曰逃也。」此文遜當訓逃亡奔走,陳氏訓隱遁,非是。

(9) 亦有君不能取(耳)

按:畢沅曰:「取,《韓非》作『耳』,《御覽》卷313同。」《御覽》卷313引「能」作「敢」。

《直諫》校補

(1) 言極則怒,怒則說者危

高誘注:極,盡也。人能受逆耳之盡言者少,故怒之。

〔註4〕 王先慎《韓非子集解》卷15,中華書局1998年版,第368頁。
〔註5〕 蕭旭《韓非子校補》,花木蘭文化出版社2015年版,第71頁。

按：陳奇猷曰：「極，甚也。怒，責也。猶言說之甚者則流於責人。」高注
不誤。「怒」屬被說者即人主而言，故人主怒則說者危耳。

（2）桓公謂鮑叔曰：「何不起為壽？」

按：何不，《管子・小稱》作「闔不」，《治要》卷 32、《御覽》卷 539 引《管
子》作「盍不」，《新序・雜事四》作「姑」。闔、盍，亦何也。《貞觀政
要》卷 3 作「盍」，則是何不義。本書此節本於《管子》。

（3）荊文王得茹黃之狗

按：畢沅曰：「《說苑・正諫篇》『茹黃』作『如黃』，《御覽》卷 206 亦作『如
黃』。」蔣維喬等曰：「《類聚》卷 94『茹』作『如』。《抱朴子・君道
篇》『茹黃』作『如簧』。按《說文假借義證》云：『《廣韻》作「楚獷」，
《釋文》作「楚獷」，實一字也。據此，獷為獷之省，黃又為獷之省，
皆可通借矣。』沈祖緜曰：『茹與如，黃與簧，古通。』朱起鳳《辭通》：
『茹字減之為如，黃字增之為簧，亦同音通用。』皆是也。」王利器
曰：「《類聚》卷 46、《職官分紀》卷 2『茹黃』誤作『茄黃』，《類聚》
卷 94、《七國考》作『如黃』。《論語摘衰聖》：『（麟）身備五色，腹下
茹黃。』當以作『茹黃』為是。茹黃謂毛色也。」朱珔《說文假借義
證》「據此」上指明是引用的段玉裁說〔註6〕。王利器所引《論語摘衰
聖》，《路史》卷 42 亦有其文，「茹黃」是「柔黃」義。《治要》卷 39、
《御覽》卷 905、《記纂淵海》卷 98 引同今本作「茹黃」，《渚宮舊事》
卷 1、《事類賦注》卷 23 引《說苑》亦同。《廣雅》：「楚黃，犬屬。」
曹憲《音釋》：「楚有犬名如黃。」《御覽》卷 904、《事類賦注》卷 23、
《記纂淵海》卷 98 引作「楚茹黃」，《爾雅釋文》引作「楚獷」，《廣韻》
「犬」字條引作「楚獷」。然則楚犬名「茹（如）黃（簧）」，單稱則曰
「黃」或「獷（獷）」。王樹柟補《廣雅》作「楚獷、茹黃」，謂是二犬
名〔註7〕；王士濂補作「楚茹黃」，皆非是。至其名義，陳奇猷曰：『茹』
當是地名。楚有龍茹山，亦有茹溪。此『茹黃之狗』，蓋茹地所產之黃

〔註6〕 段玉裁《說文解字注》，上海古籍出版社 1981 年版，第 474 頁。朱珔《說文
假借義證》，黃山書社 1997 年版，第 558 頁。
〔註7〕 王樹柟《廣雅補疏》，王士濂《廣雅疏證拾遺》，並收入徐復主編《廣雅詁林》，
江蘇古籍出版社 1992 年版，第 1022 頁。

犬也。」「茹」如是地名，或當是「𨚗」借字。《說文》：「𨚗，地名也。」
《玉篇》、《廣韻》並同。「黃」者以色名犬，「獷（獷）」是增旁俗字。
段玉裁、朱珔則謂「獷」爲本字，胡吉宣說同〔註8〕。《玉篇》：「獷，
犬也。」

（4）宛路之矰

按：畢沅曰：「《說苑‧正諫篇》『宛路』作『箘簬』。」蔣維喬等曰：「《抱
朴子‧君道篇》『宛路』作『宛澇』。《渚宮舊事》卷1『宛路』作『苑
路』。」《抱朴子》作「菀澇」，蔣氏失檢。王利器曰：「日本古鈔本《治
要》、《御覽》卷206引同。古音宛、箘一聲之轉，古通用。」《類聚》
卷46、94、《御覽》卷905引亦同今本，《御覽》卷455引《說苑》作
「箘蕗」，《事類賦注》卷23引《說苑》作「宛路」。

（5）葆申束細荆五十，跪而加之於背，如此者再，謂「王起矣」，王曰：「有笞之名一也。」遂致之

高誘注：淺痛致之。

按：致，《說苑‧正諫》同。陳奇猷曰：「起者，振興治功之謂。也。致與
置同。於是委置此事而遊樂如初。」陳說殊誤。「起」對上文「王伏」
而言，指起身。致，讀爲掫。《說文》：「掫，刺也。」字亦作挃，《廣
雅》：「挃，刺也。」上文云：「束細荆五十」，故此云遂以細荆笞刺之
也。下文「申曰：臣聞君子恥之，小人痛之；恥之不變，痛之何益」，
葆申既笞刺王矣，複以言辭激之。陳奇猷理解爲「王仍不改變初行」，
非是。

（6）葆申趣出，自流於淵，請死罪

按：范耕研曰：「古流、沈通用。自沈，非眞自沈也，將沈云爾。《說苑‧正
諫篇》作『欲自流』，是也。此省『欲』字，義不可通。」許維遹曰：「《渚
宮舊事》引作『自流諸荆』，當從之。荆即指上文『細荆』而言。謂自
移諸荆而請死罪。」陳奇猷曰：「流與浮相通。《說苑》增『欲』字，蓋
劉向已不知流即浮也。劉向去《呂氏》不過二百年，已不解《呂氏》之
意。甚矣，讀古人書之難也！許從《渚宮舊事》改，更是曲爲之說矣。」

〔註8〕 胡吉宣《玉篇校釋》，上海古籍出版社1989年版，第4587頁。

王利器曰：「流爲古代死刑之一。」范說是，《御覽》卷 905 引作「出而自沉於澗而死」，《事類賦注》卷 23 引《說苑》作「出而自沈於澗」，《御覽》雖誤增「而死」二字，而「流」正作「沈」。

（7）殺茹黃之狗，析宛路之矰

按：畢沅曰：「《說苑》『析』作『折』，當從之。」許維遹曰：「《治要》、《渚宮舊事》、《御覽》引『析』並作『折』。」陳奇猷曰：「畢說非也。《說文》：『析，一曰折也。』二字顯係重文。」《類聚》卷 46、《御覽》卷 206 引作「折」；景宋本《御覽》卷 905 引作「拆」，形誤。

《知化》校補

（1）化未至則不知，化已至，雖知之與勿知一貫也

按：劉文典曰：「『貫』疑當爲『實』，字之壞也。一實也，猶言無異也（《過理》『亡國之主一貫』，此或後人依彼改之，而不知其不同也）。」陳奇猷曰：「劉說是也。《振亂》：『攻伐之與救守一實也。』與此文法正同。」劉說非是，本書《過理》：「亡國之主一貫，天時雖異，其事雖殊，所以亡同者，樂不適也。」高誘注：「貫，同也。」「一貫」即「同」，亦謂無異，與此相同。《莊子·德充符》：「胡不直使彼以死生爲一條，以可不可爲一貫者，解其桎梏，其可乎？」《韓子·顯學》：「磐石不生粟，象人不可使距敵也。今商官技藝之士，亦不墾而食，是地不墾，與磐石一貫也。」蔣禮鴻引此二例以駁劉說，是也。「一貫」與「一實」同義，完整的說法是「其實一貫」，《董子·陽尊陰卑》：「夫喜怒哀樂之發，與清煖寒暑，其實一貫也。」

（2）夫吳之與越也，接土鄰境，壤交通屬

高誘注：屬，連也。

按：王念孫謂「通」當作「道」〔註 9〕，陶鴻慶、馬敍倫說同，陳奇猷從之。本書《長攻》：「夫吳之與越，接土鄰境，道易人通。」《說苑·權謀》：「夫吳越接地鄰境，道易〔人〕通。」《越絕書·越絕請糴內傳》：

〔註 9〕 王念孫《呂氏春秋校本》，轉引自張錦少《王念孫〈呂氏春秋〉校本研究》，《漢學研究》第 28 卷第 3 期，2010 年出版，第 317 頁。

「夫王與越也,接地鄰境,道徑通達。」文義皆近。「通屬」猶言連屬、連接,未必誤。《漢書·霍光傳》:「盛飾祠室輦閣,通屬永巷。」《後漢書·段熲傳》:「自橋門以西,落川以東,故宮縣邑更相通屬。」

(3) 夫齊之於吳也,疥癬之病也,不苦其已也,且其無傷也

按:于鬯曰:「不苦其已也,意謂不藥,病自已耳。」楊昭儁曰:「『不苦』是『不若』之誤。」譚戒甫曰:「已謂病癒也。此謂不患其病之愈也。『且其無傷也』疑當作『且無其傷也』。」許維遹曰:「已猶愈也。」陳奇猷曰:「此『已』字當訓甚。」譚氏上說是。不苦其已也,謂其病易治。

(4) 今釋越而伐齊,譬之猶懼虎而刺猏,雖勝之,其後患未央

高誘注:獸三歲曰猏也。

按:楊樹達曰:「猏,《說文》作『豣』,云『三歲豕,肩相及者』,引《詩》『並驅從兩豣兮』。今毛《詩》作『肩』,此作『猏』,皆音近借字。」《六書故》卷17:「豣,人豕也。《說文》曰:『二歲豕,肩相及者。』又作猏,《呂氏春秋》曰:『懼虎而刺猏。』高誘曰:『獸三歲也。』又作�。」﹝註10﹞是戴氏所見本作「猏」。《廣韻》:「豣,大豕,一曰豕三歲。猏,上同。猏,俗。」

(5) 若死者有知,吾何面以見子胥於地下

按:《事物紀原》卷9引「面」下有「目」字。《國語·吳語》作「若其有知,吾何面目以見員也」,《說苑·正諫》作「死者有知,吾何面目以見子胥也」。本書《知接》:「若死者有知,我將何面目以見仲父乎?」文例亦同,「何面目以見」是秦漢人習語,疑當補「目」字。

(6) 乃為幎以冒面死

按:許維遹曰:「幎與幭聲義俱近。幭謂帊襆也,可以覆面。」陳奇猷曰:「『為』字不可通,當是『爰』字之譌。爰、援古今字。幎之為幔,《說文》有明訓。許輾轉證幎即幭(幭),殊無謂。」蔣禮鴻亦謂「為」當作「爰」。二氏改字非是。《事物紀原》卷9引作「乃為幎以冒面而死」,

---

﹝註10﹞ 戴侗《六書故》卷17,據《溫州文獻叢書》影鈔元刊本,上海社會科學院出版社2006年版,第415頁。四庫本二「豣」字分別誤作「豬」、「肩」。

《資治通鑑外紀》卷 10 作「爲幀冒面而死」。爲，猶取也〔註 11〕。幀訓幔是，字源是冖，《說文》：「冖，覆也。」以巾覆之，故專字從巾。字亦作冪（冪），《周禮·鹽人》鄭玄注：「以巾覆物曰冪。」《玉篇》：「冖，覆也，以巾覆物，今爲冪。」字又作幕，《說文》：「幔，幕也。」《左傳·昭公十三年》：「晉人執季孫意如，以幕蒙之。」王利器曰：「許說是。《事始》『面衣』下引《風俗通》曰：『吳王羞見子胥，以帛幕面而死。』幀、幕一聲之轉。」（引者按：當是《事物紀原》卷 9「面帛」下引《風俗通》）。許氏說本於王念孫〔註 12〕，陳氏譏爲輾轉而證，未達音轉之指也。

《過理》校補

（1）雕柱而桔諸侯

高誘注：雕畫高柱，施桔橰於其端，舉諸侯而上下之。

按：孫詒讓曰：「『桔』當爲『梏』，形近而誤。《新書·君道篇》云『紂作梏數千，睨諸侯之不詔己者，杖而梏之。』」馬敘倫曰：「『桔』乃『梏』字之誤。《列女傳》卷 7 謂『炮烙之法，膏銅柱，加之炭，令有罪者行其上』。雕或借爲膏，或借爲焦。梏又借爲酷。」許維遹曰：「雕當讀爲鑄。孫說『桔』爲『梏』誤，是也，惟『梏』當是『酷』之借字。《淮南子·俶真篇》載此事，有『鑄金柱』之語，蓋本此。」沈祖緜曰：「雕柱爲銅柱之類。桔，《說文》：『一曰直木。』炮時人如直木也」〔註 13〕孫說是，王利器從之，《經濟類編》卷 4 引正作「梏」。「梏」指桎梏。雕讀爲膏或鑄，均通。《文選·石闕銘》：「刑酷然炭，暴踰膏柱。」李善註引《六韜》：「紂患刑輕，乃更爲銅柱，以膏塗之，加於然炭之上，使有罪者緣焉，〔足〕滑跌墮火中，紂與妲己笑以爲樂，名曰炮烙之刑。」〔註 14〕此讀膏之證。《淮南子·俶真篇》：「爲炮烙，鑄金柱。」高誘注：「鑄金柱，然火其下，以人置其上，人墮侈火中而對之笑也。」金

〔註 11〕 參見蕭旭《古書虛詞旁釋》，廣陵書社 2007 年版，第 46 頁。
〔註 12〕 王念孫《管子雜志》，《讀書雜志》卷 7，中國書店 1985 年版，第 125 頁。
〔註 13〕 沈颻民（祖緜）《讀呂臆斷（續）》，《制言》第 2 期，1935 年版，本文第 17～18 頁。
〔註 14〕 「足」字據《御覽》卷 83 引《帝王世紀》補，又《帝王世紀》「然」作「燕」。

柱即銅柱。

（2）刑鬼侯之女而取其瓌

高誘注：聽妲己之譖殺鬼侯之女以爲脯，而取其所服之瓌也。

按：畢沅改正文及注「瓌」作「環」。于鬯曰：「瓌蓋讀爲懷。懷者，當爲懷孕也。」蔣維喬等曰：「畢校是也。朱本、黃本、日刊本正作『環』。」陳奇猷曰：「『瓌』蓋謂裹於衣衾內之玉也。朱本等多妄改，不可據。元刻本及早期之明弘治、嘉靖等刻本作『瓌』不誤。」王利器曰：「畢校是，朱本、黃本、王勸士批本、日本重刊宋邦乂本作『環』。《春秋繁露・王道篇》：『刑鬼侯之女取其環。』蓋本之《呂氏》。」四庫本作「環」，《經濟類編》卷 4 引作「瓌」。畢校是，陳說非也。《董子》：「刑鬼侯之女取其環。」《御覽》卷 718 引「環」同，《路史》卷 37 羅苹注引亦誤作「瓌」。環蓋謂指環。沈祖緜曰：「高注以環爲所服之環，誤也。環爲頭骨之名。《說文》：『環，璧〔也〕，肉好若一謂之環。』頭骨名環，乃段借也。」〔註15〕沈氏亦臆說。

（3）乃使沮麛〔賊之〕

按：沮麛，《左傳・宣公二年》、《國語・晉語五》、《史記・晉世家》作「鉏麑」，《說苑・立節》作「鉏之彌」，《漢書・古今人表》作「鉏麛」。皆「鉏牙」、「鉏吾」、「鉏錯」、「齟齬」音轉。其爲人名，蓋得名於牙齒參差不齊〔註16〕。「鉏之彌」之「之」，語辭。

（4）謂公王丹曰

按：畢沅曰：「『公王丹』即『公玉丹』，古『玉』字作『王』。」陳奇猷曰：「畢說是也。《審己》、《正名》皆作『玉』。」《新序・雜事五》亦作「玉」。

（5）臣聞古人有辭天下而無恨色者

按：恨，《新序・雜事五》作「憂」。

〔註15〕沈瓞民（祖緜）《讀呂臆斷（續）》，《制言》第 2 期，1935 年版，本文第 18 頁。沈氏引脫「也」字。

〔註16〕參見蕭旭《「嬰兒」語源考》，收入《群書校補（續）》，花木蘭文化出版社，第 2072 頁。

（6）王名稱東帝，實辨天下

　　高誘注：辨，治也。

　按：辨，讀爲辯。《說文》：「辯，治也。」《新序・雜事五》作「有」，義合。
　　陳奇猷曰：「《說文》：『辨，判也。』判者分也。」其說非是。

（7）帶益三副矣

　　高誘注：「副」或作「倍」。帶益三倍，苟活者肥令腹大耳。

　按：《黃氏日抄》卷56引作「帶益三圍」，《新序・雜事五》作「帶三益矣」。
　　朱駿聲曰：「高注云云。按：陪也。」〔註17〕于鬯曰：「帶有鉤，則必有
　　圈當以扣鉤。所謂副者，疑即指圈當也。帶必稱人之腰圍，圈當所置有
　　定位，若腰圍大，則益一圈當於外。更大，則更益。帶益三副者，謂益
　　三圈當也。」王利器從于說，又云：「益帶疑即所謂緩帶，蓋腹大則鬆
　　帶，易言之則言緩帶也。」陳奇猷曰：「《說文》：『副，判也。』引申之
　　則分一物爲若干份。此文猶言帶增三份。」彭鐸曰：「《新序》作『帶三
　　益矣』，語意自明。」楊明照曰：「『倍』字誼長，高氏從倍字爲解，是
　　也。」劉如瑛曰：「副，讀如倍。」徐仁甫曰：「《禮器》《釋文》：『介，
　　音界，副也。』介之言界也，限也，隔也。疑古人帶上有界限，分爲幾
　　隔。帶益三副，即腰大其帶增加三隔矣。」副，讀爲福。顏師古《匡謬
　　正俗》卷6：「副字本爲福字，從衣畐聲。今俗呼一襲爲一福衣，蓋取其
　　充備之意，非以覆蔽形體爲名也。然而書史假借，遂以副字代之。」《廣
　　韻》：「福，衣一福，今作副。」《集韻》：「福，衣一稱。」本字當爲幅，
　　《說文》：「幅，布帛廣也。」《漢書・食貨志》：「布帛廣二尺二寸爲幅。」
　　《儀禮・士喪禮》：「亡則以緇長半幅，䞓末長終幅。」鄭玄注：「半幅
　　一尺，終幅二尺。」此漢制，而其說略有差別。《後漢書・符融傳》：「幅
　　巾。」李賢注：「幅巾者，以一幅爲之也。」此文謂衣帶增益三幅也。

《壅塞》校補

（1）彼且胡可以開說哉

　按：開，別本作「聞」。陳奇猷曰：「開謂陳說也。作『聞』亦通。」王利

〔註17〕朱駿聲《說文通訓定聲》，武漢市古籍書店1983年版，第224頁。

器曰：「作『開說』義勝。《史記・曹相國世家》：『醉而後去，終莫得開說。』《漢書・曹參傳》同，注引如淳曰：『開謂有所啓白。』」《史記・穰侯傳》：「及其貴極富溢，一夫開說，身折勢奪而以憂死，況於羈旅之臣乎！」「開」、「聞」皆當作「關」。「關說」是秦漢成語。關讀爲貫，用也，行也，進也。下文「說必不入」，「入」與之相應。《史記・梁孝王世家》：「大臣及袁盎等有所關說於景帝。」〔註18〕又《佞幸傳》：「公卿皆因關說。」〔註19〕也稱作「關辭」，《淮南子・主術篇》：「市南宜僚弄丸，而兩家之難無所關其辭。」《越絕書》卷 6：「二人以爲胥在，無所關其辭。」又卷 7：「伍子胥在，自與不能關其辭。」《鹽鐵論・相刺》：「夫以伊尹之智，太公之賢，而不能開辭於桀、紂，非說者非，聽者過也。」此例「開辭」是「關辭」之譌。又稱作「關言」，《尉繚子・將理》：「試聽臣之術，雖有堯、舜之智，不能關一言；雖有萬金，不能用一銖。」〔註20〕

（2）齊宣王好射，說人之謂己能則（用）彊弓也，其嘗所用不過三石

按：王利器曰：「嘗、常通，《續博物志》卷 9 作『實』。」王叔岷曰：「『嘗』當作『實』，字之誤也。下文『宣王之情所用不過三石』，即承此言，情猶實也。《尹文子》『嘗』正作『實』。」嘗，《治要》卷 39、《御覽》卷 347 引同，《事類賦注》卷 13 引作「常」。

（3）左右皆試引之，中關而止

高誘注：關謂關弓。弦正半而止也。

按：惠棟曰：「貫，古文關。」馬敍倫曰：「關借爲彎。」楊樹達說同馬氏。許維遹曰：「《治要》引『關』作『開』，形近而誤。惟引注『正』字作『至』，於義爲長。」于省吾曰：「關、貫、彎一聲之轉。」陳奇猷曰：「《治要》引作『至』，未必是高注之舊。」王叔岷曰：「《治要》引注『正』作『至』，『正』蓋『至』之誤，《御覽》引亦作『至』，『至』下更有『於』字。《事類賦》引『中關』作『及半』，與注合。」王利

〔註18〕《漢書・文三王傳》同。

〔註19〕《漢書》同。

〔註20〕以上參見蕭旭《〈銀雀山漢墓竹簡（一）〉校補》、《鹽鐵論校補》，並收入《群書校補（續）》，花木蘭文化出版社，第 94～95、918～919 頁。

器曰：「作『至』義勝。」關，《御覽》卷 347 引作「間」，《尹文子‧
大道上》作「闕」，孔本《書鈔》卷 125 引《尹文子》作「門」，陳本
《書鈔》引《尹文子》作「鬮」，「鬮」同「關」，亦皆「關」形近而
誤〔註21〕。《帝範》卷 2 舊注引《尹文子》已誤作「闕」。《御覽》卷
347 引注作「至於一半而止」。

《原亂》校補

（1）慮福未及，慮禍之，所以兒之也

按：畢沅、陳昌齊謂「兒」是「免」形誤，王念孫謂「兒」是「完」形誤，
于鬯從王說。陳昌齊、王念孫皆據《淮南子‧人間篇》「計福勿及，慮
禍過之」，於「禍」下補「過」字。許維遹謂「陳、王二說均通」。孫
鏘鳴曰：「『慮禍』下疑有脫字，或當云『慮禍先之』。『兒』字亦未識
何字之誤。」〔註22〕《文子‧微明》同《淮南》，亦有「過」字。《說
苑‧談叢》：「君子慮福弗及，慮禍百之。」則補「百」字亦可。考《莊
子‧天下》：「人皆求福，己獨曲全，曰苟免於咎。」此本書所本，則
「兒」校作「免」義長。

（2）倒戈弛弓

按：弓，《御覽》卷 327 引作「矢」。陳奇猷曰：「《史記‧周本紀》：『縱馬於
華山之陽，放牛於桃林之虛，偃干戈，振兵釋旅，示天下不復用也。』」
然則「倒」謂偃倒，放倒。《禮記‧樂記》：「倒載干戈，包之以虎皮，
將帥之士，使為諸侯，名之曰建櫜，然後天下知武王之不復用兵也。」
《史記‧留侯世家》：「殷事已畢，偃革為軒，倒置干戈，覆以虎皮，以
示天下不復用兵。」

〔註21〕 汪繼培、王愷鑾、王啓湘皆校「闕」作「關」，四庫本又誤作「聞」。汪繼培
《尹文子》校本，收入《叢書集成新編》第 20 冊，新文豐出版公司 1985 年
印行，第 433 頁。王愷鑾《尹文子校正》，收入《國學小叢書》，（上海）商務
印書館 1935 年出版，第 17 頁。王啓湘（時潤）《尹文子校詮》，收入《周秦
名家三子校詮》，古籍出版社 1957 年出版，第 30 頁。
〔註22〕 孫鏘鳴《呂氏春秋高注補正》，《國故》第 4 期，1919 年版，第 14 頁。

《不苟論》卷第二十四校補

《不苟》校補

（1）必中理然後動，必當義然後舉

高誘注：非理不移也，非義不行也。

按：本書《懷寵》：「凡君子之說也，非苟辨也；士之議也，非苟語也。必中理然後說，必當義然後議。」高誘注：「議，言。」

（2）武王至殷郊，係墮

按：陳奇猷曰：「《韓非子》云：『文王伐崇，至鳳黃虛，韤繫解。』又云：『晉文公與楚戰，至黃鳳之陵，履係解。』疑此文『係墮』上本有『韤』字或『履』字，而今本脫之。」《類聚》卷 12 引《帝王世紀》、《資治通鑑外紀》卷 3 作「韤係解」。墮，讀爲挽，俗作脫，亦解也。孔本《書鈔》卷 49 引「至」作「克」，誤。

（3）五人御於前，莫肯之為

按：畢沅曰：「疑是『爲之係』，倒二字，脫一字。」鹽田曰：「《唐類函》作『莫爲之係』。」吳汝綸曰：「莫肯之爲，莫之肯爲也。」王利器從吳說。許維遹曰：「《書鈔》卷 49 引作『莫肯爲之』，亦脫『係』字。」陳奇猷曰：「『爲』有役作之意。《韓非子·外儲說右上》云『當此之爲』，即其例。畢改非也。《唐類函》、《書鈔》亦以不明此句法而改之，不可

據。」陳說誤，「當此之爲」句法不同。「莫肯之爲」不誤，本書有此句法。《分職篇》「莫敢之危」，是其比也。「莫肯之爲」即「莫肯爲之」、「莫之肯爲」。「爲之」指係履係而言，此「爲」讀平聲。《類聚》卷12引《帝王世紀》作「莫肯爲王係轙」，此「爲」讀去聲，介詞。御，侍也。

（3）武王左釋白羽，右釋黃鉞，勉而自為係

按：楊明照曰：「《列女傳・母儀・魯季敬姜》作『俛而自申之』，則此勉字當爲俛之誤。」王利器曰：「《文選集注》殘本《宣德皇后令》李善注引作『免』，《彭氏類編》卷6作『俛』。俛、勉皆從免聲，故得通用。」勉，《玉海》卷151引同。王說是，勉、免，並讀爲頼、俛，俯身也，非誤字。《通志》卷3作「俯而自結」，《御覽》卷697引《韓子》作「因俛而係之」（今本不同）。

（4）晉文公將伐鄴，趙衰言所以勝鄴之術，文公用之，果勝

按：果，《新序・雜事四》作「而」。而，猶果也〔註1〕。《漢紀》卷19：「後歲餘，而誅矣。」《列女傳》卷8同，《漢書・酷吏傳》作「果敗」。《家語・好生》：「孔子聞之曰：『公索氏不及二年將亡。』後一年而亡。」亦其例。

（5）文公召郤子虎曰：「衰言所以勝鄴，鄴既勝，將賞之，曰：『蓋聞之於子虎，請賞子虎。』」

按：既，《新序・雜事四》作「遂」。遂，猶既也〔註2〕。

《贊能》校補

（1）得十良馬，不若得一伯樂；得十良劍，不若得一歐冶

按：《淮南子・齊俗篇》：「故曰得十利劍，不若得歐冶之巧；得百走馬，不若得伯樂之數。」《治要》卷44引桓子《新論》引《傳》：「傳曰：『得十良馬，不如得一伯樂；得十利劍，不如得一歐冶。」

〔註1〕參見蕭旭《古書虛詞旁釋》，廣陵書社2007年版，第253頁。
〔註2〕參見蕭旭《古書虛詞旁釋》，廣陵書社2007年版，第323頁。

（2）乃使吏鞼其拳，膠其目

高誘注：鞼，革也。以革囊其手也。

按：蔣維喬等曰：「張本『鞼』作『斬』。《御覽》卷 366『鞼』作『鞟』，
又卷 766 作『革』，又卷 869 作『乃使轉其拳，膝其耳』。」陳奇猷曰：
「《說文》：『鞟，去毛皮也。《論語》曰：「虎豹之鞟。」』今《論語》
作『鞟』，蓋『享』即『郭』之本字。作『斬』作『轉』皆誤，作『革』
者則壞字也。『膝』、『耳』亦誤字。」王利器曰：「《御覽》卷 366、《冊
府元龜》卷 239『鞼』作『鞟』。」景宋本《御覽》卷 766 引同今本作
「鞼」，又卷 869 引作「膝其耳」，不作「膝」，蔣氏所據乃誤本。《資
治通鑑外紀》卷 4 作「鞼」。《說苑·雜言》：「管夷吾束縛膠目，居檻
車中，自車中起爲仲父，則其遇齊桓公也。」道藏本《易林·豐之困》：
「管仲遇桓，得其願歡。膠目殺糾，振冠無憂。」《明夷之旅》「目」
形譌作「日」。《急就篇》卷 4：「攻擊劫奪檻車膠。」顏師古註：「言
強盜。群盜相與攻擊劫奪人者，吏捕得之，載以檻車，又加膠漆，取
周密也。一曰：膠者，謂膠罪人之目，使不得開絕變難也。」顏氏後
說是。《莊子·胠篋》：「滅文章，散五采，膠離朱之目，而天下始人
含其明矣。」此戰國時「膠目」之確證也。

（3）置之車中

按：車中，《御覽》卷 366 引同，又卷 766 引作「革車」，《御覽》卷 869、
《事類賦注》卷 8 引作「匣中」，《冊府元龜》卷 239 作「甲（匣）中」。
匣，讀爲柙。《管子·小匡》作「遂生束縛而柙以予齊」，尹注：「柙，
檻。」《韓詩外傳》卷 7 作「管夷吾束縛自檻車，以爲仲父，則遇齊桓
公也」。「車」字泛指，疑爲「匣」形誤，指檻車。

（4）祓以爟火

高誘注：爟讀如權字。

按：畢沅改注作「爟讀如權衡」，陳奇猷據《本味》高注，改作「爟讀曰權
衡之權」。《御覽》卷 869 引注作「爟讀自（曰）灌」。

（5）孫叔敖、沈尹莖相與友

按：「沈尹莖」是正字，已詳《去宥篇》校補。

《自知》校補

（1）故天子立輔弼，設師保，所以舉過也

　　高誘注：舉，猶正也。

　按：陳奇猷曰：「舉無正義。『舉』即『舉賢良』之舉，猶言舉而出之。」「舉
　　賢良」之舉是舉薦義，陳說非是。王利器曰：「《白虎通·壽命》：『滔天
　　則司命舉過。』蓋舉其過，即所以正其過也。」本書《當賞》：「數舉吾
　　過。」《戰國策·韓策二》：「舉韓傀之過。」《賈子·官人》：「能舉君之
　　失過。」《說苑·政理》：「進賢舉過者有賞。」《漢書·敘傳》：「正諫舉
　　郵。」郵、過同義。皆「舉過」連文之證。《廣雅》、《玉篇》並云：「糾，
　　舉也。」是舉亦糾也，故高注訓正。

（2）以椎毀之，鍾況然有音

　按：畢沅曰：「李善注《文選·百辟勸進牋》『況然』作『悅然』，《淮南·說
　　山訓》作『鎗然有聲』。」陳昌齊、王念孫等並讀「況然」爲「鍠然」。
　　文廷式曰：「『況』與『皇』古字通。」〔註3〕王利器曰：「鎗、鍠聲近
　　通用。」況然有音，《治要》卷39引同，《黃氏日抄》卷56引作「鏜然
　　有聲」，《能改齋漫錄》卷5引作「悅然有音」，《記纂淵海》卷52引作
　　「恍然有聲」。

（3）魏文侯燕飲，皆令諸大夫論己，或言君之智也

　按：孫志祖曰：「《御覽》卷622作『或言君仁，或言君義，或言君智』，疑
　　此有脫文。」畢沅、蔣維喬、陳奇猷並從其說。《御覽》見卷620引，
　　孫氏失檢。王利器曰：「《新序·雜事一》作『群臣皆曰：「君，仁君也。」』
　　疑『或』爲『咸』字之誤。」王說是，此文無脫文，「咸」與「皆」同
　　義。《御覽》見作「或」不通，因臆補二句，不可據。

（4）任座趨而出

　按：《御覽》卷620引作「座趨而起」，《新序·雜事一》以此事屬之翟黃，
　　作「黃起而出」。

〔註3〕文廷式《純常子枝語》卷15，收入《續修四庫全書》第1165冊，上海古籍出
　　版社2002年版，第215頁。

《類聚》卷 24 引《新序》作「趨而出」。「起」是「趨」誤，《御覽》尤誤。

《當賞》校補

（1）若賞唐國之勞徒，則陶狐將為首矣

按：《說苑·復恩》作「夫勞苦之士，是子固爲首矣」。固，猶將也〔註4〕。

（2）賜守塞者人米二十石

按：二十石，《大事記解題》卷 2 引作「二千石」。

《博志》校補

（1）使獐疾走

按：王利器曰：「《類聚》、《御覽》『獐』作『麞』，此《呂氏》一本也。《說文》：『麋，麞也，擂义作麞。』」《類聚》卷 95 引作「麞」，《御覽》卷 907 引作「麞」，王氏失檢。麞、獐，正、俗字。

（2）新穀熟而陳穀虧……果實繁者木必庳

高誘注：果實繁者木爲之庳小也。

按：《春秋繁露·郊語》：「禾實於野而粟缺於倉。」《鹽鐵論·非鞅》：「夫李梅實多者來年爲之衰，新穀熟者舊穀爲之虧。」《劉子·類感》：「新穀登而舊穀缺。」王利器引以上三例以證。《意林》卷 3 引《論衡》亦有「新穀登而舊穀缺」語。皆本此書。畢沅曰：「《戰國策·秦策》引《詩》曰：『木實繁者披其枝。』亦是此義。」于鬯曰：「庳，猶短也。畢校引《戰國策》，非此義。」陳奇猷曰：「證以《秦策》，庳當爲披之借字。『披』即『披靡』之披，垂下也。」陳氏讀庳爲披，是也，而所釋則誤。《戰國策·秦策三》范雎引《詩》曰：「木實縣者披其枝，披其枝者傷其心。」披讀爲柀，《說文》：「柀，一曰折（析）也。」〔註5〕

（3）何為而可以免此苦也

〔註4〕 參見蕭旭《古書虛詞旁釋》，廣陵書社 2007 年版，第 123 頁。
〔註5〕 參見段玉裁《說文解字注》，上海古籍出版社 1981 年版，第 242 頁。

按：免，《說苑・建本》同，《御覽》卷 611 引誤作「逸」。

（4）矢之速也，而不過二里止也；步之遲也，而百舍不止也

按：矢，《黃氏日抄》卷 5 引作「步」。楊明照曰：「《淮南・人間篇》：『夫
走者人之所以爲疾也，步者人之所以爲遲也（引者按：楊氏引脫二『人』
字，據原書補）。』此『矢』字定爲『走』之誤。《說苑・建本篇》：『夫
走者之速也，而過二里止；步者之遲也，而百里不止。』即本此文，
而正作『走』，不作『矢』也。當據正。《淮南・說林篇》：『矢疾，不
過二里也；步之遲，百舍不休，千里可致。』『矢』亦爲『走』之誤，
前人無辨正之者，故罩及之。」楊氏所引《說苑》，「過」上當據本書
及《淮南》補「不」字。此以走之速與步之遲對舉。言趨走雖速，所
行不過二里即止；步行雖遲，百舍不止，則千里可致。《文子・上德》：
「矢之疾，不過二里；跬步不休，跛鼈千里。」亦誤作「矢」字。宋
人李樗、黃櫄《毛詩集解》卷 22：「走者之疾，不二里而止；行者之
遲，千里而不止。」

（5）養由基矯弓操矢而往，未之射而括中之矣，發之則猨應矢而下

按：王念孫改「操」作「揉」，張錦少指出不必改〔註6〕。張說是也，《渚宮
舊事》卷 1 作「始矯弓操矢，未之射，猿擁柱而號，由基發之，猿應矢
而下。」

《貴當》校補

（1）其友皆孝悌純謹畏令

按：純，《韓詩外傳》卷 9 作「篤」。本書《孝行》：「今有人於此，行於親重
而不簡慢，於輕疏則是篤謹孝道。」篤，讀爲竺，字又作竹，信厚也。

（2）主有失，皆交爭証諫

按：下句，《治要》卷 39 引作「敢交爭正諫」，《御覽》卷 406 引作「皆敢
交爭」，《韓詩外傳》卷 9 作「皆交爭正諫」，《新序・雜事五》作「皆

〔註6〕 張錦少《王念孫〈呂氏春秋〉校本研究》，《漢學研究》第 28 卷第 3 期，2010
年出版，第 309 頁。

敢分爭正諫」。此文及《外傳》「皆」下脫「敢」字。蔣維喬等曰：「《治要》引『皆』作『敢』，於義並通。」其說非是。又《外傳》「失」下有「敗」字，王叔岷曰：「蓋『敢』誤作『敗』，寫者乃乙在『皆』字上。」是也。盧文弨曰：「『分』疑『力』字，《呂氏》作『交』。」〔註7〕

（3）如此者，國日安，主日尊，天下日服

高誘注：服其德也。

按：天下日服，《韓詩外傳》卷 9 作「名聲日顯」，《新序・雜事五》作「天下日富」。石光瑛曰：「此富字當讀爲服也。」〔註8〕《集韻》：「膈，膈臆，或作服。」「匍匐」或作「扶服」。皆是其證。

（4）惟其所以不得之故，則狗惡也

按：楊昭儁曰：「惟，思也。」王利器曰：「《類聚》卷 19 引作『椎』。」《類聚》卷 94 引作「推其所以不得獸，狗惡故也」，《御覽》卷 832 引作「所以不得，狗惡故也」。王氏失檢。推，推斷，本書《別類》「可推知也」，即此義。

〔註7〕 盧文弨《新序校正並補遺》，收入《群書拾補》，《續修四庫全書》第 1149 冊，上海古籍出版社 2002 年版，第 401 頁。
〔註8〕 石光瑛《新序校釋》，中華書局 2001 年版，第 727 頁。

《似順論》卷第二十五校補

《似順》校補

（1）簡子曰：「往而夷夫壘。」

　　高誘注：夷，平也。中行文子與范昭子專晉君權，伐趙簡子，圍之晉
　　　　　　陽，所作壘壁培塈也。簡子不欲見之，故使尹鐸平除之也。

　按：畢沅曰：「《晉語九》『壘』下有『培』字，觀此注似亦本有『培』字。」
　　陳奇猷曰：「畢謂『壘』下似本有『培』字是也。『培』即《左傳·襄二
　　十四年》『部婁無松柏』之部。」陳氏謂「培」即「部婁」之部，非是。
　　「部婁」是圓形高起的小土山，非此之誼。陳憲璿曰：「這種壘培，就
　　是現在所說的碉樓。」〔註1〕亦是臆說。《晉語九》作「必墮其壘培」，
　　韋昭注：「墮，壞也。壘，荀寅、士吉射圍趙氏所作壁壘也。壘墼曰培。」
　　「培」是壘墼，今吳語稱作土墼，指未燒成瓦的土坯，讀爲坏，俗作坯。
　　《玉篇》：「坏，《說文》云：『一曰瓦未燒。』又作坯。」土坯所壘的牆
　　亦稱作坯，吳語稱作土墼牆。《莊子·庚桑楚》《釋文》：「阫，向音裴，
　　云：『阫，墻也。』」「阫」同「陪」，亦即「坏」。《淮南子·齊俗篇》：
　　「鑿培而遁之。」許慎注：「培，屋後牆也。」段玉裁、朱珔謂培爲坏
　　之借字〔註2〕。《御覽》卷 509 引嵇康《高士傳》：「（顏）闔乃鑿坏而

〔註1〕 陳憲璿《春秋的奴隸》，《食貨半月刊》第 2 卷第 5 期，1935 年版，第 34 頁。
〔註2〕 段玉裁《說文解字注》，上海古籍出版社 1981 年版，第 692 頁。朱珔《說文
　　　　假借義證》，黃山書社 1997 年版，第 744 頁。

遁。」《漢書・揚雄傳》:「故士或自盛以橐,或鑿坏以遁。」蘇林曰:「坏音陪。」本書《聽言》:「其室培濕。」王念孫曰:「培,室後牆也。」〔註3〕音轉又作備,《淮南子・齊俗篇》:「必有穿窬柎揵抽箕踰備之姦。」許慎注:「備,後垣也。」王引之曰:「抽箕當爲拊墓。備與培同,下文『鑿培而遁之』,高注曰:『培,屋後牆也。』《呂氏春秋・聽言篇》亦作『培』,《莊子・庚桑楚篇》作『阫』,《漢書・揚雄傳》作『坏』。」朱駿聲亦謂備假借爲培〔註4〕。

(2)鐸之言固曰:「見樂則淫侈,見憂則諍治。」

按:王念孫曰:「『諍』當作『崝』。」陳奇猷曰:「猶言尹鐸之言必是如此說。諍有競義。王改爲『崝』,崝,亭安也,非此文之義。」固,猶嘗也,曾也〔註5〕。陳氏訓固爲必,非是。諍,當讀爲靜。《荀子・不苟》:「喜則和而理,憂則靜而理。」此呂氏所本。

(3)夫便國而利於主,雖兼於罪,鐸為之

按:畢沅曰:「舊注云:『兼,或作謙。』疑亦校者之辭。『謙』字無義,或當爲『嫌』。」吳闓生曰:「兼、謙皆溓之借。溓猶陷也。」譚戒甫曰:「兼於罪猶云犯兩罪也。」陳奇猷曰:「譚說近之,然猶未得。兼猶倍於常也。」畢氏謂當作「嫌」得之,嫌,近也。本書《貴直》:「固嫌於危。」高誘注:「嫌,猶近也。」《荀子・禮論》:「一朝而喪其嚴親,而所以送葬之者不哀不敬,則嫌於禽獸矣。」言尹鐸違令而增壘培,是近於罪也。

《別類》校補

(1)物多類然而不然

按:《淮南子・人間篇》:「故或類之而非,或不類之而是,或若然而不然者,

〔註3〕 王念孫《呂氏春秋校本》,轉引自張錦少《王念孫〈呂氏春秋〉校本研究》,《漢學研究》第 28 卷第 3 期,2010 年出版,第 314 頁。

〔註4〕 王引之說轉引自王念孫《淮南子雜志》,收入《讀書雜志》卷 13,中國書店 1985 年版,本卷第 93 頁。朱駿聲《說文通訓定聲》,武漢市古籍書店 1983 年版,第 188 頁。

〔註5〕 參見蕭旭《古書虛詞旁釋》,廣陵書社 2007 年版,第 127 頁。

或不若然而然者。」本於此書。

（2）夫草有莘有蔞，獨食之則殺人，合而食之則益壽

按：畢沅曰：「《御覽》卷 994 引『莘』作『華』，《日抄》作『萃』。」蔣維
喬等曰：「《山海經・北山經》云：『單狐之山多機木，其上多華草。』
郝懿行《疏》引此云：『然則華草豈是歟？』」彭鐸從郝說。《六書故》
卷 24「莘」字條引作「莘」〔註6〕。《路史》卷 40：「草有莘與蔞，獨
食之殺人，合而食之則壽。」亦同今本。「莘」字是，草名，指細莘，
亦作細辛。其物根細而味極辛，故名細辛，亦稱作小辛、少辛。《本草
綱目》卷 13：「承曰：細辛，非華陰者不得為眞。若單用末，不可過
一錢，多則氣悶塞不通者死，雖死無傷。近年開平獄中嘗治此，不可
不記。非本有毒，但不識多寡耳。」蔞，疑指野葛，待考。《博物志》
卷 4：「埜葛，食之殺人。」

（3）漆淖水〔淖〕，合兩淖則為蹇

高誘注：蹇，彊也。言水漆相得則彊而堅也。

按：馬敘倫謂「蹇」訓彊的本字為「院」，引《說文》「院，堅也」以證之，
陳奇猷從其說。馬王堆漢簡《十問》：「淺（散）坡（彼）陽燦，堅蹇不
死。」「堅蹇」同義連文。「院」訓堅，是「完」的增旁字。竊謂蹇讀虔，
《爾雅》：「虔，固也。」土利器引「凝蹇」以解之，非是。「凝蹇」是
「凝滯」義。

（4）射招者欲其中小也，射獸者欲其中大也

高誘注：招，埻藝也。

按：蔣維喬等曰：「《御覽》卷 746『招』作『杓』。招、杓聲轉。」景宋本
《御覽》卷 746 引作「杓」。

《有度》校補

（1）夏不衣裘，非愛裘也，煖有餘也；冬不用籗，非愛籗也，清有
餘也

〔註6〕 戴侗《六書故》卷 24，據《溫州文獻叢書》影鈔元刊本，上海社會科學院出
版社 2006 年版，第 571 頁。四庫本誤作「葦」。

高誘注：箑，扇也。清，寒。

按：文廷式曰：「瀞、凊皆清字之別體，本或作水旁，非也。《呂氏春秋》『清有餘也』，即此字。」〔註7〕文說是，但謂「清」爲誤字則非。范耕研、馮振並謂清當作凊〔註8〕。楊昭儁讀清爲凊。楊說是也。凊，《淮南子·俶眞篇》同，字亦作瀞，非誤字也。俗字或作倩、凊〔註9〕。汪東《吳語》：「《說文》：『瀞，冷寒也。凊，寒也。』並七正切。古書或假『清』爲之。本書《當染》：『大熱在上，民清是走。』《莊子·人間世》曰：『吾食也執粗而不臧，爨無欲清之人。』《素問·五臟生成篇》曰：『得之寒濕腰痛足清。』」〔註10〕張家山漢簡《脈書》：「氣者，利下而害上，從煖而去清。」皆作「清」字。

（2）聖人之不爲私也，非愛貴也，節乎己也。節己，雖貪汙之心猶若止，又況乎聖人

按：《文子·九守》：「老子曰：『夫所謂聖人者，適情而已，量腹而食，度形而衣，節乎己而貪汙之心無由生也。」

（3）正則靜，靜則清明，清明則虛，虛則無爲而無不爲也

按：《莊子·庚桑楚》作「正則靜，靜則明，明則虛，虛則無爲而無不爲也」。裘錫圭謂二文並有脫誤，校此文「靜則清明，清明則虛」作「靜則清，清則明，明則虛」〔註11〕。

〔註7〕 文廷式《純常子枝語》卷3，收入《續修四庫全書》第 1165 冊，上海古籍出版社 2002 年版，第 59 頁。又卷 15 云：「清亦當爲凊。」第 215 頁。

〔註8〕 馮振《呂氏春秋高注訂補（續）》，《學術世界》第 1 卷第 12 期，1935 年版，第 27 頁。

〔註9〕 參見蕭旭《〈世說新語〉吳方言例釋》，收入《群書校補》，廣陵書社 2011 年版，第 1381 頁。

〔註10〕 汪東《吳語》，《制言》第 6 期，1935 年版；又收入《章太炎全集（七）》附錄，上海人民出版社 1999 年版，第 151 頁。文廷式《純常子枝語》卷 15 引《當染》及《莊子》例，亦云：「清當作凊，字宜從冫，從氵者假借也」，收入《續修四庫全書》第 1165 冊，上海古籍出版社 2002 年版，第 211 頁。

〔註11〕 裘錫圭《考古發現的秦漢文字資料對於校讀古籍的重要性》，收入《裘錫圭學術文集》卷 4，復旦大學出版社 2012 年版，第 376 頁。

《分職》校補

（1）先王用非其有，如己有之，通乎君道者也

按：孫志祖曰：「《御覽》卷 620 作『如己之有』。案下文皆作『如己有之』，
《御覽》非也。」孫說是，《治要》卷 39 引作「如己有之」，《長短經·
大體》同。

（2）宛春諫曰：「天寒起役，恐傷民。」

高誘注：傷，病也。

按：傷，《新序·刺奢》同，《御覽》卷 27 引《說苑》作「怠」。石光瑛曰：
「『怠』字誤，今《說苑》無此文，疑即《新序》此章。」〔註 12〕

（3）陬隅有竈

按：畢沅曰：「《新序·刺奢篇》『陬隅』作『隩隅』。」蔣維喬等曰：「《類聚》
卷 5、《治要》、《白帖》卷 4、《初學記》卷 3 及《御覽》卷 34 並作『四
陬有火』。《御覽》卷 188『陬隅』作『隅隩』。《紺珠集》引作『四隅置
火』。」《治要》卷 39 未引此句，景宋本《御覽》卷 34 引作「取火」，《初
學記》卷 3 引作「四隅有火」，蔣氏失檢。《書鈔》卷 133、《御覽》卷
67、709 引同今本，《書鈔》卷 156 引作「四陬有火」。

（4）今民衣弊不補，履決不組

按：《治要》卷 39、《書鈔》卷 156 引同，《白帖》卷 4 引作「衣穿不補，
履缺不苴」，《御覽》卷 34 引作「衣弊〔不補，履決〕不苴」，《類聚》
卷 5、《事類備要》前集卷 11、宋人方崧卿《韓集舉正》卷 4 引作「衣
弊不補，履決不苴」，《事文類聚》前集卷 12 引作「衣敝不補，履決
不苴」，《新序·刺奢》同《類聚》。決，穿也，「缺」是借字。盧文弨
曰：「苴亦補也。賈誼云：『冠雖弊，不以苴履。』」〔註 13〕楊昭儁曰：
「履決不組者謂無帶可繫。」桂馥引《新序》以證《說文》〔註 14〕；

〔註 12〕石光瑛《新序校釋》，中華書局 2001 年版，第 807 頁。
〔註 13〕盧文弨《新序校正並補遺》，收入《群書拾補》，《續修四庫全書》第 1149 冊，
上海古籍出版社 2002 年版，第 401 頁。所引賈誼語見《賈子·階級》、《漢書·
賈誼傳》。
〔註 14〕桂馥《說文解字義證》，齊魯書社 1987 年版，第 98 頁。

李賡芸曰：「苴爲組。」〔註15〕據其書體例，指二字通借，上爲正字，下爲借字。楊樹達曰：「作『苴』正字。《說文》云：『苴，履中艸。』『組』乃假字。」石光瑛說同楊樹達〔註16〕。許維遹曰：「苴亦爲組之借字。」陳奇猷曰：「楊樹達說是。『苴』之本義爲履中草，用爲動詞則爲以苴補履。」許維遹說是，當以「組」爲正字。組，編織也，引申爲縫補義。「苴」是鞋墊，盧氏所引「苴履」，用本義，無縫補的引申義。蔣禮鴻曰：「『組』之義爲組綬，爲組織。履決不組，組綬義既非此所施，即組織亦不當施於弊履也。故《白帖》、《類聚》依《新序》改作『苴』。《呂氏》元文當爲『組』，『組』、『組』形近，故譌作『組』耳。《說文》：『組，補縫也。』」蔣氏改字不足信。

《處方》校補

（1）少不悍辟而長不簡慢矣

高誘注：悍，兇也。辟，邪也。簡，惰也。慢，易也。

按：辟，當訓捍禦。

（2）今夫射者儀毫而失牆，畫者儀髮而易貌

高誘注：儀，望也。睎望毫毛之微而不視堵牆之大，故能中也。畫者睎毫髮，寫人貌，儀之於象，不失其形，故曰易貌也。

按：王筠引此例證《說文》「儀，度也」，指出「注『儀，望也』非是」〔註17〕。孫鏘鳴曰：「注未明，再考。《文心雕龍·附會篇》引此二語，下言『銳精細巧，必疏體統』，似謹於小而忽於大之意。」楊昭儁曰：「儀讀爲睨，衺視也。故高氏以望訓儀。」譚戒甫曰：「《淮南·說林篇》亦有『畫者謹毛而失貌，射者儀小而遺大』二語。引此作『謹毛』、『儀小』，正與劉勰、孫鏘鳴之意相同。竊意此儀當讀俄，頃也，疑訓爲傾邪。此『儀毫』、『儀髮』皆謂有毫髮之傾側，因而失牆易貌。高注全非。」許維遹曰：「孫說是。儀，度也。度有慎義。易爲傷之

〔註15〕 李賡芸《炳燭編》卷2，收入《叢書集成新編》第13冊，新文豐出版公司1985年版，第595頁。
〔註16〕 石光瑛《新序校釋》，中華書局2001年版，第809頁。
〔註17〕 王筠《說文解字句讀》，中華書局1988年版，第298頁。

借字，輕也。此謂畫者謹慎其髮而輕易其貌。《淮南子》云云，語尤明。」蔣維喬等曰：「譚氏以儀訓傾，似嫌迂回。《左傳‧昭二十五年》疏云『察其貌謂之儀』，是儀有察義。《諸子品節》引『儀』作『謹』，《淮南》作『謹毛』、『儀小』，皆含有謹察之意也。高訓爲望，猶近古義。」陳奇猷曰：「《廣雅》：『儀，見也。』故高訓爲望也。失猶去也。許讀易爲傷訓輕，是也。輕即不重視，與去義亦近。此文謂射者望毫毛之微而不見大牆，故能中的；畫者望紋髮之細而不視全貌，故能象人。」諸說皆未達其誼。《文心雕龍》作「夫畫者謹髮而易貌，射者儀毫而失墙」。《淮南子》高誘注：「謹悉微毛，留意於小，則失其大貌。儀望小處而射之，故能中。事各有宜。」二句是說射者當瞄準小處而忽略大處，而畫者則相反，如果用心於小處，沒有全局觀念，則失其大體耳。高誘注《淮南子》云「事各有宜」得之，而於此則失之。此文「儀髮」當作「謹髮」，高注本已誤。高注先注《淮南》，再注《呂氏》，後說轉誤，則亦惑於誤字矣。高注儀訓望，是也，今言瞄準。《淮南子‧泰族篇》：「射者數發不中，教之以儀則喜矣。」言教之以瞄準也。瞄準器具亦稱作儀，名動相因。《韓子‧外儲說左上》：「不以儀的爲關，則射者皆如羿也。」《墨子‧備高臨》：「（弩）有儀。」《淮南子‧齊俗篇》：「夫一儀不可以爲發，一衣不可以出歲。儀必應乎高下，衣必適乎寒暑。」許慎注：「儀，弩招顏也。射百發，遠近不可皆以一儀也。」皆是其例，《夢溪筆談》卷19稱瞄準器作「望山」。此文「失」與《淮南》「遺」同義。易，變也。易貌，猶今言失眞。儀訓望者，王念孫曰：「儀古讀若俄，字或作睋，《定八年公羊傳》注訓睋爲望。班固《西都賦》曰：『睎秦領，睋北阜。』睋與儀古今字耳。」〔註18〕朱駿聲曰：「儀，叚借爲覲。」〔註19〕

（3）齊令章子將而與韓魏攻荊，荊令唐篾將而拒之

舊校：「拒」一作「應」。應，擊也。

按：《水經注‧沘水》引作「荊使唐蔑應之」，梁履繩據改「拒」作「應」，畢沅從之。吳汝綸、蔣維喬謂當從舊本，畢改非，陳奇猷從吳說。《御

〔註18〕王念孫《後漢書雜志》，收入《讀書雜志》餘編上卷，中國書店1985年版，本卷第10頁。
〔註19〕朱駿聲《說文通訓定聲》，武漢市古籍書店1983年版，第479頁。

覽》卷 316 引作「荊令唐篓將拒之」，是宋人所見亦作「拒」字。

（4）水淺深易知

按：《御覽》卷 316 引「易」上有「甚」字。

（5）今有人於此，擅矯行則免國家，利輕重則若衡石，為方圓則若規矩，此則工矣巧矣，而不足法

按：陶鴻慶曰：「『利』當為『制』字之誤。」楊昭儁曰：「『利』是『判』字之誤。」譚戒甫從陶說，陳奇猷從楊說，王利器則謂二說「俱可通也」。馮振曰：「舊疑『利』或『稱』字之誤。今案：利，便也，不必改字。」〔註20〕諸說皆未得。「利」當作「挈」。古「利」字右旁從刀作「利」〔註21〕，因而致譌。「挈」同「挈」，懸持也，提舉也。《淮南子·齊俗篇》：「夫挈輕重不失殊（銖）兩，聖人弗用，而縣之乎銓衡；視高下不差尺寸，明主弗任，而求之乎浣準。」「挈」一本作「挈」。此其明證。言提舉之以測度其重量也。《墨子·備城門》：「子墨子曰：『守城之法，必數城中之木，十人之所舉為十挈，五人之所舉為五挈，凡輕重以挈為人數。為薪樵挈，壯者有挈，弱者有挈，皆稱其任。凡挈輕重所為，吏人各得亦任。』」「挈」字即此義。岑仲勉曰：「孫（詒讓）云：『挈與契字同，謂刻契之齒，以記數也。』其說未合。挈者等於每個人力所能舉之重量。」〔註22〕

《慎小》校補

（1）巨防容螻，而漂邑殺人；突洩一煙，而焚宮燒積

高誘注：巨，大。防，隄也。如隄有孔穴容螻蛄則潰漏竅決，至於漂沒閭邑，溺殺人民也。竈突煙洩出，則火濫炎上，燒人之宮室積委也。

按：畢沅曰：「熛，舊作『煙』，今從《日抄》改正。」王念孫據《一切經

〔註20〕馮振《呂氏春秋高注訂補（續）》，《學術世界》第 1 卷第 12 期，1935 年版，第 28 頁。

〔註21〕字形參見臧克和《漢魏六朝隋唐五代字形表》，南方日報出版社 2011 年版，第 174 頁。

〔註22〕岑仲勉《墨子城守各篇簡注》，中華書局 1958 年版，第 37 頁。

音義》卷 13 引改「煙」作「熛」〔註23〕。許維遹曰：「《一切經音義》卷 14 引『煙』亦作『熛』。注『煙』亦當作『熛』。」王叔岷曰：「《一切經音義》卷 57、59 引『煙』並作『熛』。」王利器引群書證「熛」是，可參。王念孫、許維遹所引是《玄應音義》，卷 13、14 引並作「熛」〔註24〕；王叔岷所引是《慧琳音義》。《記纂淵海》卷 73 引亦作「熛」字。《六書故》卷 3「票」字條引作「票」，解為「火飛起也」。《說文》「票」、「熛」並訓火飛也，音義全同。螻，《黃氏日抄》卷 56 引作「蟻」。積，《玄應音義》卷 14、《慧琳音義》卷 59 引作「蕶」，俗字。積、蕶，當指草積，草堆，今吳語音同「子」。《集韻》：「蕶，一曰艸積。」

（2）衛莊公立，欲逐石圃，登臺以望，見戎州而問之曰：「是何為者也？」

按：陳奇猷曰：「『之』字當衍，或『侍者』之誤。」陳說非是。《左傳·哀公十七年》作「公登城以望，見戎州，問之，以告」，亦有「之」字。「之」代指戎州也。

（3）去肉食之獸，去食粟之鳥，去絲罝之網

按：《淮南子·主術篇》作「去食肉之獸，食粟之鳥，係罝之罔」。「鳥」當作「馬」，形近而誤，諸家皆失校。《左傳·襄公五年》：「無衣帛之妾，無食粟之馬。」〔註25〕又《成公十六年》：「妾不衣帛，馬不食粟。」《墨子·七患》：「馬不食粟，婢妾不衣帛。」《晏子春秋·內篇諫上》：「馬不食府粟，狗不食飦肉。」《潛夫論·過利》：「馬不餼粟，妾不衣帛。」《鹽鐵論·通有》：「昔季文子相魯，妻不衣帛，馬不秣粟。」《後漢書·郭丹傳》：「昔孫叔敖相楚，馬不秣粟，妻不衣帛。」皆其證也。陳奇猷謂此文「肉食」當乙作「食肉」，是也。「去食肉之獸」殆即指去狗而言，就是《晏子》所說的「狗不食飦肉」。

〔註23〕 王念孫《呂氏春秋校本》，轉引自張錦少《王念孫〈呂氏春秋〉校本研究》，《漢學研究》第 28 卷第 3 期，2010 年出版，第 318 頁。

〔註24〕 《玄應音義》卷 13 據磧砂本，金藏本未引。

〔註25〕 《國語·魯語上》、《史記·魯周公世家》、《說苑·反質》略同。

《士容論》卷第二十六校補

《士容》校補

（1）士不偏不黨，柔而堅，虛而實，其狀朖然不儎，若失其一

高誘注：而，能也。一謂道也。能柔堅虛實之士，其狀貌朖然舒大，不
儎給巧偽爲之，畏失其道也。

按：「而」是並列連詞，猶且也。高氏訓能，非是。章太炎曰：「朖當借爲
良，良亦彊也。彊直者必不儎給巧偽。」沈祖緜曰：「《說文》無『朖』，
疑誤。」陳奇猷曰：「『朖』爲『朗』本字，見《說文》，沈失檢。朗猶
清澈也。儎，慧也。此文『朖然不儎』，謂中心清澈而巧慧，即中心虛
靜而無巧詐之意。」王利器曰：「『朗』爲『朖』之後起字。」張富祥
曰：「朖，通『俍』，善。儎，通『譞』，聰慧。」〔註1〕陳、王說得之。
「朖」即曠朗、空明之義。《黃氏日抄》卷 56 引作「眼」，俗字。《集
韻》：「朖、眼、脼：《說文》：『明也。』或從日，古作脼，亦書作朗。」

（2）執固橫敢而不可辱害

按：害，讀爲齘、忓，《方言》卷 2：「蘇（齘），怒也，小怒曰蘇（齘）。」
又卷 12：「忓，恨也。」《廣雅》：「齘，怒也。」P.2011 王仁昫《刊謬補
缺切韻》：「忓，怨恨。」本書《慎行》：「荆平王有臣曰費無極，害太子

〔註1〕張富祥《呂氏春秋》校釋札記（二）》，《古籍整理研究學刊》2008 年第 5 期，
第 30 頁。

建，欲去之。」亦此義。文廷式以上句「狼」字屬此句，云：「『敢』字
涉注文而衍。」〔註2〕

（3）臨患涉難而處義不越

高誘注：越，失也。

按：陳奇猷曰：「越，踰也。不踰於義即不失義，故高訓越為失也。」陳說
非是。《書·太甲上》：「無越厥命以自覆。」孔傳：「越，墜失也。」

（4）德行尊理而羞用巧衛

高誘注：尊重道理而行，羞以巧媚自榮（營）衛也。

按：王念孫曰：「衛猶慧也。」俞樾曰：「衛當作讏，乃假借字或壞字也。《哀
二十四年左傳》：『是讏言也。』《正義》引服虔曰：『讏，偽，不信也。』
然則巧讏猶云巧偽。高注非。」陳奇猷曰：「俞說至確。『尊』、『遵』
同。」王利器曰：「《管子·形勢解》：『推譽不肖之謂讏。』《玉篇》：『讏，
夢言不諟也。』《廣韻》：『多智謀曰諓。』《集韻》：『諓，辨察也，或
作諓。』是『巧衛』即『巧讏』，亦即『巧偽』也。王、俞說俱是。」
王利器說是也。《六韜·文韜·守土》：「日中必彗。」銀雀山漢簡本《六
韜》「彗」作「衛」〔註3〕，可為王念孫說之證。「巧偽」義本字作懬，
《左傳釋文》：「《字林》作懬，云：『夢言，意不慧也。』」《說文》：「懬，
㝱言不慧也。」《玄應音義》卷 14 引《三倉》：「讏，詭言也。」由夢
言引申，則為欺詐虛偽義。

（5）寬裕不訾而中心甚厲

高誘注：不訾，毀敗人也。甚厲，至高遠也。

按：王利器從高注。馮振曰：「厲，嚴正也。高注未切。」〔註4〕陳奇猷曰：
「高注當作『不訾，不毀敗人也』，脫一『不』字，但其說非也。訾，
量也。量是有度量，不量是無度量，是『不訾』有『不拘束』亦即『不
羈』之意。『厲』即『砥礪』字，高訓為高遠，亦非。」訾訓量是計量，

〔註2〕文廷式《純常子枝語》卷 15，收入《續修四庫全書》第 1165 冊，上海古籍出
版社 2002 年版，第 215 頁。

〔註3〕《銀雀山漢墓竹簡（壹）》，文物出版社 1985 年版，第 111 頁。

〔註4〕馮振《呂氏春秋高注訂補（續）》，《學術世界》第 1 卷第 12 期，1935 年版，
第 28 頁。

引申則爲計較。《文子·上義》：「博達而不訾。」《說苑·善說》：「蒙
羞被好兮，不訾詬恥。」此二例「不訾」亦爲不計較義。「厲」疑當作
「廣」。廣，寬廣、寬大。句言寬容大度不計較而心胸很廣闊也。

（6）其鄰畜之數年，而不取鼠

按：許維遹曰：「而不取鼠，《事類賦》卷 23 引作『不能取鼠』。」蔣維喬
等曰：「《御覽》卷 905『取』作『敢』。」陳奇猷曰：「《事類賦》誤也。
此狗不是不能取鼠，乃傲小物而志屬於大，故不取鼠也。『敢』乃『取』
之誤。」景宋本《御覽》卷 905 引「取」作「噉」，四庫本作「不敢噉
鼠」，又卷 644 引作「不取鼠」，《事類賦注》卷 23 引作「不噉鼠」。許、
蔣皆失檢，陳氏未覆核，而據誤字生說。作「噉鼠」亦通。

（7）趨翔閑雅

按：楊樹達曰：「翔假爲翾。《說文》：『翾，行貌。』」陳奇猷曰：「張足疾
行謂之趨，張拱徐行謂之翔。楊以翔爲翾，非。若謂翔假爲翾，毌寧
謂翔假爲蹡，古人本有『趨蹡』之成語。」王利器曰：「楊說非是。」
陳氏所釋是也，但謂楊說爲誤，則未會通也；其說「趨蹡」，本丁《尊
師篇》畢校。鳥徐行曰翔，人徐行曰翾，字亦作蹡、蹡，俗字作跸，
皆同源字。另詳《貴直》校補。

（8）骨節蚤成，空竅哭歷，身必不長

高誘注：長，大也。

按：梁玉繩曰：「『哭』疑當爲『突』。」章太炎曰：「哭、歷雙聲。歷，空
疏之意。骨節早成者，故有空竅（此空竅猶孔竅，非謂空虛也）。哭則
以雙聲引長之耳。案《管子·地員》云：『五穀之狀婁婁然。』注：『婁
婁，疏也。則哭讀爲穀，言其疏也。』」王利器從章說。陳奇猷曰：「空
讀爲孔。『哭歷』爲稀疏或上通下達之意，詳《適音》注。梁、章說皆
非。」陳氏於《適音篇》注，謂「谿極」或作「適歷（秝）」、「哭歷」、
「洞歷」，稀疏之意，其說未確。劉如瑛曰：「哭，疑當爲『枯』，聲近
而誤。」章說「空竅猶孔竅」，是也。《韓子·喻老》：「空竅者，神明
之戶牖也。」《淮南子·精神篇》、《文子·九守》作「孔竅」。「哭歷」

是「鹿歷」的音轉，哭、鹿皆屬屋部，聲則溪母、來母相轉〔註5〕。倒言則作「歷鹿」、「麻鹿」等形，圓轉之義〔註6〕，此以狀孔竅之形圓也。

（9）眾無謀方，乞謹視見，多故不良

高誘注：良，善也。

按：孫鏘鳴曰：「未詳。」譚戒甫曰：「謀方猶云謀術。『乞』疑『气』之誤。『气』即『氣』之本字。氣謹者，所謂『出辭氣斯遠鄙倍矣』。『見』疑『艮』之誤。艮有限止之義。視艮猶云非禮勿視也。多，『侈』之省文。侈故不良者，謂氣暴視亂，故不良善也。」陳奇猷曰：「此文不誤。謀，圖謀。《韓非子·解老》云『所謂方者，內外相應也，言行相稱也』，即此『方』字之義。乞，求也。『視見』指外表。『故』謂巧詐。多故猶言多巧詐。此文謂眾人不圖謀於內外相應，言行相稱，而乞求於謹慎外表，此必多巧詐而不善也。譚說非。」王利器曰：「多故，謂多詐也。」譚說「謀方猶云謀術」是也，餘說則皆臆改。陳、王說亦誤。上文云「骨節蚤成，空竅哭歷，身必不長」，此與之對文，「故」讀爲固，本書《任數》高注：「固，必也。」「多」指眾謀，用爲名詞。乞，讀爲氣，非誤字。「見」疑「兒」形譌。此文大意謂眾人沒有謀術，察顏觀色，則意見不一，有各種計謀，必定不好。

《上農》校補

（1）古先聖王之所以導其民者，先務於農

按：導，讀爲道。《廣雅》：「道，治也。」《論語·學而》：「道千乘之國。」《集解》引包咸曰：「道，治也。」《亢倉子·農道》「導其民」作「理人」，「理」蓋本作「治」，避唐諱而改。

〔註5〕「柯」字從「可」得聲而讀來母的「來可切」、「朗可切」、「洛可反」，是其例。徐德庵《論漢語古有複輔音說的片面性》一文列舉了大量的來母與溪母相諧聲的例字，可以參考，《西南師範大學學報》1960年第2期，第109～110頁。

〔註6〕「歷鹿」等參見蕭旭《「鹿車」名義考》，收入《群書校補（續）》，花木蘭文化出版社，第2126～2127頁。

（2）民農非徒為地利也

按：地，《亢倉子・農道》作「墬」。「墬」是古「地」字，見《篆隸萬象名義》卷 4、《龍龕手鏡》。

（3）民農則重，重則少私義，少私義則公法立，力專一

按：畢沅曰：「重，《亢倉子》作『童』。」許維遹曰：「《御覽》引『義』作『議』，下同。」范耕研曰：「義乃議之省。」高亨曰：「重當讀為童。童，愚也。《賈子・道術篇》：『亟見窕察謂之慧，反慧為童。』」夏緯瑛曰：「『重』是說民之穩重，作『童』誤。『私議』為戰國之慣用語，當從《御覽》為是。」王毓瑚從夏說釋為「穩重」，又云：「『私義』就是『私議』，也就是私下裏議論政事。」陳奇猷曰：「童、重二字古通，此當以重為正。范、夏讀義為議固通，然讀義為誼亦通。私義即私誼，謂私人之交誼也。」（a）《商君書・算地》：「私利塞於外，則民務屬於農；屬於農則樸，樸則畏令。私賞禁於下，則民力摶於敵，摶於敵則勝。」又《壹言》：「治國貴民壹；民壹則樸，樸則農，農則易勤，勤則富。」皆可與本書相參證。（b）作「私義」是，景宋本《御覽》卷 77 引同今本作「私義」，《亢倉子》亦同。「私義」是與「公法」相對的概念，王、陳說非是。《商子・畫策》：「國亂者，民多私義。」《韓子・飾邪》：「私義行則亂。」《戰國策・趙策二》：「子用私道者家必亂，臣用私義者國必危。」皆其例也。亦作「私議」，《管子・法法》：「明君在上位，民毋敢立私議自貴者。」《商子・修權》：「世之為治者，多釋法而任私議，此國之所以亂也。」又「夫倍法度而任私議，皆不〔知〕類者也。」又「夫廢法度而好私議，則姦臣鬻權以約祿。」「私義」是名法家之要旨，故管子、商子、韓子並言之。（c）「童」、「重」音轉，當作「童」為正，高亨說是。夏緯瑛解為穩重，《亢倉子》何粲注云「如童兒無異志」，皆望文生義。上文云：「民農則樸，樸則易用，易用則邊境安，主位尊。」「重」、「樸」同義對舉，「重」正當據《亢倉子》作「童」。童之言童蒙、癡愚、不慧。「樸重」與下文「好智多詐」相對為文。《太玄・玄錯》：「童，無知。」字亦作憧，《大戴禮記・千乘》：「作起不敬以欺惑憧愚。」憧亦愚也。字亦作僮，《廣雅》：「僮，癡也。」《易・蒙》《釋文》、《慧琳音義》卷 22 引並作「童，癡也」。王念孫曰：「憧、童並與僮通。春秋

晉胥童字之昧，是其義也。」〔註7〕字亦作瞳、憃，《淮南子・道應篇》：「憃乎若新生之犢，而無求其故。」《莊子・知北遊》、《高士傳》卷上作「瞳焉」，《文子・道原》作「瞳兮」。成玄英疏：「瞳焉，無知直視之貌。」音轉則爲懂，《廣韻》：「懂，懵懂，心亂。」「僮僕」之名，即取義於「童樸」，言其幼小無知。《淮南子・氾論篇》：「古者人醇工龐，商樸女重。」又《主術篇》：「其民樸重端愨。」二文「樸重」與本書同。洪頤煊曰：「《大戴禮・王言篇》：『民敦工璞，商愨女憧。』重即童字，童、憧古通用，謂憧愿無知之貌。」〔註8〕俞樾曰：「重本作童，《大戴記・王言篇》云云，即《淮南》所本也。童與憧通。今作重者，形聲相似而誤。」〔註9〕二氏說皆是，惟「重」不必視爲誤字。（d）力專一，《亢倉子》作「力博深」。「博」當是「摶」形誤。

（4）其產復則重徙，重徙則死處而無二慮

按：「處」上宋邦乂本、四庫本、百子全書本、世界書局本並有「其」字，《御覽》卷77引亦有，《亢倉子・農道》同，陳奇猷本脫。《亢倉子》「復」作「複」，二「徙」字並作「流散」。何粲注：「複，猶厚也。」

（5）舍本而事末則不令，不令則不可以守，不可以戰

高誘注：令，善。

按：孫詒讓曰：「不令，謂不受令也。《亢倉子・農道篇》作『人捨本而事末則不一令』，已知高說之未安而不之從矣。」夏緯瑛曰：「郭沫若改『令』作『合』，最爲近理。」陳奇猷曰：「孫說是。《韓非子・說疑》云『此之謂不令之民』，亦以『不令』爲不聽從號令可證。」諸說皆誤，《亢倉子》及郭沫若皆是妄改。令，讀爲聆。陳氏所引《韓子》，亦同。《說文》：「聆，聽也。」《廣雅》：「聆、聽，從也。」王念孫《疏證》曰：「聆，古通作令。《呂氏春秋・爲欲篇》：『則民無不令矣。』令謂聽從也。」王氏後來又補舉《商子・算地》「故國有不服之民，主有不

〔註7〕 王念孫《廣雅疏證》，收入徐復主編《廣雅詁林》，江蘇古籍出版社1992年版，第211頁。又參見王引之《春秋名字解詁》，收入《經義述聞》卷22，江蘇古籍出版社1985年版，第535頁。《國語・晉語六》韋昭注：「胥之昧，胥童也。」
〔註8〕 洪頤煊《讀書叢錄》卷16，收入《續修四庫全書》第1157冊，上海古籍出版社2002年版，第699頁。
〔註9〕 俞樾《淮南子平議》，收入《諸子平議》，上海書店1988年版，第626頁。

令之臣」爲證〔註 10〕。

（6）是故天子親率諸侯耕帝籍田，大夫士皆有功業

　　高誘注：《傳》曰：「王耕一發，班三之，庶人終於千畝。」故曰皆有功
　　　　　業也。

按：畢沅曰：「注『一發』，《周語》作『一墢』，此作『發』，訛。韋昭注：『一
　　墢，一耜之發也。』」沈廷芳曰：「『墢』誤『發』。」〔註 11〕其說與畢氏
　　同，皆誤。公序本《國語》韋注作「一墢，一耜之墢也」，《書鈔》卷
　　91 引賈逵注同，畢氏誤「墢」爲「發」。黃丕烈曰：「『發』、『墢』字同。」
　　〔註 12〕汪遠孫曰：「《詩・載芟》疏、《呂覽・孟春紀》、《上農篇》高誘
　　注引《國語》作『發』。案『發』是也，『墢』俗字。」《說文》作「坺」，
　　云：「坺，坺土也，一臿土謂之坺。」〔註 13〕俗字亦作垡。坺、垡之言
　　伐，墢之言發，所伐（發）之一臿土因謂之一坺（墢）。

（7）故敬時愛日，非老不休，非疾不息，非死不舍

按：《玉篇》：「敬，慎也。」睡虎地秦簡《爲吏之道》：「君子敬〔終〕如始。」
　　銀雀山漢簡《孫臏兵法・將德》：「慎終若始。」上博楚簡（五）《弟子
　　問》簡 11：「汝能慎始與終，斯善矣。」《老子》第 64 章：「慎終如始。」
　　《左傳・昭公五年》：「敬始而思終。」敬、思皆慎也。《方言》卷 1：
　　「慎，思也。」許維遹曰：「《亢倉子》『敬時愛日』下有『將實課功』
　　四字。」夏緯瑛引同，並解釋爲「按照其可能生產的標準實數而課其
　　農作之功」。《亢倉子》作「埒實課功」，何粲注：「埒，量也。」二氏
　　誤作「將」，陳奇猷亦未覆核。埒實，猶言責實。

（8）苟非同姓，農不出御，女不外嫁，以安農也

　　高誘注：御，妻也。

〔註 10〕王念孫《廣雅疏證》、《補正》，收入徐復主編《廣雅詁林》，江蘇古籍出版社
　　　　1992 年版，第 14 頁。
〔註 11〕沈廷芳《十三經注疏正字》卷 21、47，收入景印文淵閣《四庫全書》第 192
　　　　册，臺灣商務印書館 1986 年初版，第 278、623 頁。
〔註 12〕黃丕烈《校刊明道本韋氏解〈國語〉札記》，收入《叢書集成初編》第 3682
　　　　册，中華書局 1985 年影印，第 242 頁。
〔註 13〕汪遠孫《〈國語〉明道本考異》卷 1，武林富元熙刊本。

按：「妻」有動詞用法，娶女子爲配偶曰妻，以女嫁人亦曰妻，高注「妻」
是娶妻義。松皋圓於「妻」上補「迎」字，陳奇猷補「御」字，皆誤。
《亢倉子・農道篇》「農」作「男」，「安」作「方」。言如非同姓，則男
子不到外地娶妻，女子亦不嫁到外地。《韓子・有度》：「故民不越鄉而
交，無百里之慼（戚）。」可證此文之誼。松皋圓謂「農」當作「男」，
是也。夏緯瑛謂「農」不誤，「農」指男耕的農夫，陳奇猷從其說，非
是。何粲注：「御，迎也，謂男子不親御。」御，讀爲訝、迓，迎也，
指迎娶。《墨子・非儒下》：「取妻身迎，祗襺爲僕，秉轡授綏，如仰嚴
親。」《戰國策・衛策》：「衛人迎新婦，婦上車，問驂馬誰馬也？」《類
聚》卷 40 引鄭氏《婚禮謁文》：「請期，謂吉日將親迎，謂成禮也。」
《酉陽雜俎》卷 1：「近代婚禮……婦上車，壻騎而環車三匝。」此迎
娶之確證，至唐代猶然也。于鬯曰：「『出御』當是爲贅壻於他野人家。」
夏緯瑛引《獨斷》「御者，進也，凡衣服加於身，飲食入於口，妃妾接
於寢，皆曰御」，謂「御有男子配妻之義」，「出御」指出贅。陳奇猷從
夏說。皆非是。《獨斷》「御」皆天子事，不得轉用於平民。《亢倉子》
作「方農」亦通。「方」讀爲妨。

（9）地未辟易，不操麻，不出糞

按：夏緯瑛曰：「辟與闢通。易，治也。地之辟易，指耕墾而言。」王毓瑚
改「辟易」作「除易」，解作「整地」，又云：「『操』字可能原是作『摻』，
是『搓捫』的意思。」陳奇猷曰：「夏說非是。『辟易』係古人恒言。
《史記・項羽本紀》云：『項王瞋目叱之，赤泉侯人馬俱驚，辟易數里。』
《正義》云：『言人馬俱驚，開張易舊處，乃至數里。』是『辟易』者，
其地原爲人或物所佔據而後避開之義。此文既是說耕稼，則田地辟易
是相對於田地固凍而言，故辟易即是解凍。『麻』爲『麖』之省文，稭
也。」王利器曰：「辟易即開墾平易，謂糞除草穢也。操麻謂績麻。操，
把持也。」夏氏謂「辟與闢通。易，治也」，是也，餘說皆誤。陳氏所
引《史記》「辟易」，猶言折轉易道而行，音轉亦作「折易」，《吳越春
秋・吳太伯傳》：「姜嫄怪而棄於阨狹之巷，牛馬過者折易而避之。」
與此文不同。陳氏所解「不操稭」，亦不知何義。此文疑有脫字，當作
「地未辟，麻未易」，脫「麻未」二字，下句「不操麻，不出糞」與之
對應。《鹽鐵論・園池》：「夫如是，匹夫之力盡於南畮，匹婦之力盡於

麻枲。田野辟，麻枲治，則上下俱衍，何困乏之有矣？」闢，指墾地。「易」訓治當指治麻枲而言。操，讀為澡，字亦作藻。《廣雅》：「澡，治也。」《儀禮·喪服》：「小功布衰裳，澡麻帶絰五月者。」鄭玄注：「澡者，治去莩垢，不絕其本也。《小記》曰：『下殤小功，帶澡麻不絕其本，屈而反以報之。』」賈公彥疏：「注釋曰『云澡者，治去莩垢』者，謂以枲麻又治去莩垢，使之滑淨，以其入輕竟故也。」《禮記·喪服小記》《釋文》：「澡麻：本又作藻。」鄭玄注：「其絰帶，澡率治麻為之。」孔穎達疏：「云『澡率治麻為之』者，謂夐率其麻，使其潔白也。」澡麻，謂浸泡麻，除去其垢也。言地未開墾，則不可出糞；麻未整治，則不可澡麻也。辛德勇曰：「『辟易』在此，應當是指將某一塊地撂荒休耕而改種其他地塊，或是在同一塊土地上逐年改種其他不同種類的作物，交替輪換，也就是實行所謂輪作，以更好地修養、利用地力。從字義的貼切性和當時的實際可能來說，前者的可能性更大。『辟易』云者，意即避開此地，改易至他處。《史記·項羽本紀》『辟易數里』，應當與之相同。《呂氏春秋》這一記載是中國古代有關休耕輪作制度的珍貴史料，惜一向無人看破。」〔註14〕辛氏誤解《史記》「辟易」，于此文亦未得正解，其「輪作」之說無據，惜看偏了。

（10）然後制四時之禁，山不敢伐材下木，澤人不敢灰僇

高誘注：燒灰不以時多僇。

按：惠士奇曰：「灰僇者，《月令》仲夏『母燒灰』，燒灰者僇。」〔註15〕王念孫曰：「《管子·輕重己篇》：『無殺大衍。』殺、僇古通。」李寶淦曰：「不敢燒灰僇殺禽獸。」譚戒甫曰：「僇與殺通。殺人曰殺，引申之殺草亦曰殺。」夏緯瑛曰：「『人』字衍。高注非，王說是。」聞一多曰：「僇疑當為蓼。灰，燒蓼為灰也。『人』字衍。」〔註16〕陳奇猷曰：「王氏謂僇、殺通，是，但以《管子》『無殺大衍』即此『不灰僇』則非。此文『灰僇』蓋即指火耕水耨。『灰』指燒草，『僇』指芟

〔註14〕辛德勇《中華書局新點校本〈史記〉部分書稿閱讀記》，《經學文獻研究集刊》第 12 輯，上海書店出版社 2014 年版，第 360 頁注④。

〔註15〕惠士奇《禮說》卷 12，收入《叢書集成三編》第 24 冊，新文豐出版公司 1997 年版，第 424 頁。

〔註16〕聞一多《璞堂雜業·呂氏春秋》，收入《聞一多全集》卷 10，湖北人民出版社 1994 年版，第 458 頁。

去稻與草。」《管子‧七臣七主》：「無割大陵，俵大衍，伐大木。」尹
注：「俵謂焚燒，令蕩然俱盡。」王念孫曰：「洪云：『俵當爲僇，《輕
重己篇》作『毋戮大衍』，古通作勠，謂盡其力也。』念孫案：洪謂俵
當爲僇是也。俗書僇、俵二形相似而誤。僇即嘐字也。《說文》：『嘐，
燒穜也。《漢律》曰：「嘐田芟草。」』《玉篇》：『力周切，田不耕火種
也。』《淮南‧地形篇》注曰：『下而污者爲衍。』嘐、僇古字通。僇
大衍者，謂火焚其草木也。《輕重己篇》僇作戮，古者戮、勠二字竝與
嘐同音，故嘐通作戮，又通作僇也。《呂氏春秋‧上農篇》曰『山不敢
伐材下木』，即此所謂無伐大木也；又曰『澤人不敢灰僇』，即此所謂
無僇大衍也。」〔註17〕王利器曰：「王引《管子》以釋此文，是也。
灰僇者，蓋『烈山澤』之謂也。王氏又謂『僇即嘐字』，說尤微至。」
聞、夏二氏謂「人」衍，是也，劉如瑛於「山」下補「人」字，則誤。
諸家皆未得「僇」字之誼。僇，讀爲燎，《管子》戮亦同。灰者燒草爲
灰，燎者燎木爲炭。睡虎地秦簡《秦律十八種‧田律》：「春二月，毋
敢伐材木山林及雍（壅）隄水。不（「不」字衍）夏月，毋敢夜草爲灰。」
〔註18〕張家山漢簡《二年律令‧田律》：「春夏毋敢……燔草爲灰。」
《居延新簡》EPT5：100：「燔草爲灰。」《淮南子‧時則篇》：「仲夏
之月……毋燒灰。」敦煌懸泉漢簡西漢元始五年《四時月令詔條》亦
有「毋燒灰口」的記載〔註19〕。《淮南子‧本經篇》：「燎木以爲炭，
燔草而爲灰。」

（11）繯網罝罦不敢出於門

　按：惠棟曰：「繯即絹字。」王念孫曰：「胃、繯、罥並字異而義同。」楊
樹達曰：「繯，假爲䍠。《說文》：『䍠，網也。』此用省字。」陳奇猷
曰：「《說文》：『罦，覆車也。』『罦』與『罦』同。楊說非也。《說文》：
『繯，落也。』落即羅落。」（a）《說文》繯訓落，「落」同「絡」，《漢
書‧揚雄傳》蕭該《音義》引《說文》作「繯，絡也」，《集韻》二引

〔註17〕王念孫《管子雜志》，收入《讀書雜志》卷8，中國書店1985年版，第32～
　　　33頁。
〔註18〕「夜」疑讀爲㸦，同「炙」。參見蕭旭《〈睡虎地秦墓竹簡〉校補》，收入
　　　《群書校補（續）》，花木蘭文化出版社2014年版，第23頁。
〔註19〕胡平生、張德芳《敦煌懸泉漢簡釋粹》，上海古籍出版社2001年版，第195頁。

《說文》同，《廣雅》亦同。纚訓落是指以繩相連絡。陳說「羅落」非也，王、楊說是。《禮記・月令》：「田獵罝罘、羅罔、畢翳、餧獸之藥毋出九門。」本書《季春紀》作「田獵畢弋、罝罘、羅網、餧獸之藥無出國門」。「纚網」當即「羅罔（網）」。鄭玄注：「鳥罟曰羅罔。」（b）「罝罘」同「罝罝」。《治要》卷7引《禮記》正作「罝罝」。鄭玄注：「獸罟曰罝罝。」孔穎達疏：「知罝亦獸罟者，案《釋器》云：『嬰謂之罟。罟，覆車也。』孫炎云：『覆車是兩轅網。』既是兩轅可以網鳥，非但網鳥，亦可以網獸。《廣雅》云：『網謂之罟。罝，兔罟也。』是獸罟曰罝罝也。此罝與罟一也。」《說文》：「罝，兔罟。」又「罦，覆車也。罝，罦或從孚。」諸字並同。

（12）澤非舟虞，不敢緣名

> 高誘注：舟虞，土舟官也。

按：王利器引《國語・魯語下》：「叔向退召舟虞與司馬。」韋昭注：「舟虞，掌舟。司馬，掌兵。」「緣名」未詳，舊說皆誤。張富祥曰：「疑指出入湖泊中的船隻只歸舟虞管理，不准私人假借各種名義侵佔。『名』在此為動詞，猶言以某種名義佔有。」[註20] 其說亦誤。主詞是「澤」，張氏竟易作「船隻」。

（13）農攻粟，工攻器，賈攻貨，時事不共，是謂大凶

> 高誘注：攻，治也。

按：《荀子・榮辱》：「故仁人在上，則農以力盡田，賈以察盡財，百工以巧盡械器。」即「農攻粟，工攻器，賈攻貨」之誼。夏緯瑛曰：「若是時與事不能統一，必然就做不成事，故說『時事不共，是謂大凶』。」王毓瑚曰：「『時事』是四時職貢。『共』可讀作『供』。」陳奇猷曰：「共，同也。時謂農時，事謂農事。時事不共猶言農時與農事不合一。」諸說皆誤。「時事」對應農工賈三者而言，不當專指農時與農事。《亢倉子・農道》「粟」作「食」，「共」作「龔」，又下句「奪之以土功」誤倒在「是謂大凶」上，「奪」作「敓」。何粲注：「君王不恭農事而敓其時以興土

[註20] 張富祥《呂氏春秋》校釋札記（二）》，《古籍整理研究學刊》2008年第5期，第31頁。

功,則大凶之道也。」斂、奪,正、借字。共,讀爲恭。

（14）奪之以土功,是謂稽,不絕憂唯,必喪其粃

按：王時潤曰：「『唯』讀『思惟』之惟。」譚戒甫曰：「王說甚是。《辯土篇》注：『粃,不成粟也。』」陳奇猷亦從王時潤說,又曰：「『粃』同『柴』。《說文》：『粊（柴）,惡米。』惡米亦是米。此或因方音謂米爲柴。」王毓瑚改「必喪其粃」作「必收其粃」。王利器曰：「稽謂剝掠,譚說爲稽遲,非是。」王時潤讀唯爲惟,譚戒甫稽訓稽遲,是也,餘說皆誤。上博簡（五）《三德》簡 16 作「斂民時以土攻（功）,是胃（謂）頴（稽）,不繼憂卹（恤）,必喪其佖（匹）」。鄔可晶指出「憂唯」倒言則作「惟憂」,與「憂恤」同義〔註 21〕,是也。簡本整理者李零注：「頴讀稽,延滯。佖讀匹,配偶。」〔註 22〕王晶曰：「佖通作粃,俗粃字,《說文》：『不成粟也。』」〔註 23〕范常喜謂「繼」當即楚文字中的「繼」,今本作「絕」是形譌,又讀佖爲「匹夫」之匹〔註 24〕；顧史考讀佖爲粃。讀爲粃不通,鄔可晶已駁之,因從李零說,讀爲「匹偶」之匹,又謂「匹」指統治者的知識朋友,即其友邦〔註 25〕。佖、粃,當讀爲庇,猶言寄託、依託、供養。言奪民時以土功,這就叫耽擱農事,則憂愁不斷,失其所庇也。張富祥曰：「『唯』當通『爲』,用爲語末助詞,無義。」〔註 26〕非是。

（15）奪之以水事,是謂籥,喪以繼樂,四隣來虛

高誘注：繼,續也。

〔註 21〕 鄔可晶說轉引自劉嬌《西漢以前古籍中相同或類似內容重複出現現象的研究》,復旦大學 2009 年博士學位論文,第 207～208 頁。
〔註 22〕 《上海博物館藏戰國楚竹書（五）》,上海古籍出版社 2005 年版,第 299 頁。
〔註 23〕 王晶《釋〈上博五‧三德〉簡十六》,《貴州師範大學學報》2009 年第 6 期,第 112～113 頁。
〔註 24〕 范常喜《〈上博五‧三德〉札記三則》,http://www.bsm.org.cn/show_article.php?id=232,2006 年 2 月 24 日；又范常喜《〈上博五‧三德〉與〈呂氏春秋‧上農〉對校一則》,《文獻》2007 年第 1 期,第 25 頁。
〔註 25〕 顧史考、鄔可晶說轉引自劉嬌《西漢以前古籍中相同或類似內容重複出現現象的研究》,復旦大學 2009 年博士學位論文,第 208～209 頁。
〔註 26〕 張富祥《呂氏春秋》校釋札記（二）》,《古籍整理研究學刊》2008 年第 5 期,第 31 頁。

按：梁玉繩曰：「籥、喪二字未詳。」王念孫改「虖」作「虐」〔註27〕。
俞樾曰：「『籥』疑當作『淪』。《莊子・知北遊》《釋文》：『瀹，潰也。』
瀹即淪之異文。『奪之以水事』正與潰義相應。『虖』當作『虐』，亦
字之誤也。虐與淪、樂爲韻。」王毓瑚從俞說。夏緯瑛曰：「《釋名》：
『籥，躍也，氣躍出也。』疑此『籥』即『躍』之借義字，該是今所
謂『冒進』的意思。『稽遲』與『冒進』，二者正相反而亦相應。俞說
『虖』爲『虐』之誤，該是對的。」陳奇猷曰：「俞以『虖』當作『虐』，
至確；但以『籥』爲『淪』則非。夏引《釋名》文解此『籥』字，是，
餘說均非。『水』當作『本』，形近之誤。『本事』即『農事』也。此
文『籥』字義雙關，一是躍出之意，一是『籥』字之本義，爲樂器之
名。猶言奪之以農事，則民躍而出外。但躍即籥，籥是樂器，樂器所
以使人喜樂。今者喪失其民而又繼之以樂，於是四隣之敵皆來肆虐
矣。」王利器曰：「籥、籲義當相同。籲，和也。下文云『喪以繼樂』，
即樂極生悲之意，則此文籥字蓋相反爲訓，故以籥喪爲言也。」張富
祥曰：「疑『水事』爲『示事』之誤，本指祭祀。『籥』疑讀『禴』，
泛指四時之祭，此用作動詞，則指以四時之祭爲歡樂。」〔註28〕劉守
強、符奎曰：「當爲『奪之以聚事』，『水』爲『聚』字上部形破致缺
失，而誤爲『水』字……『無聚大衆』即『聚事』也。『籥』爲樂器
之名，正與此相符。」〔註29〕上博簡（五）《三德》簡16作「斂民時
以水事，是胃（謂）洲，喪念係樂，四方來囂」。據楚簡，則「水」
字不誤。上博簡既出，不知張富祥、劉守強怎麼全未參考新資料，還
逞臆妄改。簡本「洲」字，整理者李零讀爲「順」，魏宜輝讀爲「激」，
解爲「阻礙」〔註30〕；陳斯鵬釋作「潮」，讀爲「淖」，云：『『淖』本
義指泥淖，引申而有汙濁、沉溺之義。」〔註31〕陳劍亦謂當釋作「潮」

〔註27〕 王念孫《呂氏春秋校本》，轉引自張錦少《王念孫〈呂氏春秋〉校本研究》，《漢
學研究》第28卷第3期，2010年出版，第318頁。

〔註28〕 張富祥《呂氏春秋》校釋札記（二）》，《古籍整理研究學刊》2008年第5期，
第31頁。

〔註29〕 劉守強、符奎《〈呂氏春秋・上農篇〉札記一則》，《中國農史》2012年第1
期，第123頁。

〔註30〕 魏宜輝《試析古文字中的「激」字》，http://www.bsm.org.cn/show_article.php?
id=3102，2006年3月29日。

〔註31〕 陳斯鵬《讀上博竹書（五）小記》，http://www.bsm.org.cn/show_article.php?id=
310，2006年4月1日。

〔註 32〕。二陳說可從。范常喜曰：「忈，整理者讀爲怠。結合傳世本作『以』，當以傳世本爲是。係，義當爲繼、接續。嚚，當爲喧嚚怨怒之義。」〔註33〕范君說「嚚」未得，餘說皆是。王晶曰：「『洲』可能是『淵』字，深也。『簓』通『淪』，淪有浸漬義。」〔註34〕《莊子釋文》作「瀹，漬也」，《說文》亦云「淪，漬也」。俞樾引誤作「潰也」。王晶讀簓爲淪，當即襲自俞說，此說亦可取。「虛」字不誤。《說文》：「枵，虛也。」虛、枵一聲之轉。簡文「嚚」是「枵」同音借字，枵與淪、樂亦合韻。四隣來虛者，鄰國來滅亡之也。

（16）奪之以兵事，是謂厲，禍因胥歲，不舉銍艾

高誘注：厲，摩也。

按：上博簡（五）《三德》簡 16 僅存「斂民時以兵事，是」七字。陳士元曰：「胥歲，謂追胥捕盜之歲也。」孫詒讓曰：「此當以『厲』字句，與『艾』字韻。」〔註35〕楊昭儁曰：「高注『厲，摩也』即《左氏傳》『摩壘而旋』之摩，近也。胥，相也，引申爲連。」陶鴻慶曰：「『厲』讀『凶厲』之厲。」夏緯瑛曰：「陶說爲是。然『禍因胥歲不舉銍艾』連讀爲好。『艾』當是『刈』之借字。『銍艾』即收穫之義。胥，皆也。『胥歲』即全年的意思。」王毓瑚曰：「高注『摩也』，『摩』字有『迫』的意思。『胥』有『等待』的意思。『歲』當『年成』、『收成』講。『胥歲』就是『望歲』也就是盼收成。」陳奇猷曰：「陶說是，孫詒讓、劉師培說同。『胥』、『疏』通，疏，曠也。曠歲即荒廢歲月。『銍艾』即鐮刀之類，皆爲田器。」陶說「厲」，陳說「銍艾」，皆是，餘說皆誤。因，猶乃也。胥，讀爲餘。《廣雅》：「餘，久也。」《史記·匈奴傳》：「比余一。」《集解》引徐廣曰：「比余，或作『疏比』也。」《漢書》

〔註32〕陳劍說轉引自劉嬌《西漢以前古籍中相同或類似內容重複出現現象的研究》，復旦大學 2009 年博士學位論文，第 209 頁。

〔註33〕范常喜《〈上博五·三德〉札記三則》，http://www.bsm.org.cn/show_article.php?id=232，2006 年 2 月 24 日；又范常喜《〈上博五·三德〉與〈呂氏春秋·上農〉對校一則》，《文獻》2007 年第 1 期，第 26 頁。

〔註34〕王晶《釋〈上博五·三德〉簡十六》，《貴州師範大學學報》2009 年第 6 期，第 113 頁。

〔註35〕孫詒讓《籀廎讀書錄·呂氏春秋》，收入《籀廎遺著輯存》，中華書局 2010 年版，第 349 頁。

作「比疎一」。馬王堆《三號墓竹簡遣冊》:「卑餘一。」胥、疏並從「疋」得聲，與「余」聲相通。句言以兵事斂民時，則禍乃連年，不能舉用銍艾。

（17）**數奪民時，大饑乃來**

按：上博簡（五）《三德》簡16作「驟奪民時，天饑必來」。驟亦數也。

《任地》校補

（1）**后稷曰:「子能以窐為突乎？」**

高誘注：窐，容汙，下也。突，理出，豐高也。陰，猶潤澤也。

按：呂吳調陽曰:「突，疑作『窿』。」〔註36〕陳昌齊曰:「注『容』當作『谷』,『理』當作『垤』。」姚範曰:「按句俱爲韻。『突』、『陰』二字不協，疑『突』爲『深』字之譌,《說文》『深』作『㴱』，又省作『罙』，故訛『突』。又按《廣韻》『㴱』字注:『竈突,《說文》「深也」。』此『突』字或『㴱』字之訛。」〔註37〕孫詒讓曰:「陳云『容當作谷』，非也。『容』當爲『窨』，形近而譌。《一切經音義》卷10云:『凹:《蒼頡篇》作窨，墊下也。』窐即墊下之義。」俞樾曰:「疑『突』爲『㴱』字之誤，㴱與陰正爲韻。」沈祖緜曰:「高注『理』字衍。」譚戒甫曰:「爲，治也。㴱，深也。蓋謂將低窐處治之使深，可以藏穢惡爲糞也。」沈祖緜曰:「高注『理』字衍。」〔註38〕夏緯瑛曰:「陳說『理當作垤』，是；『容當作谷』，則未必然。上句當作『窐，容汙，卑下也』。孫說注『容字當作窨，有墊下之義』，反晦而不明，不如作『容汙』爲是。土地卑下，自可容受汙水，正指窐地而言。俞樾疑『突』爲『㴱』，依韻來說，似亦堝有可憑。然而細看以下文義，還說不通。『窐』、『突』二字該是相反的取義。」王毓瑚曰:「俞說不可信。現

〔註36〕呂吳調陽《〈呂覽·任地篇〉校注》,《國學薈編》1914年第2期，四川存古書局，第68頁。

〔註37〕姚範《援鶉堂筆記》卷50，收入《續修四庫全書》第1149冊，上海古籍出版社2002年版，第173頁。

〔註38〕沈瓞民（祖緜）《讀呂臆斷（續）》,《制言》第2期，1935年版，本文第20頁。

在有一個猜想，此字（引者按：指「突」字）是不是本來作『原』，是高地或平地。」陳奇猷曰：「俞說得其字，未得其義；夏說得其義，未得其字。《說文》：『突，深也，一曰竈突。』此用其後一義。『竈突』為竈突出之部分，引申之則為突向上之義。夏釋高注，是，但不必增『卑』字。」王利器曰：「孫校容當作容，是也。『突』當為『突』。」高注之「汙」，不是指汙水，夏緯瑛未得其誼。汙，讀為窊。《說文》：「窊，汙衺，下也。」字或作污、圩、洿、窪、窳、窪、湮、窪、淺、欸，俗字作凹〔註39〕。高注「容」當作「窞」，「理」當作「埕」，陳、孫說是。「突」、「突」一字，不必改作。「窊突」即「凹凸」，也作「窞突」、「窅眣」、「坳埕」、「坿埕」、「顤莖」〔註40〕，也作「拗胮」，《慧琳音義》卷56：「拗胮：又作挨，同。」此文斷之以韻，毋寧斷之以義，俞氏改字，決不可從。「突」同「深」，訓竈突者，其取義仍是「深」。段玉裁曰：「此以今字釋古字也。突、淺古今字，篆作突、淺，隸變作罙、深。以其顛言謂之突，以其中深曲通火言謂之突。」〔註41〕「突」決無突向上之義，陳奇猷說殊誤。「以……為」是固定句式，譚戒甫訓「為」為治，亦誤。地之高低，各有所用，后稷是問，你能把低窪地作高地用嗎？

（2）子能藏其惡而揖之以陰乎

高誘注：陰猶潤澤也。

按：姚範曰：「『陰』字讀如『亮陰』之讀鶬，或讀闇亦可。『陰』如《祭義》『陰為野土』之陰。『揖』同『抑』。」〔註42〕譚戒甫曰：「惡即矢也。揖當假為挹。此謂以窞治深能藏糞惡，而挹之以沃田地也。」夏緯瑛曰：「高注是，由下文『其深殖之度，陰土必得』可證。『陰』既指溼潤之土而言，則『惡』當是指乾燥之土而言了。該是借『惡』為『堊』。堊是白土，土乾而色發白，所以稱乾燥的土為『惡』。」王毓瑚曰：「『惡』

〔註39〕 參見蕭旭《淮南子校補》，花木蘭文化出版社2014年版，第289、539～541頁。
〔註40〕 參見蕭旭《〈說文〉「脩，眣也」音義考》，收入《群書校補（續）》，花木蘭文化出版社2014年版，第1873～1874頁。
〔註41〕 段玉裁《說文解字注》，上海古籍出版社1981年版，第344頁。
〔註42〕 姚範《援鶉堂筆記》卷50，收入《續修四庫全書》第1149冊，上海古籍出版社2002年版，第173頁。

是垢穢的意思。『揖』是供給的意思。」陳奇猷曰：「高注是也。夏得其義，未得其字。『惡』當是『昔』之假字。《說文》云：『昔，乾肉也。』引申之則曰曬乾之土可謂之昔矣。《廣雅》：『揖，進也。』此文猶言子能使日曬乾之土進而爲溼潤乎？夏說殊無此理。」王利器曰：「譚說惡字是。藏惡，猶今言積肥。輯，合也。輯陰，猶今言施肥。」夏說「陰」指溼潤之土，「惡」指乾燥之土，是也。陳說「惡」借爲「昔」，殊不可信；《廣雅》揖訓進指拱手行禮而進之，是動詞，陳氏解爲副詞「進而」，亦不確。「惡」讀如字，乾燥之土不利於糧食生長，自是惡土。藏，讀爲臧，善也，文中作動詞用。揖，讀爲浥。《說文》：「浥，溼也。」《玉篇》、蔣斧印本《唐韻殘卷》並云：「浥，溼潤。」字亦作挹，《詩·行露》：「厭浥行露。」毛傳：「厭浥，溼意也。」《釋文》：「浥，本又作挹，同。」「挹」同「揖」。陰，讀爲湇。《說文》：「湇，幽溼也。」《繫傳》：「湇，今言多言湇湇也。」《玉篇殘卷》引《說文》無「幽」字，又引《字書》：「湇，欲乾也。」猶今言陰乾也。《廣雅》：「湇，滓也。」今吳語尚有「湇水」之語，指水滲漏而溼潤。句謂你能改良乾燥之土，溼潤之使他成爲潤澤之土嗎？

（3）子能使藁數節而莖堅乎

按：洪誠曰：「數節就是密節。」〔註43〕

（4）子能使米多沃而食之彊乎

按：夏緯瑛曰：「『沃』有肥潤之義，俗語說『有油性』。」陳奇猷、王利器皆從其說。洪誠指出後出本字爲「臀」，膏肥貌〔註44〕。

（5）凡耕之大方，力者欲柔，柔者欲力

按：陳奇猷曰：「力謂土性剛強者。」王利器曰：「力謂堅也。」其說是也。惠士奇曰：「強土爲力。」〔註45〕

（6）棘者欲肥，肥者欲棘

〔註43〕 洪誠《洪誠文集·訓詁學》，江蘇古籍出版社 2000 年版，第 87 頁。
〔註44〕 洪誠《洪誠文集·訓詁學》，江蘇古籍出版社 2000 年版，第 83 頁。
〔註45〕 惠士奇《禮說》卷 5，收入《叢書集成三編》第 24 冊，新文豐出版公司 1997 年版，第 319 頁。

　　　　高誘注：棘，羸瘠也。

按：惠棟曰：「古『瘠』字《義雲章》作『痶』，《義雲切韻》又作『胨』（見
　　《汗簡》），字相似，因誤爲『棘』。」〔註46〕《集韻》：「膌，瘦也，
　　或作胨、痶、瘠、膌。」此「棘」當是借字，而非形誤〔註47〕。下文
　　「地可使肥，又可使棘」，亦同。

（7）溼者欲燥，燥者欲溼

　　　　高誘注：溼謂下溼近汙泉，故欲燥。燥謂高明暵乾，故欲溼。

按：注「汙」亦讀爲窊，低下。注「高明」，一本作「高垠」。陳奇猷曰：「作
　　『垠』是。《說文》：『垠，岸也。』」陳說非是。「垠」當作「眼」或「朖」，
　　同「朗」。「高朗」、「高明」同義。《漢書·丙吉傳》：「置閒燥處。」顏
　　師古注：「燥，高敞也。」《素問·天元紀大論》王冰注：「陽明爲燥，
　　太陰爲濕。」「高敞」、「陽明」是其誼也。

（8）大草不生，又無螟蜮

　　　　高誘注：草，穢也。「蜮」或作「螣」。食心曰螟，食葉曰蜮。兗州謂蜮
　　　　　　　　爲螣，音相近也。

按：畢沅引惠棟曰：「蜮，當爲蟘。」陳奇猷曰：「惠說是。《爾雅》：『食苗
　　心螟，食葉蟘。』《釋文》：『蟘，音特。』《爾雅新義》『蟘』作『蟦』，
　　《春秋·隱五年》《正義》引亦作『蟦』。」《左傳·莊公十八年》：「有
　　蜮。」惠棟曰：「服、杜皆以爲短狐。王伯厚曰：『沙隨《春秋例目》云：
　　「有蜮，或考隷古《春秋》作蚥，蚥音特。」』棟案：蚥亦作蟘，《說文》
　　云：『吏冥冥犯法，即生螟蟦。』即《詩》之『螟螣』也。《唐公房碑》
　　又作蟦。蚥與蜮字相似。《呂覽·任地》高誘云云。螟蜮皆害苗者，故
　　書於《春秋》，若是短狐，不須記也。」桂馥說略同〔註48〕，姚範從惠

〔註46〕惠棟《九經古義》卷5《毛詩古義》，收入《叢書集成初編》第254冊，中華
　　　　書局1985年影印，第59頁。
〔註47〕參見馬瑞辰《毛詩傳箋通釋》卷14，中華書局1989年版，第427～428頁。
〔註48〕惠棟《春秋左傳補註》卷1，收入景印文淵閣《四庫全書》第181冊，臺灣商
　　　　務印書館1986年初版，第130頁。桂馥《札樸》卷2，中華書局1992年版，
　　　　第62頁。王應麟《困學紀聞》卷6引沙隨《春秋例目》作「或考隷古《春秋》
　　　　作『有蟦』，《爾雅》：『食葉，蟦。』音特。」四庫本、翁元圻本、萬希槐本、
　　　　張嘉祿本並同。惠、桂引作「蚥」，不知所據何本。翁元圻《困學紀聞注》，

說〔註49〕。是惠氏原文作「蟊」也。《說文》：「吏冥冥犯法，即生螟。」
又「蟘，吏乞貸則生蟘。」惠氏引有脫文。「蟊」、「螣」乃方言之音轉，
螣之言騰也，蟊之言驁也，取騰躍爲義，許愼「冥冥犯法」、「乞貸」云
云，皆望文生義〔註50〕。

（9）今茲美禾，來茲美麥

高誘注：茲，年也。

按：焦竑曰：「茲，新生艸也。艸一年一生，故古人以茲爲年。」高亨從其
說，又云：「茲之爲年，實『載』音之轉。載之爲年，實亦『茲』之借
字耳。」楊樹達曰：「『茲』無年義，以音同假茲爲載耳。」陳奇猷曰：
「茲，此也。『今此』是今年，則『來此』即是明年。高蓋輾轉爲訓耳。
楊說亦通。」陳說非，古無「來此」的說法。「今年」的「今」即取「此」
爲義，則「茲」決非「此」義。宋·羅大經《鶴林玉露補遺》：「《公羊
傳》云：『諸侯有疾口負茲。』注云：『茲，新生草也。』一年草生一番，
故以茲爲年。」楊愼曰：「古人謂茲爲年，取草木繁茂之義也。」朱睦
㮮說同楊愼〔註51〕。此皆焦竑說所本。焦竑、高亨說是，楊樹達說愼矣。
章太炎曰：「問：『唐虞謂年曰載，當爲何字？』答曰：『字當爲茲，載
自才得聲，與茲同在之部。記歲以茲者，謂草木　榮實也。』」〔註52〕

（10）是以六尺之耜，所以成畝也；其博八寸，所以成畎也

高誘注：耜六尺，其刃廣八寸。古者以耜耕，廣六尺爲畝，三尺爲畎，
　　　　遼西之人謂之「堵」也。

　　　　收入《續修四庫全書》第 1142 冊，上海古籍出版社 2002 年版，第 584 頁。
　　　　萬希槐《困學紀聞集證合注》，早稻田大學藏嘉慶十八年埽葉山刻本，無頁碼。
　　　　張嘉祿《困學紀聞補注》，收入《叢書集成續編》第 24 冊，新文豐出版公司
　　　　1988 年版，第 348 頁。
〔註49〕姚範《援鶉堂筆記》卷 50，收入《續修四庫全書》第 1149 冊，上海古籍出版
　　　　社 2002 年版，第 173 頁。
〔註50〕參見蕭旭《「蝗蟲」名義考》，收入《群書校補（續）》，花木蘭文化出版社 2014
　　　　年版，第 2183～2194 頁。
〔註51〕楊愼《丹鉛續錄》卷 1，朱睦㮮《五經稽疑》卷 3，分別收入景印文淵閣《四
　　　　庫全書》第 855、184 冊，臺灣商務印書館 1986 年初版，第 133、722 頁。
〔註52〕章太炎《小學答問》，《文始》卷 8 說同，並收入《章太炎全集（7）》，上海人
　　　　民出版社 1999 年版，第 456、387 頁。

按：高注「廣六尺爲畝，三尺爲甽」有脫誤，王念孫已校正作「六尺爲步，步百爲畝，廣尺爲甽」。耜，四庫本、宋邦乂本、百子全書本作「鉅」。「鉅」是「耟」俗譌字。《周禮·考工記》：「耜廣五寸。」《玄應音義》卷 19 引同，《慧琳音義》卷 56 引作「耟」。《詩·良耜》：「畟畟良耜。」蔣斧印本《唐韻殘卷》「畟」條引作「耟」。《可洪音義》卷 25：「鉅廣：上音似，耒頭金也。」又卷 28：「耒鉅：下音似，農器犁屬也。」皆是其證。《字彙補》：「耟，其舉切，音巨。」《重訂直音篇》卷 4：「耟，音巨。」皆臆說耳。畢沅曰：「『墥』字書無考。」陳奇猷曰：「『墥』字當係高誘據遼西方音所造之形聲字，從土，害聲。高誘之意，蓋謂若此大小之田，遼西人謂之一墥也。」王利器曰：「今東北計畝單位曰墒或曰坰，與『墥』形近而義同。」「甽」同「畎」，是廣一尺的田中小溝。「墥」疑「堨」異體字，《說文》：「堨，壁閒隙也。」水堰亦謂之堨。《集韻》：「堨，堰也。」此文「墥（堨）」指田中小溝，與水堰相類，僅大小之別耳。高誘之意，蓋謂遼西人稱甽爲墥也。

（11）草端大月

高誘注：大月，孟冬月也。

按：陳士元曰：「『草端大月』未詳。或作端，始萌也。」方以智曰：「端字無訓，智疑《長笛賦》『冬雪揣封』之揣，音團。」〔註53〕姚範曰：「端，職緣切，義未詳。」〔註54〕譚戒甫曰：「『端』疑讀爲『兩端』之端。端可訓始，亦可訓終，故曰兩端，此即就終言耳。」夏緯瑛曰：「『端』字於此無義，當是『詘』字之誤。『詘』與『屈』通。」陳奇猷曰：「《說文》：『端，相讓也。』相讓有二義，一爲相責讓，一爲相退讓，此文當是後一義。草端大月，猶言草至大月而退讓也，亦即草至大月而萎死也。」王利器曰：「此文有脫誤，疑原文當謂：『端月草萌生，端月大月也。』『端』即《爾雅》『正月爲陬』之陬，而『陬』又『菆』字之誤也。『菆』與『端』音近，故得通用。蓋此爲少數民族語言，對音字無定準，不能望文生義，故高誘於此字無訓。」張富祥曰：「端，通

〔註53〕方以智《通雅》卷 12，收入《方以智全書》第 1 冊，上海古籍出版社 1988 年版，第 466 頁。

〔註54〕姚範《援鶉堂筆記》卷 50，收入《續修四庫全書》第 1149 冊，上海古籍出版社 2002 年版，第 173 頁。

『耑』，即古『端』字，指植物開始萌發。」﹝註55﹞諸說皆誤。《說文》：「諯，數也，一曰相讓也。」「數」即責讓義，許君所列二義實是一義﹝註56﹞。《廣韻》：「諯，相責也。」《廣雅》：「讙、譙、謯、讀、詰、諯，讓也。」諸字同義，皆責讓義。音轉又作「敦」。陳奇猷杜撰出「退讓」義，又謂指草萎死，亦牽強至極，殊不可信。洪誠讀諯爲黇，黃黑色﹝註57﹞，此說是也。字亦作黇、黇、耑，另詳《達鬱篇》校補。呂吳調陽改乙此文作「使草黇而土緩，大月多至後五旬七日，菖始生」，注曰：「黇，膊也。」﹝註58﹞妄改妄注。

（12）冬至後五旬七日，菖始生，菖者，百草之先生者也

按：呂吳調陽曰：「菖之言倡。」﹝註59﹞蔣維喬等曰：「《御覽》卷999『菖』作『昌』。《齊民要術·耕田》引『菖』作『昌』，無『生』字。李善注《文選·永明九年策秀才文》引無『生』字。昌、菖古通。」陳奇猷曰：「無『生』字誤。」《文選》李善注引無「後」字，不脫「生」字；《齊民要術》引作「昌生」，無「始」字，《亢倉子·農道》同。蔣氏失檢，陳氏皆未覆核。始，《歲時廣記》卷1引作「棠」。《御覽》卷28引作「冬至後五旬七日，菖蒲百草之先生也」，又卷999引作「冬至五旬七月，昌本者百草之先生也」，《初學記》卷3引作「冬至後五旬七日，菖者百草之先生也」，有脫文。

（13）孟夏之昔，殺三葉而穫大麥

﹝註55﹞ 張富祥《呂氏春秋》校釋札記（二）》，《古籍整理研究學刊》2008年第5期，第32頁。

﹝註56﹞ 「諯」訓數，一般認爲是責讓義，鄭知同認爲是煩數義，黃侃、胡吉宣認爲是疾速義；馬敍倫則認爲訓「數」是煩數義或數責義，首持兩端。黃氏曰：「此數當讀爲速，諯與遄往之遄同。」鄭知同《說文商義》（殘本），收入丁福保《說文解字詁林》，中華書局1988年版，第3125頁。黃侃《說文解字斠詮箋識》，收入《說文箋識》，中華書局2006年版，第347頁。胡吉宣《玉篇校釋》，上海古籍出版社1989年版，第1815頁。馬敍倫《說文解字六書疏證》卷5，上海書店1985年版，本卷第110～111頁。

﹝註57﹞ 洪誠《洪誠文集·訓詁學》，江蘇古籍出版社2000年版，第83～84頁。

﹝註58﹞ 呂吳調陽《〈呂覽·任地篇〉校注》，《國學薈編》1914年第2期，四川存古書局，第68頁。

﹝註59﹞ 呂吳調陽《〈呂覽·任地篇〉校注》，《國學薈編》1914年第2期，四川存古書局，第68頁。

　　高誘注：昔，終也。大麥，旋麥也。

按：王利器曰：「宿麥者越冬作物，旋麥者當年生作物也。《方言》卷 6：『秦
　　晉凡物樹稼早成熟謂之旋。』《集韻》作『䆼』，云：『麥也。』此爲『旋』
　　之後起字。今四川猶謂臨時興作爲旋。」王說是也，程瑤田曰：「旋之
　　言疾也。與『宿麥』對言，是謂大麥爲春麥也。」〔註60〕戴震《方言疏
　　證》亦引《廣韻》「旋，疾也」以說之〔註61〕。

（14）五時見生而樹生，見死而穫死

　　高誘注：五時，五行生殺之時也。見生謂春夏種稼而生也。見死謂秋冬
　　　　　穫刈收死者也。

按：陳奇猷曰：「高謂『五時』爲『五行生殺之時』是也，但釋『見生』、
　　『見死』則非。『見』讀《詩・褰裳》序『思見正也』之『見』。疏云：
　　『見者，自彼加己之辭。』今語『見外』、『見殺』等『見』字亦此義。
　　此文謂：五行之時以生加於某物則種植某物，以死加於某物則收穫某
　　物。」高注是，陳說非也。《亢倉子・農道》作「事農之道，見生而
　　藝生，見死而穫死」，何粲注：「因天時而興民利也。藝，種也。穫，
　　刈也。」此文謂五行之時，出現生時則種植，出現死時則收穫也。

（15）天下時，地生財，不與民謀

　　高誘注：天降四時，地出稼穡，自然之道也，故曰不與民謀。

按：《亢倉子・農道》作「天發時，地產財，不與人期」。王利器引本書《應
　　同》及《管子・形勢解》以證此文，皆是也。《禮記・禮運》：「故天生
　　時而地生財。」《家語・禮運》：「天生時，地生財。」期，讀爲基、謀。
　　《爾雅》：「基，謀也。」《釋文》：「基，本或作謀。」字亦作諆、𧨦、
　　惎，《玉篇殘卷》：「諆，《爾雅》：『諆，謀也。』野王案：謂謀謨也，今
　　亦爲基字。」《廣韻》：「𧨦，謀也。」又「惎，謀也。」

（16）知貧富利器，皆時至而作，渴時而止

　　高誘注：利用之器，有其時而爲之，無其時而止之。

〔註60〕　程瑤田《九穀考・麥》，收入《程瑤田全集》第 3 冊，黃山書社 2008 年版，
　　　　　第 49 頁。
〔註61〕　戴震《方言疏證》卷 6，收入《戴震全集（5）》，清華大學出版社 1997 年版，
　　　　　第 2383 頁。

按：呂吳調陽曰：「『渴』、『竭』同，盡也。」〔註62〕王念孫曰：「渴，盡也。」李寶洤曰：「『渴』疑應作『竭』。」范耕研曰：「渴，今皆借『竭』為之。」譚戒甫曰：「渴，疑假為揭。《說文》：『揭，去也。』又《說文》：『渴，盡也。』此用本義亦得。」〔註63〕王毓瑚曰：「『渴』是『終止』的意思。」諸說皆誤。「渴」是「過」形譌。《亢倉子・農道》作「無失人時，迨時而作，過時而止」，何粲注：「迨，及也。」下文「不知事者，時未至而逆之，時既往而慕之」，與此對應，「過時」即「時既往」也。《管子・國準》：「時至則為，過則去。」尤為確證。王利器已引《管子》，而失之交臂，惜乎！王利器引《晉語八》「忨日而瀲歲」、《左傳・昭元年》「翫歲而愒日」，皆非是，彼「瀲（愒）」是貪義，與此文無涉。

《辯十》校補

（1）苗若直獵

按：譚戒甫曰：「『獵』假為『鬣』。謂禾苗若馬鬣之直立，今之旱禾似之。」于省吾、夏緯瑛說同。陳奇猷曰：「『獵』當為『猎』。『直猎』蓋『踟躇』音近之假字。躇，《說文》云：『一曰踟躇。』《一切經音義》引《字林》云：『踟躇，不進也。』《說文》訓『躇』為『長脛行也』。《曲禮》『毋踖席』，鄭注云：『踖，躐也。』據此，可知『踟躇』是不進或進而過分之義。以『踟躇』形容苗稼，則謂苗有不長進者，亦有過分長進者。若，猶乃也。」陳氏妄說音借，又對所引文獻理解亦有誤。「踟躇」訓行而不進者，形容恭敬之貌〔註64〕。鄭注踖訓躐者，是踐踏義。《說文》踖訓長脛行者，又別是一義。陳氏把三個不同的詞義混在一起，生造出「進而過分」的詞義，進而又指為「過分長進」，其說殊不可信。獵，讀為儠，字亦作鬣。《說文》：「儠，長狀儠儠也。《春秋傳》曰：『長儠者相之』」《左傳・昭公七年》、《國語・楚語上》並作「鬣」。

〔註62〕呂吳調陽《〈呂覽・任地篇〉校注》，《國學薈編》1914年第2期，四川存古書局，第69頁。

〔註63〕譚戒甫《校呂遺誼》，國立武漢大學《文哲季刊》第3卷第4期，1933年版，第790頁。

〔註64〕「趑趄」亦訓行不進，形容敬慎之貌，是其比。

《說文》：「鬑，髮鬑鬑也。」《廣雅》：「儠，長也。」字亦作儠，《說文》：「儠，毛儠也。象髮在囟上及毛髮儠儠之形。」「儠儠」、「鬑鬑」、「儠儠」並同，長貌。直儠，猶言直而長。苗若直儠者，言苗稀疏而直長。

（2）見風則僛，高培則拔

高誘注：培田側也。

　按：夏緯瑛曰：「培即培土。」下文「熟有耰也，必務其培」，同。《漢書·食貨志》：「苗生葉以上，稍耨隴草，因隤其土以附苗根，故其《詩》曰：『或芸或芓，黍稷儗儗。』芸，除草也。芓，附根也。言苗稍壯，每耨輒附根。比盛暑，隴盡而根深，能風與旱，故儗儗而盛也。」顏師古曰：「耨，鉏也。隤，謂下之也。儗儗，盛貌。能，讀曰耐。」附、培一聲之轉。

（3）下得陰，上得陽，然後咸生

高誘注：陰，溼也。陽，日也。咸，皆也。

　按：咸生，《亢倉子·農道》作「盛生」。蓋「咸」形誤作「成」，又易作「盛」。

（4）莖生有行，故遫長；弱不相害，故遫大

　按：孫詒讓曰：「《亢倉子》作『立苗有行，速故長；強弱不相害，故速大』，此『弱』上疑亦挩『強』字。」夏緯瑛曰：「言苗既有行，弱小時不相妨害。」陳奇猷曰：「夏說是。《亢倉子》不知此義而增『強』字，不可據。」夏、陳說是，《齊民要術·種穀》、《農桑輯要》卷2引作「吾苗有行，故速長；弱不相害，故速大」。王利器曰：「『立苗』蓋秦漢人常言也。」王叔岷曰：「『吾』蓋『立』之誤。」蓋「立」形誤作「五」，又改作「吾」。《鼠璞》卷下引《亢倉子》亦誤作「吾苗」。莖指苗莖。

（5）正其行，通其風，夬心中央，帥為泠風

高誘注：夬，決也。心於苗中央。帥，率也。嘯泠風以搖長之也。

舊校：「夬」或作「使」。

　按：《文選·永明九年策秀才文》李善注引作「夬必中央，師為泠風」，引高注作「泠風，和風，所以成穀也。夬，決也。必於苗中央。師師然蕭泠

風以搖長也」。《亢倉子‧農道》作「正其行，通其中，疏爲泠風」。呂
吳調陽曰：「夬，決也。決若心星中央，謂縱行也。楊愼云：『師同篩。』
原文作『帥』。」〔註65〕譚戒甫曰「『使』、『必』是也。必者，畢也。『爲』
讀譌，化也。蓋謂不獨畝之四周，亦當使畢盡中央，相率化其和風也。」
蔣維喬等從譚說，又指出《玉海》卷176引「心」亦作「必」。夏緯瑛
曰：「『夬』今通作『缺』字。此『夬』指苗之行間言，作『使』者，誤。
《文選》注所引原文及注文作『必』，是。『帥』即『率』，有『自』、『循』
之義。」陳奇猷曰：「諸說皆非。『夬』當爲『夫』，『夫』、『扶』同。『扶』
與『搏』通，《說文》：『搏，索持也。』是『搏』有以索束之之義。『心』
當從《選》注作『必』。《考工記》鄭注：『必讀如鹿車縪之縪，謂以組
約其中央爲執之，以備失隊。』是必即組也。帥，聚也。謂以組束苗之
中央，則聚爲泠風。」王利器曰：「師師，眾也。則師師狀眾苗隨風波
動。」諸家校「心」作「必」，是也。夏緯瑛謂「夬（缺）」指苗之行間，
近是。陳奇猷妄改，亂說通借，殊不可信。《小爾雅》：「缺，隙也。」
「必」是副詞，表示必須。夬必中央者，指通風道必須在苗田的中央，
這樣更能發揮通風效果。「帥」當從《選》注作「師」，注文亦當從之。
「師師然肅」狀泠風之貌。(a)《世說新語‧容止》：「（嵇康）肅肅如松
下風，高而徐引。」《御覽》卷495引袁山松《後漢書》：「朱公叔肅肅
如松柏下風。」高注「肅」字義同。專字爲飂、飀，《廣雅》：「飂，風
也。」《集韻》：「飂、飀：寒風。或從宿。」字或作蕭，蕭古讀如肅，《戰
國策‧燕策三》：「風蕭蕭兮易水寒，壯士一去兮不復還！」字或作飅，
《廣韻》：「飅，涼風。」字亦作謖，《世說新語‧賞譽》：「謖謖如勁松
下風。」翟灝曰：「肅肅，通作飂，又作謖。」〔註66〕(b)注「師師然」
者，是「颸颸然」的記音字。《廣雅》：「颸，風也。」《說文新附》：「颸，
涼風也。」《六書故》卷20：「颸，風之輕涼者也。」《宋書‧樂志四》
《有所思曲》：「秋風肅肅晨風颸，東方須臾高知之。」唐‧溫庭筠《寒
食節日寄楚望》：「颸颸楊柳風，穰穰櫻桃雨。」唐‧鄭嵎《津陽門詩》：

〔註65〕呂吳調陽《〈呂覽‧辨土篇〉校注》，《國學薈編》1914年第3期，四川存古書
　　　　局，第20頁。
〔註66〕翟灝《通俗編》卷35，收入《續修四庫全書》第194冊，上海古籍出版社2002
　　　　年版，第626頁。

「飛霜殿前月悄悄，迎春亭下風颸颸。」俗作「斯斯」、「絲絲」。師古音莎，故音轉則作「洗洗」、「洒洒」、「灑灑」，《千金要方》卷 36：「肝中寒者，其人洗洗惡寒，翕翕發熱。」又卷 24：「洒洒寒熱，頭目眩倒。」又卷 38：「咽乾頭痛，洒洒惡寒。」又卷 52：「病苦脛寒不得臥，惡風寒灑灑。」《外臺秘要方》卷 8「灑灑」作「洒洒」。俗記音作「沙沙」、「梭梭」。諸詞皆是「淒淒」音轉。(c) 師為冷風，言颸颸然而起冷風。「為」不讀譌訓化。

（6）是以先生者美米，後生者為秕

高誘注：秕，不成粟也。

按：孫蜀丞曰：「《御覽》卷 823 引『美』作『為』。」蔣維喬等曰：「『美』疑『為』字之誤，律以下文可證。」陳奇猷曰：「蔣說非是。」景宋本《御覽》卷 823、《王氏農書》卷 3、13、《農政全書》卷 1 引仍作「美」，《亢倉子・農道》同，孫氏所據為誤本。王叔岷曰：「案訓『不成粟』，則字當作『秕』，《說文》：『秕，不成粟也。』（『粃，惡米也。』與『秕』異義。）《御覽》卷 823 引『秕』正作『秕』，下同。」道藏本《亢倉子》亦作「秕」。不成粟者為秕，俗音轉作瘟；惡米為粃，此其別也（參見段玉裁說）。

（7）樹肥無使扶疏，樹墝不欲專生而族居

高誘注：專，獨也。

按：俞樾曰：「高注未得。專讀為摶。摶，聚也。若訓專為獨，則與『族居』義反矣。」夏緯瑛、陳奇猷並從俞說。譚戒甫曰：「俞說云云。按疑本作『不欲專居』，『生而族』三字或衍文。族亦聚也。」高注是，俞、譚說誤。《亢倉子・農道》「族居」作「獨居」，此文當據訂正。何粲注：「墝，瘠也。專生獨居，不奈（耐）風旱也。」扶疏者茂密，專生而獨居者稀疏，正相反為義。二句言肥地宜密，薄地宜疏。

（8）肥而扶疏則多秕，墝而專居則多死

高誘注：專，獨也。根扇迫也。專，獨。不能自蔭潤其根，故多枯死也。

按：專居，《亢倉子・農道》作「獨居」，義同。

《審時》校補

（1）凡農之道，厚之爲寶

按：夏緯瑛謂「厚」是「候」之誤或同音借字，借爲「時候」、「時令」。王毓瑚曰：「夏的解說是不錯的，『候之爲寶』也就是《管子・白心篇》『以時爲寶』的意思。此外『厚』字也許是『序』的誤文。」陳奇猷曰：「夏說非也。『之』字爲代詞，即今語『他』。『候之爲寶』殊不可通。『厚』字不誤，厚猶重也。『之』當爲『時』字之譌。猶言重時爲寶。」王利器說同陳氏。蔣禮鴻曰：「當作『時之爲寶』。」張富祥曰：「『厚之』疑當作『厚天』，猶言尊重天時。」〔註67〕陳、張二氏未得其句法，又妄爲改字，其說殊誤。夏說亦非是。「之爲」是上古漢語固定句式，語法學家稱其用於賓語提前。「寶」是動詞。「厚之爲寶」猶言寶其厚，以厚爲寶。「厚」指財物豐厚、收穫多。

（2）斬木不時，不折必穗；稼就而不穫，必遇天菑

高誘注：折，猶堅也。穫，得也。

按：姚範曰：「高誘注『折，猶堅也』，余謂如字讀。」〔註68〕于鬯曰：「折訓堅，惟見於此。考『折』聲之字，惟『悊』爲敬謹之意，或于堅義尚相近，然則高豈讀折爲悊與？竊疑『折必』二字，本一『悊』字，而誤析爲二，又誤心爲必。高訓猶堅，正釋『悊』字，非釋『折』字。」譚戒甫曰：「此篇言五穀種殖當審天時，不應言『斬木不時』，且又接以『必穗』字。疑『木』爲『禾』之誤。『時』當讀爲『蒔』。斬者，斷也，亦折也，正與『不折』對文。蒔，更種也。謂禾莖不可使斷，斷禾將不能更種也。」夏緯瑛曰：「高注當作『不折猶堅也』。大概高氏所見之本是作『不折而穗』的，但高注顯係強說。『不折必穗』當作『不時而種』。斬木就是伐木，穫就是收穫。」王毓瑚曰：「『斬木』二字也許本來是『種禾』。『折』就是半路上夭折，高注『堅』字顯然是錯了。『穗』字是誤文，原來應該是一個當不結穗講的字。按《齊

〔註67〕張富祥《呂氏春秋》校釋札記（二）》，《古籍整理研究學刊》2008年第5期，第33頁。

〔註68〕姚範《援鶉堂筆記》卷50，收入《續修四庫全書》第1149冊，上海古籍出版社2002年版，第173頁。

民要術》裏面有『穄堅不成穗』這樣一句話，『穄』、『堅』二字都有『禾不實』的意思，可能這二句應作『不折必穄』或『不折必堅』。不過這兩個字不與『時』、『菑』爲韻，顯然是還有問題。」陳奇猷曰：「譚謂『木』爲『禾』之誤，是，但餘說非也。此文當作『蘄禾不時，必折而穗』。蘄者，蓋束聚一叢之草，使之相包裹而生之意。『而』猶其也。蓋苗在熟時（即結穗時）欲相扶持。如何使其相扶，則於一叢禾之中腰處以繩索束之。」蔣禮鴻曰：「『不折必穗』當是斬木不時之害。『折』當爲斷折之折。『穗』疑『殭』字形近之譌。謂不斷折則必殭仆也。蓋木枝繁盛而不斬伐，則必動搖其本而致斷折殭仆。」王利器曰：「此文疑當作『斬艾不時，必折不穗』。」張富祥曰：「『穗』字不可通，疑本作『撝』，猶裂。」〔註 69〕諸家皆妄改，決不可信。王毓瑚已駁于鬯說。陳奇猷謂以繩索束禾中腰云云，更是臆說。除非病禾，農人何有束禾腰之舉？夏緯瑛說「斬木就是伐木，穫就是收穫」，是也。古人斬木必以其時，《周禮·地官·司徒》云「仲冬斬陽木，仲夏斬陰木」，又《考工記》云「輪人爲輪，斬三材必以其時」，《大戴禮記·曾子大孝》云「草木以時伐焉，禽獸以時殺焉」，《孟子·梁惠王上》云「斧斤以時入山林，材木不可勝用也」，皆是也。此文「穗」是涉「稼」形誤的衍文〔註 70〕，「不折必」下脫一字。二句言如果斬木不以其時，則其爲材也不折必口；莊稼成熟了而不收穫，必遇天災。皆篇名「審時」之旨。《爾雅翼》卷 27：「白蟫狀如蟫卵，凡斬木不以時，木未及燥而作室，或柱礎去地不高，則是物生其中。」然則斬木不時，則其材易生白蟫，此其所以不折必口也。譚戒甫說「不應言斬木不時」，是未得其文脈也。

（3）是以得時之禾，長秱長穗

按：惠棟曰：「秱，禾盛貌。長穗，元版作『而穗』。」王利器曰：「惠氏

〔註69〕 張富祥《呂氏春秋》校釋札記（二）》，《古籍整理研究學刊》2008 年第 5 期，第 33 頁。

〔註70〕 《韓子·難二》：「夫惜草茅者耗禾穗，惠盜賊者傷良民。」《潛夫論·述赦》：「夫養稊稗者傷禾稼，惠姦宄者賊良民。」《齊民要術·種穀》引《鹽鐵論》：「惜草芳者耗禾稼，惠盜賊者傷良人。」《韓子》「禾穗」是「禾稼」之誤。「穗」異體字作「穟」，「稼」形誤爲「穟」，因改作「穟」，復改作「穗」。參見蕭旭《韓非子校補》，花木蘭文化出版社 2015 年版，第 226 頁。

稠字之訓，本《玉篇》，是狀詞，非此文之義。《六書故》卷 22 引此文而釋之曰：『稠，禾橐節間，猶竹之筒，得時則長透。』《正字通》同，此其義也。」〔註71〕夏緯瑛曰：「下文『得時之麥，稠長而頸黑』，宋刊《御覽》卷 836 引作『稦長而頸墨』。二者必有一誤，我以爲宋刊《御覽》『稦』字不誤。『稦』就是穗子的總梗。大概是禾穀的穗子若頭，而穗子的總梗如同頭之有頸項一樣，故亦稱之爲『項』，作爲一個禾穀上的專門名詞，其字從禾向聲而作『稦』。」陳奇猷曰：「夏謂稠爲總花梗是也，但改『稠』爲『稦』則非也。查《御覽》各種刻本皆作『稠』，僅宋刻本作『稦』，而所從之『向』作長方形，似是『同』字的花筆。又此條見《御覽》卷 838，夏誤。」檢宋刊《御覽》，確在卷 838，字形作「**稦**」，亦確是「稦」字。蔣維喬等指出「宋刊《御覽》卷 836（838）『稠』誤『稦』，『黑』誤『墨』」〔註72〕。「稠」字是，《亢倉子・農道》亦作「稠」〔註 73〕，何粲注：「禾，粟也。稠，穗頭也。」《玉篇》：「稠，禾盛貌。」《集韻》同。胡吉宣曰：「本爲侗，《說文》：『侗，大皃。』《繫傳》引《字書》云：『長大也。』《論衡》：『上世之人，侗長佼好。』稠因言禾稻而變易偏旁。」〔註74〕劉寶楠曰：「稠，橐節間之稱，猶竹稈曰筒也。《玉篇》：『稠，禾盛貌。』別一義。」〔註75〕朱駿聲曰：「機，禾穎貫穗者也。」「機」有三說，一曰禾盛貌，二曰穗頭、禾穎貫穗者，三曰禾橐節間，當以穗頭說爲近，「禾盛貌」非別義，蓋誤訓也。胡吉宣謂其語源是「侗」，亦誤。稠之言筒，語源是「洞」，取通達、通洞爲義。《說文》：「筒，通簫也。」夏緯瑛「頸項」云云，非是。

（4）大本而莖殺，疏機而穗大

〔註71〕 引者按：王氏引《六書故》脫『透』字，徑補。《正字通》無「透」字。
〔註72〕 蔣維喬、楊寬、沈延國、趙善詒《呂氏春秋彙校補遺》，《制言》第 33 期，1937 年版，本文第 22 頁。
〔註73〕 此據道藏本，四部叢刊影印宋刊本《新雕洞靈眞經》作「稠」，有注：「當作〔稠〕。」王筠據誤本《亢倉子》作「稠」，引以證《說文》「稠，多也」，非是。王筠《說文解字句讀》，中華書局 1988 年版，第 257 頁。
〔註74〕 胡吉宣《玉篇校釋》，上海古籍出版社 1989 年版，第 2949 頁。
〔註75〕 劉寶楠《釋穀》卷 1，收入王先謙《清經解續編》卷 1075，上海書店 1988 年版，第 4 冊，第 891 頁。

　　高誘注：本，根也。莖稍小，鼠尾桑條穀也。機，禾穗果蠃也。

　　舊校：「殺」或作「小」。

按：《說文繫傳》「機」字條引「穗」誤作「惠」。注「果蠃」讀作「果蠃」或「果蠃」。朱駿聲曰：「按『果蠃』疊韻連語，猶花蕊之言骨朶也。」〔註76〕朱說是。《說文》：「機，禾機也。」《繫傳》：「《呂氏春秋》云云，機，莖也。」《六書故》卷 22：「機，禾莖節也。」《正字通》：「機，徐鍇曰：『莖也。』按：機，禾莖節也。鍇說未得。」程瑤田曰：「禾采（穗）成實，離離若聚珠相聯貫者謂之機，與『珠璣』之機同意。高注是也。而徐鍇以為禾莖，失之矣。」〔註77〕程說是也，段玉裁取其說，又云：「機貴疏者，禾采緊密，每顆皆綻，而後能疏也，機疏而穗乃大。」劉寶楠取其程、段說〔註78〕。珠璣、穗機皆圓形，故高注謂之「果蠃」。夏緯瑛曰：「『本』不是根的意思，應當是指植株。『殺』有收斂而不徒長之義。程瑤田以『珠璣』作解，恐未必得當。絲之分曰『紀』，時代之分亦曰『紀』，年之分曰『季』，數之分曰『幾』，都與『機』為同音之名，也都由『分』而為引申之義。那末，也就可以說穗之分曰『幾』了，『機』之取義或在於此。」陳奇猷曰：「『小』乃讀者之旁注，非異文。但此『殺』字不當訓小。夏謂『本』指植株，『殺』有收斂而不徒長之義，未聞。高訓本為根，甚是。『殺』與『肆』通。肆者，放肆也。放肆者，四散於外而不拘束於某一狹小範圍之意。『大本而莖殺』猶言禾根大而莖又四散於外不密聚為一束。高訓亦非。」高注是，夏、陳說皆誤。夏緯瑛謂程瑤田說不當，是不知程氏指珠璣、穗機皆圓形，取義相同，而亦不知高氏「果蠃」之訓也。至謂「紀」、「季」、「幾」皆取「分」為義，亦是臆說。「季」是小稱，次之末也，四時以末月為季月，舉四末月為四季，此「季」之義也。「幾」作數詞，當是借字（本字無考），非取「分」為義。殺，所拜切，讀為衰，猶言衰減，「豐殺」、「鴻殺（降殺）」，皆取此義。大本而莖殺，言根

〔註76〕朱駿聲《說文通訓定聲》，武漢市古籍書店 1983 年版，第 562 頁。

〔註77〕程瑤田《九穀考・梁》，收入《程瑤田全集》第 3 冊，黃山書社 2008 年版，第 21 頁。

〔註78〕段玉裁《說文解字注》，上海古籍出版社 1981 年版，第 324 頁。劉寶楠《釋穀》卷 1，收入王先謙《清經解續編》卷 1075，上海書店 1988 年版，第 4 冊，第 892 頁。

大而莖則減小，故高注云「莖稍小」。此是根、莖相比較而言，非「殺」
有「小」義也。

（5）先時者，莖葉帶芒以短衡，穗鉅而芳奪，稊米而不香

舊校：「奪」或作「奮」字。

按：洪頤煊曰：「字書無『稊』字，當是『秙』字之譌。《說文》：『秙，舂米
不潰也。』」俞樾曰：「『奪』者，『脫』之本字。後人借作『敓』而本義
晦矣。『芳』字當讀爲房。房者，柎也。言穗雖大而其房必脫落也。」
朱駿聲謂「奪」是「奮」誤字〔註79〕。查慎行曰：「稊，高誘無注，字
書、韻書俱不載，疑當作胎。」〔註80〕于鬯曰：「『稊米』當乙作『米稊』，
下文『小米鉗而不香』，句法可例。『稊』即下文『如此者不飴』之飴。」
王毓瑚曰：「『飴』字可讀作『餲』，意思是『味變』。」譚戒甫曰：「『奪』
如字。又疑『芳奪』二字係誤倒。『房』、『香』協韻。」夏緯瑛曰：「俞
說『奪』、『芳』是對的。『鉅』該是作『鈍』。『稊』當依洪說。」王毓
瑚從夏說。陳奇猷曰：「俞說是也，但訓爲人則非也。夏改『鉅』爲『鈍』，
尤謬。鉅，剛強也。『稊』乃『利』之異文，蓋假爲『黧』，黑色。」于
鬯乙作「米稊」，是也，餘說皆誤。「芳奪」讀如字。芳，香也。「奪」
是失去義。下文說「小菽則摶以芳，稱之重，食之息以香」，「芳」亦讀
如字，陳奇猷讀爲「摶其房」，亦誤。「稊」當是「粘」的形譌字，本字
作「飴」。《說文》：「飴，米糱煎也。」指煎米粉而製成的餳飴。《世說
新語·汰侈》：「王君大以粘糒澳釜。」《御覽》卷852、《蒙求集注》卷
下引作「飴」，此用本義。引申之則有甘甜義，景宋本《亢倉子·農道》：
「米粘而香。」道藏本作「飴」，《記纂淵海》卷90引誤作「粘」。何粲
注：「粘，甘味也。」二句言穗大但失去了芳香，米雖甜而不香。

（6）後時者，莖葉帶芒而末衡，穗閱而青零，多秕而不滿

高誘注：青零，未熟而先落。滿，成也。

按：《亢倉子·農道》作「穗銳多秕而青蘦」，何粲注：「銳，細也。青蘦，
其米青也。」何注皆得之。（a）孫詒讓謂「青零、蒼狼一聲之轉」，

〔註79〕 朱駿聲《說文通訓定聲》，武漢市古籍書店1983年版，第685頁。
〔註80〕 查慎行《得樹樓雜鈔》卷5，民國適園叢書本。

解爲「靑色」。夏緯瑛從高注，陳奇猷從孫說。孫說是，其語源是「清冷」，已詳《離俗篇》校補。(b) 孫詒讓曰：「銳、閱聲同字通。」夏緯瑛謂「閱即銳的假借字」，解爲「突出於外」。陳奇猷曰：「『閱』有聚束之義。『穗閱而靑零』猶言穗聚束而又色靑也。」當以何槩注訓細小爲是。「穗鉅」、「穗銳」相對爲文，指穗的大、小而言。

（7）得時之黍，芒莖而徼下，穗芒以長

按：章太炎曰：「『徼』借爲『檄』。《釋木》云：『無枝爲檄。』黍莖本無別枝，謂之檄者，言無芒也。莖上有芒，下無芒。」夏緯瑛曰：「『徼』疑是『徹』字之誤。芒莖而徹下，言其莖細長而通至上至下也。」陳奇猷曰：「章謂『徼』借爲『檄』，無枝爲檄，是也；但謂『謂之檄者，言無芒也』，則非也。『芒』即芒刺。所謂枝者，木別生條也，是枝爲木歧出之條。黍無枝條，僅有葉自莖歧出，與木歧出枝條相仿，故黍莖無葉歧出之處亦謂之檄。芒莖而徼下，謂莖皆生芒刺，而莖下部無葉歧出也。」諸說皆誤。《御覽》卷 842、《農政全書》卷 1 引同今本作「徼下」。徼，遮繞也。

（8）舂之易，而食之不噮而香，如此者不飴

高誘注：香，美也。「噮」讀如「餲厭」之餲。

按：畢沅曰：「飴，《御覽》卷 842 作『餲』，竊疑上注『讀如餲厭之餲』當在此句下。據《御覽》，『噮』音北縣切，決不當讀餲也。」許維遹曰：「畢謂上注當在此句下，非。上注本作『噮讀如餲厭之餲』，『餲』、『餲』形近致譌。考『噮』即『餲』之借字。《說文》：『餲，厭也。』《廣韻》：『噮，甘而厭也。』《集韻》引伊尹曰：『甘而不餲』，《本味篇》作『甘而不噮』（原作『噲』，誤，據《玉篇》引改正）。」譚戒甫曰：「文廷式云：『飴，當作餳。』按：文校是。『餳』與上文『長』、『糠』、『香』叶。『餲』亦『餳』之誤。又上句注『讀如餲厭之餲』，亦皆『餳』之誤。不餳者，猶言不厭耳。」蔣維喬等曰：「《御覽》卷 842 引『飴』作『餲』，注云：『音遏。』松皋圓云：『未詳。據上文「秕米而不香」，疑即「秕」字訛。』義不可通。譚戒甫說疑亦非是。疑當從《御覽》作『餲』爲是。上文『不噮』已含『不厭』之義，即不過甘之意，此似不當再重。《說文》：『餲，飯餲也。』餲原訓味變。

引申則爲植物壞敗之名。『不餲』猶言不壞敗也。」吳承仕曰:「《御覽》卷 842 引作『餲』,據此,則『讀如餲厭』一語當在『餲』字下。今本作『不飴』,亦形近之譌。」黃侃曰:「『餲』無厭義,案《說文》:『餲,厭也。』《廣韻》『嗄』與『餲』同紐,云:『嗄,甘不厭也。』是此注當云『嗄讀如餲厭之餲』。其下文仍當依《御覽》作『如此者不餲』。」王利器從黃、許說。夏緯瑛曰:「『餲』字《集韻》或作『餃』,《玉篇》『飯臭也』;『餃』字《集韻》『與飴同』,《廣韻》『飴也』。據此,『餲』、『餃』、『飴』三字可相通用。今刊本此句或有衍文。『飴』字不作飴餳解,與『餲』、『餃』同義。高注原本是作『餃』的,故注說『餃當讀如餲厭之餲』。『餃』與『嗄』之字形下半略似,因字壞而又誤爲『嗄』。此句當作『春之易而食之香,如此者不飴』(高注原本作『餃』)纔是,作『厭』解可通。」陳奇猷曰:「畢說至塙。『飴』古隸咍部,自晚周以後轉入脂部,高誘爲漢時人,則『飴』早已讀入脂部而與『餲』同音,故其注云『讀如餲厭之餲』。『餲』謂食物經久而味惡也,與此文之義亦正合。許謂『嗄』即『餲』之借字,甚是,但改上注則非。」黃侃、許維遹說是。夏緯瑛引《集韻》、《廣韻》謂「餃」與「飴」同,非是。考《廣韻》:「餃,飴也。」《集韻》:「餃,《方言》:『飴謂之餃。』」今本《方言》卷 13:「餳謂之餳餲,飴謂之餃,餳謂之餹,凡飴謂之餳,自關而東,陳楚宋衛之間通語也。」敦煌寫卷 P.2011 王仁昫《刊謬補缺切韻》卷 1:「餃:飴。」此自是餳飴字,與此文無涉。此文「飴」當據《御覽》作「餲」,形近而譌。夏緯瑛解作「厭」,於義犯複,因刪去「不嗄而」三字,非也。陳奇猷解作「食物經久而味惡」,是也。此文「餲」謂不易變餿。

(9) 後時者,小莖而麻長,短穗而厚糠,小米鉗而不香

按:畢沅曰:「鉗,《御覽》作『令』,注云:『令,新也。』」惠棟說同。夏緯瑛曰:「『鉗』當作『黗』或『黔』。《廣韻》:『黗,淺黃黑色。』[註81] 又『黔,黑黃色。』『黗』、『黔』同音同義,當本是一字。《御覽》作『令』當是『黔』之誤。」王毓瑚、陳奇猷、王利器從夏說。王利器已指出宋本《御覽》卷 842 引作「今」,注作「今,新也」,又云:「以注訓新觀之,作『今』是也。」畢氏所據爲誤本。鉗、今,

---

當讀爲甘。上文「秮（粘）米而不香」，「秮」亦甘也。《御覽》「今」訓新，蓋臆說。

（10）得時之稻……搏米而薄糠

按：搏，《御覽》卷 839 引誤作「摶」。

（11）如此者不益

高誘注：益，息也。

按：畢沅曰：「舊校云：『益，一作蒜。』《御覽》卷 839 作『蒜』，注『益，息也』，義亦難曉。」惠棟校同。陳昌齊曰：「『益』當作『嗌』，籀文『益（引者按：當作「嗌」）』作『𦫵』，舊校作『蒜』，《御覽》作『蒜』，皆形譌。王石臞亦云然。」俞樾、李慈銘、金其源說略同，俞氏又引《方言》「嗌，噎也。秦晉或曰嗌，又曰噎」，云：「然則『不嗌』者，言食之不噎也。呂氏秦人，故言秦耳。」李氏又引《說文》「嗌，咽也。噎，饭窒也」。姚永概曰：「俞氏讀益爲嗌，是也。《詩》傳：『噎，憂不能息也。』然則注『息也』上有脫文，或是『氣不息也』。」張富祥曰：「『不益』當讀作『不燕』，通『不偃』，指不倒伏。」〔註82〕諸家謂「益」同「嗌」，「蒜」、「蒜」爲「嗌」之誤，皆是也，但解爲「飯窒」則誤。馬王堆帛書《天下至道談》：「益（嗌）乾因（咽）唾。」亦以「益」作「嗌」。張家山漢簡《脈書》：「則嗌乾，面驪。」則用本字。高亨曰：「俞、李說非也。益疑借爲饐。《說文》：『饐，飯傷濕也。』」高說是也，嗌亦讀爲饐。「如此者不益」與上文「如此者不飴（餲）」字異而義同。《爾雅》：「食饐謂之餲。」邢疏引李巡曰：「饐，飯臭也。」《論語·鄉黨》：「食饐而餲。」二字同義連文。高注「息」疑是「臭」形誤。

（12）先時者，大本而莖葉格對，短秱短穗，多秕厚糠，薄米多芒

高誘注：對，等也。

按：秱，《御覽》卷 839 引誤作「稝」。夏緯瑛曰：「高注不明。『格對』當與『格鬭』義近。這裏當有互相迫近之意。」陳奇猷曰：「《說文》：『格，

〔註82〕張富祥《呂氏春秋》校釋札記（二）》，《古籍整理研究學刊》2008 年第 5 期，第 33 頁。

木長貌。』對猶揚也。謂本大而莖長葉揚也。」王利器曰：「格對者，正對也。《方言》卷3：『格，正也。』」戴震《方言疏證》引《孟子》「惟大人爲能格君子之非」趙岐注「格，正也」〔註83〕，則格訓正是動詞，而非副詞，王說非是。格，讀爲挌。《說文》：「挌，枝挌也。」本爲名詞，指木枝之橫者，轉爲動詞，則爲遮禦、抵觸等義，《說文》：「嫭，好枝格人語也。」《淮南子・時則篇》：「行多令格。」高誘注：「格，竢也。象冬斷刑，恩澤竢格不流下。」「枝格」、「竢格」、「枝挌」並同，單言則曰「格」。「對」亦抵敵、對擋、匹敵之義，高注訓等，亦此義。二字同義連文。莖葉格對，言莖葉相遮擋也。

（13）後時者，纖莖而不滋，厚糠多秕，庉辟米，不得恃定熟，卬天而死

高誘注：辟，小也。

舊校：「恃」或作「待」。

按：畢沅曰：「《御覽》無『庉』字，字書無考。下作『辟米不大』，注止『辟小』二字，正文『得恃』及注『恃或作待』皆無。」孫志祖曰：「『庉』疑即下句『定』字之譌衍。」王念孫曰：「不得恃，舊本《御覽》引作『不得待』，今本作『不大』者，妄人改之也。竊謂『不得待定熟』五字當作一句讀，言後時之稻不得待成熟之時即卬天而死也。」陳昌齊從王說。聞一多曰：「王說亦未達一間。『得』即『待』之譌衍。王以定熟爲成熟，至確。定、成古同音字。」〔註84〕王利器曰：「王校作『待』，是。『待』謂待時也。」朱駿聲曰：「恃，叚借爲庤，《呂覽・審時》：『辟米不得恃。』注：『或作待。』」則解爲「儲置屋下」〔註85〕。松皋圓曰：「『庉』疑『瘦』字訛。『瘦豔米』，蓋言其米味淡少力，如瘦豔也。『定熟』殆言將熟也。『卬』、『仰』同。」譚戒甫曰：「孫校是。『辟』即『劈』省文，謂剖開也。蓋厚糠多秕，劈穀未必得米，故云『米不得恃』也。」蔣維喬等曰：「凌本『庉』作『庭』。按譚以孫校

〔註83〕戴震《方言疏證》，收入《戴震全集（5）》，清華大學出版社1997年版，第2343頁。

〔註84〕聞一多《璞堂雜業・呂氏春秋》，收入《聞一多全集》卷10，湖北人民出版社1994年版，第457頁。

〔註85〕朱駿聲《說文通訓定聲》，武漢市古籍書店1983年版，第161頁。

為是，近當。松皋圓疑『瘐』字訛，於義迂回。凌本作『庭』亦誤。」
夏緯瑛曰：「當作『厚糠多粃，辟米；不得待定熟印天而死』。」王毓
瑚曰：「『恃』是『待』的誤文，『辟』有『詐』、『空』以及名實不相符
的意思。『得』字很像是『待』字的誤文。」陳奇猷曰：「王以『定熟』
二字連此為句，甚是。原文當云：『庭得辟米，不待定熟，印天而死。』
《廣雅》：『辟，半也。』『辟米』謂一顆穀子內僅含半粒米，故高誘訓
辟為小。『定熟』即『熟定』，猶言完全熟透。『印』同『仰』，向上之
義。『庭』蓋是『僅是』之義，與『徒』同義。『庭』是表示屋內步行。
屋內步行，備受限制，僅容數步，故『庭』有『僅是』之義，可知『庭』
即『徒』之本字。乃後人疏於考訂，以意妄改，皆不通，並失去古字
之僅存者。」《御覽》卷 839 引作「辟米不得待定熟，仰天而死」。四
庫本「庭」亦作「庭」。《亢倉子・農道》作「失時之稻，纖莖而不滋，
厚糠而菑死」。孫志祖、聞一多說是。《廣雅》「辟，半也」者，取中分
為義，辟之言劈也，剖也，陳氏以為副詞「半」，非是。辟，讀為稗。
《廣雅》：「稗，小也。」「徒」訓步行，言無車者，故引申訓獨訓空訓
僅，陳氏謂「庭」，表示屋內步行，是「僅是」義的本字，臆說耳。定
熟，猶言成熟，王念孫得之。王利器曰：「定猶成也。《淮南子・天文
篇》：『蔈定而禾熟。』高注：『定者，成也。』」亦是也。松皋圓解為
「將熟」，陳奇猷解為「熟定」，皆誤。

（14）得時之麻，必芒以長，疏節而色陽，小本而莖堅，厚枲以均，小本而莖堅，厚枲以均

按：許維遹曰：「《御覽》卷 841 引『必芒以長』作『必莖長』，『色陽』作
『危陽』。」景宋本《御覽》引作「必芒以長，疏節而危陽」，僅「色」
誤作「危」，許氏所據為誤本。《亢倉子・農道》作「得時之麻，疏節
而色陽，堅枲而小本。」陳奇猷曰：「『枲』為牡麻之稱，非此文之義。
竊疑此『枲』字乃『秸』字形近之誤，『秸』為『稭』之異文。」王
利器曰：「『枲』當為『稟』，字形近之誤。稟，稈也。」陳、王說非
也，《御覽》卷 841 引同今本作「枲」，《亢倉子》同。「枲」本指麻，
此指麻實而言。劉寶楠曰：「《列子・楊朱篇》：『昔人有美戎菽甘枲者。』
《呂氏春秋・審時篇》：『得時之麻，厚枲以均。』」《列子》、《呂覽》

所云，並謂枲實。」孫詒讓取其說〔註86〕。斯爲得之。

（15）大菽則圓，小菽則摶以芳，稱之重，食之息以香

按：夏緯瑛曰：「『息』是气息。言其吃著有香气。」陳奇猷曰：「段玉裁
《說文注》：『人之氣息急曰喘，舒曰息。』是息爲氣舒暢之義。夏非
是。」二說皆誤。《說文》「息」指呼吸緩慢，陳說尤誤。《亢倉子‧
農道》「稱之重，食之息。」何粲注：「息，猶盈也。」王毓瑚曰：「『息』
有『增加』的意思。《釋名》：『息，塞也，塞滿也。』也可以這樣來
理解。」王氏引《釋名》是也，但所釋則誤。息、塞一聲之轉。句謂
吃著嘴裏充滿芳香。下文「食之致香以息」，亦同。

（16）得時之麥，秱長而頸黑

按：夏緯瑛曰：「『頸』是『穗』字之誤……疑有本作『穎』者，故誤爲
『頸』。穎亦穗也。」王毓瑚、陳奇猷從其說，謂本當作「穎」，陳氏
又謂「禾麥無所謂頸」。《御覽》卷 838 引作「長秱而頸墨」，《農政全
書》卷 1 引作「秱長而莖黑」，《永樂大典》卷 22182 引作「秱長而頸
族」，《廣博物志》卷 42 引作「長秱而頸族」，《亢倉子‧農道》亦作
「長秱而頸族」。俗語以麥擬人，有腰，然則亦當有頸，不得謂「頸」
字誤。王利器曰：「頸謂莖也。」是也。

（17）薄糕而赤色

按：《亢倉子‧農道》作「薄翼而觲色」，何粲注：「觲，吐見切。薄翼，糠
也。觲，黄色也。」注語當作「吐昆切」。

（18）使人肌澤且有力

舊校：「肌」或作「肥」。

按：許維遹曰：「《御覽》卷 838 引『肌』作『肥』，《亢倉子》同，惟《御
覽》無『澤』字。」夏緯瑛曰：「『肌』作『肥』亦通，有『澤』字無
『澤』字皆可。」陳奇猷曰：「澤是滋潤之意，滋潤是肌膚之形容詞，
則作『肌』爲是，『肥』字誤。《御覽》既誤『肌』爲『肥』，見『澤』
義不相蒙，遂刪去『澤』字，非《呂氏》之舊也。」夏、陳說俱誤。

〔註86〕孫詒讓《周禮正義》卷 10，中華書局 1987 年版，第 380 頁。

肌澤,《永樂大典》卷 22182 引同。《乾坤鑿度》卷下:「厥土厚肌。」
鄭玄注:「肌,音肥,實也。」鄭氏以注音改誤字,「肌」當是「肥」
形謁,與本文正同。「肥澤」是秦漢人成語。《釋名》:「酪,澤也,乳
汁所作,使人肥澤也。」〔註87〕彼言食乳酪使人肥澤,此言食麥使人
肥澤,其義一也。「肥」是壯實義。《御覽》、《亢倉子》俱脫「澤」字。

(19) 如此者不蚼蛆

按:譚戒甫曰:「『蚼蛆』二字異義。疑『蚼』讀如局,『蛆』讀苴之入聲,
與上文各句協韻。局蛆,不知何物,或人腹中迴蟲之類歟?」〔註88〕
夏緯瑛曰:「蚼蛆,今不知其是何蟲。」陳奇猷曰:「蚼蛆,無考,當
是食麥之蟲。不蚼蛆,不生蚼蛆也。」「蚼」指蚼蠓、玄蚼,《方言》
卷 11:「蚍蜉,齊魯之閒謂之蚼蠓,西南梁益之閒謂之玄蚼,燕謂之
蛾蛘。」《廣韻》:「蚼,蚼蛘,蚍蜉。」今吳語稱小麥中成蟲曰「蛘
子」,稱其幼蟲曰「蛾子」,學名稱作「米象」。「蛆」當作「螶」,指
蝗蟲,《永樂大典》卷 22182 引已誤。《商子·農戰》:「今夫螶螣蚼蠋,
春生秋死,一出而民數年不食。」《意林》卷 4、《御覽》卷 24 引作「螶
螣」。

(20) 先時者,暑雨未至胕動,蚼蛆而多疾

高誘注:胕動,病心。胕,讀如痛。

按:畢沅曰:「洪亮吉《漢魏音》引此注云:『胕,讀如疛。案:肘與疛音
同,知胕、肘本一字也。又今本疛誤作痛,從舊本改正。』〔註89〕《亢
倉子》『胕動』作『胕腫』。」梁玉繩曰:「當是『痛』字,傳謁作『痛』。
胕與疛不仝(同)音,未必是一字。」王念孫曰:「『蚼蛆』二字疑因
上文而衍。『胕』當作『肘』,注『病心』當乙轉。」譚戒甫曰:「此
言過早之麥,暑雨未至,人若食之,則六胕有蚼蛆迴動,令多疾也。」

〔註87〕「乳汁所作」今本誤作「乳作汁所」,據《類聚》卷 72、《御覽》卷 858 所引
校正。
〔註88〕譚戒甫《校呂遺誼》,國立武漢大學《文哲季刊》第 3 卷第 4 期,1933 年版,
第 800 頁。
〔註89〕此上皆洪亮吉語,許維遹、陳奇猷皆誤以「案」下為畢沅按語,引文亦有脫
誤,蓋未檢洪氏原書故也,今徑改正。洪亮吉《漢魏音》卷 2,收入《續修四
庫全書》第 245 冊,上海古籍出版社 2002 年版,第 579 頁。

〔註90〕夏緯瑛曰:「『胕』當作『疛』,與『痛』同字。注當作『讀如痛』。痛,病也。『疛動』就是生病的意思。作『胕腫』不合。王念孫疑『蚼蛆』二字為衍文,恐不然。」陳奇猷曰:「《亢倉子》作『胕腫』固不合,蓋麥無所謂胕腫也。原文當云『暑雨未至〔而〕胕動,蚼蛆而多疾』。『胕』當為『腐』字之訛。動,生也。今先時之麥,暑雨未至而已有霉爛之現象發生,故曰『暑雨未至而腐動』也。蚼蛆而多疾,猶言生蚼蛆而又多疾病也。」梁玉繩說是,「胕」與「疛」音義皆異。此句是言小麥之疾,譚氏誤解作人的疾病,且以「胕動」為「六胕有蚼蛆迴動」,尤所未聞。陳奇猷讀誤,釋「胕動」為「腐動」亦誤。仍當以「暑雨未至」句,「胕動蚼蛆而多疾」句。胕動,《農政全書》卷 1 引作「朋動」,《天中記》卷 45 引作「腑動」,皆誤。《永樂大典》卷 22182 引作「暑雨未至,胕腫、蚼蛆而多病」。《亢倉子·農道》作「失時之麥,胕腫多病」,何粲注:「胕腫,謂根莖蠹而且蟲。」何注是。「胕腫」是指寒熱氣及水氣所聚集之疾,另詳《情欲篇》校補。

(21) 其次羊以節

按:高亨曰:「羊疑借為癢。《爾雅》:『癢,病也。』『節』疑即後起之『瘠』字。《廣韻》:『瘠,癘也。』癢以瘠謂禾稼病而生癘瘠也。」譚戒甫曰:「次羊,不知何義,疑當假為『資養』,即『滋養』。蓋謂胕有蛆疾者,當滋養之以節食,不令過飽也。」〔註91〕夏緯瑛曰:「當作『其粢羸以節』。麥粒可謂之粢。羸,瘦也。節,約也。此言其麥粒瘦小而不飽滿也。」土毓瑚、陳奇猷從夏說。王氏又謂「『節』有『限制』的意思,可以引申為『小』……這裏的『節』字也許是『莭』之誤文,可以理解為麥粒不成。」「粢」是穀類總稱,無「麥粒」之義。羊,讀為洋。《爾雅》:「洋,多也。」郭璞注:「洋溢,亦多兒。」俗字作鮮,《玉篇》:「鮮,多也,亦作洋。」《篆隸萬象名義》:「鮮,多,洋字。」普通小麥 5~6 節,多節則易倒伏。「其次」是一詞,言小麥多節之害次於上文所說的「胕動蚼蛆而多疾」。

〔註90〕譚戒甫《校呂遺誼》,國立武漢大學《文哲季刊》第 3 卷第 4 期,1933 年版,第 800 頁。

〔註91〕譚戒甫《校呂遺誼》,國立武漢大學《文哲季刊》第 3 卷第 4 期,1933 年版,第 800 頁。

（22）故得時之稼興，失時之稼約

　　　　高誘注：興，昌也。約，青病也。

　按：夏緯瑛曰：「興即興盛，言其增產。約即節約，言其減產。」王毓瑚、
　　　陳奇猷從其說，是也。王毓瑚又曰：「『興』字與『約』字對舉，原本
　　　也許是作『豐』。」高注訓昌，「興」字必不誤。《亢倉子‧農道》「興」
　　　作「豐」。陶鴻慶謂「興」當作「與」，「約」屬下句，訓禾束，又謂下
　　　文「粟之多」衍文，王毓瑚謂「陶說更有道理」，非是。

《呂氏春秋》佚文校補

（1）人之有民，如木之有根，根深則本固 （《類聚》卷88引《呂令》）

　按：蔣維喬等曰：「『人』字當誤，疑是『國』字。」陳奇猷曰：「『人』或
　　　為『君』字之誤。」「人」與「國」或「君」無緣致誤。「人」下當脫
　　　「主」字。《文子‧上義》：「人主之有民，猶城之有基，木之有根，
　　　根深即本固，基厚即上安。」《淮南子‧泰族篇》：「國主之有民也，
　　　猶城之有基，木之有根，根深即本固，基美則上寧。」疑《類聚》所
　　　引是《文子》，誤標出處。《御覽》卷624引其文，又誤標出處作「《國
　　　語》」。

（2）《劍伎》云：「持短入長，倏忽縱橫之術也。」 （《史記‧司馬相如列
　　　傳》《索隱》引《呂氏春秋》）

　按：陳奇猷曰：「『劍伎』當是書名。」《史記‧刺客列傳》《集解》引《呂氏
　　　劍技》曰：「持短入長，倏忽從橫。」《索隱》當是誤衍「春秋」二字，
　　　所引當是《呂氏劍技》語。

（3）桂枝之下無離木 （《埤雅》卷14引）

　按：四庫本、《叢書集成新編》本《埤雅》卷14引原文「離」並作「雜」，
　　　蔣維喬等誤錄，陳奇猷承其誤而未檢核。藏用指出：「『離』當作『雜』，
　　　《夢溪筆談》卷4引作『雜』不誤。《爾雅‧釋木》：『梫木，桂。』
　　　郭璞注：『桂……叢生巖嶺，枝葉多夏常青，間無雜木。』……《廣
　　　韻》「桂」下云：『木名，叢生合浦巴南山峯，間無雜木。』〔註92〕此

〔註92〕引者按：原文誤作「叢生合浦巴南山峯間，無雜」，逕據《廣韻》正。

皆作『雜』之證。」〔註93〕《夢溪筆談》卷 4 引《楊文公談苑》引作「雜」，非《筆談》徑引。《爾雅翼》卷 12、《類說》卷 53、《通志》卷 76、《事實類苑》卷 41、《本草綱目》卷 34 引亦作「雜」。

（4）**黃帝建五官以人立**（《玉海》卷 122 引）

按：合璧本、四庫本、光緒九年浙江書局本《玉海》卷 122 引並作「黃帝建五官以正人位」，蔣維喬等誤錄，陳奇猷承其誤而未檢核，王利器已改正。

（5）**長盧子曰：「山岳河海，水金石火木，此積形而成乎地也。」**（《御覽》卷 37、《書鈔》卷 157 引）

按：蔣維喬等曰：「《漢書・藝文志》道家有《長盧子》九篇，劉向《上荀卿子表》：『楚有尸子、長盧子、芉子皆著書。』盧、廬古通。《列子・天瑞篇》：『長盧子聞而笑之曰：「虹蜺也，雲霧也，風雨也，四時也，此積氣之成乎天者也；山嶽也，河海也，金石也，火木也，此積形之成乎地者也。」』」《御覽》卷 37 引作「長盧子曰：『山海岳河，水金石火木，此積形成乎地也』」，《書鈔》卷 157 引作「山丘（岳）河海，金石水火，此積形而成乎地者」，字本作「盧」。

（6）**精神勞則越。注：「越，散也。」**（《文選・七發》李善注引）

按：蔣維喬等曰：「此文及注均見《淮南・主術篇》，誤引無疑。」陳奇猷從其說。藏用指出：「《止觀輔行傳弘決》四之三引亦作『勞者精神則散也。』李善、湛然都是唐人，兩引俱有此文，想來唐時本是這樣。至於《淮南》，本多抄寫《呂氏》的地方。」〔註94〕

（7）**大旱用玲瓏**（宋祁《漢書・揚雄傳》校引）

按：《漢書・揚雄傳》校引作「大旱用瓏玲」。「玲」是衍文。《酉陽雜俎》卷 1：「大旱用龍。」自注：「龍節也。」禱旱用龍，以是玉製禮器，故作「瓏」字。

〔註93〕 藏用《評呂氏春秋彙校》，《圖書季刊》新第 8 卷第 1～2 期，1947 年出版，第 32 頁。

〔註94〕 藏用《評呂氏春秋彙校》，《圖書季刊》新第 8 卷第 1～2 期，1947 年出版，第 32 頁。

　　本稿前 13 卷的部分內容，曾以《呂氏春秋解詁》的名稱發表，其中卷 1
～4 發表在《上古漢語研究》創刊號，卷 5～6 發表在《文津學志》第 8 輯，
卷 7～9 發表在《東亞文獻研究》第 15 輯，卷 10～13 發表在《古典學集刊》
第 2 輯。另外，《〈呂氏春秋‧本味篇〉校補》發表在《澳門文獻信息學刊》
第 14 期。各刊都是 2015 年出版。

後　記

　　2005 年的春天，我調動了工作單位，生活自此稍稍安定。這一年，我整四十周歲。搬家時，有二紙箱手稿，我望著盈尺的手稿，覺得必須吸取黃季剛的教訓，不能等到五十歲去著作。也就在這一年的六月，我開始學會電腦，把手稿輸入電腦。

　　至今，整整十年過去了。這十年中，滄海桑田，三千多個日日夜夜，我斷絕了交遊，每天工作 10 多個鐘頭，陸續出版了《古書虛詞旁釋》、《群書校補》、《群書校補（續）》、《淮南子校補》、《韓非子校補》，加上這部《呂氏春秋校補》，以及電腦中還有的一部分其他的稿件，已有 550 萬字。算一算啊，平均每 2 分多鐘才能寫 1 個字。著述之艱辛，可見一斑。

　　《呂氏春秋校補》手稿 2003 年在北大曾交給龐光華博士，龐兄 2006 年為我的《古書虛詞旁釋》作序，曾轉錄過 10 來條。這次借助電腦的資料庫，重新作全面的整理、修訂。

　　早年，有博士訪學於我。他說，等我年紀老了，幫我整理文稿。我曉得，這只是一時戲言，斷當不得真。這個時代，每個人都忙，有誰會在乎別人的事兒？不是嗎，當年段玉裁 68 歲時生了一場重病，而《說文解字注》才進行到第九篇，段氏擔心不能完成，於是給王引之寫了一封信，想託付王氏，請他幫助續成全稿。結果王引之沒有回音。當然段氏後來病竟痊癒，在《說文解字注》刊成後四個月也就過世了（詳見《段玉裁評傳》第 44～46 頁）。這真是前車之鑒，我不能心存依賴。

　　我讀王叔岷回憶錄，他在新加坡南洋大學教書，指導博碩論文，盡其心力，擬定大綱，修改補充內容，並推薦出版；他感慨地說：「男生能記情誼

的，真是鳳毛麟角！甚至出版後，書都不送我一本。」（《慕廬憶往》第 135 頁）王叔岷先生的際遇，我也有過。這十年中，也幫助十來個博碩士修改過論文，贈送他們書籍等資料，甚至把我當時未曾發佈的手稿也提供給他們參考。其中有二個博士的各種論文著述，都有上百萬字，我幫他們詳加審閱，細細批註。他們博士畢業後，從此杳無音訊，書出版後，也都不送我一本。世情如此，夫復何言！我耽擱自己的事情，浪擲精力，甚無謂也。

手稿中還有《戰國策》、《史記》、《韓詩外傳》、《大戴禮記》、《新序》以及《荀》、《墨》、《列》、《莊》。其中《戰國策札記》，何建章教授在其遺著《戰國策校釋》中有所引用（文稿 2013 年已交中華書局，何先生 2014 年 4 月 26 日已歸道山）；《大戴禮記校補》，方向東教授在《大戴禮記匯校集解》中曾引述過十餘條。我期待將來都能有精力修訂定稿。我做的一切準備，都是爲了最終完成《莊子校補》。天假以時，但願能逐舊願。

短筆孤燈，一曲微茫；青山無夢，白髮浮名。黃季剛云：「不求爲千萬無識者所譽，但求不爲一有識者所譏。」吾以此自勉云爾。

蕭旭

2015 年 6 月 25 日謹記於三餘齋